河南经济新常态的
法治保障

王锋 等 著

社会科学文献出版社

SOCIAL SCIENCES ACADEMIC PRESS (CHINA)

目　　录

第一章
绪 论

依法治国是发展社会主义市场经济的客观需要，是社会文明进步的显著标志，是国家长治久安的必要保障。

法治与人治相对应，其最为可取的价值，就是可以保障一个国家、一个民族长久的稳定和繁荣富强，用法律治理国家是人类文明长期发展的必然结果。法治强调的是国家在多种调控社会的方式中，选择以法律作为主要实施手段。一般认为，依法治国就是依照体现人民意志和社会发展规律的法律治理国家，而不是依照个人意志和偏好治理国家；依法治国要求国家的政治、经济、社会各方面的活动都依照法律设定的规则和轨道进行，而不受任何个人意志的干预或干扰。2014 年 10 月 20 日至 23 日，中国共产党第十八届中央委员会第四次全体会议首次专题讨论依法治国问题。2014 年 10 月 28 日，《中共中央关于全面推进依法治国若干重大问题的决定》（以下简称《决定》）发布，该《决定》指出，全面建成小康社会、实现中华民族伟大复兴的中国梦，全面深化改革、完善和发展中国特色社会主义制度，提高党的执政能力和执政水平，必须全面推进依法治国。

一 法治的内涵

什么是法治？法治是一个复杂的、内涵丰富的概念。据西方辞书解释，法治是一个无比重要的，但未被定义也不是随便就能定义的概念。它意指所有的权威机构，包括立法、行政、司法及其他机构都服从于某些原则。这些原则一般被看作表达了法律的各种特性，如正义的基本原则、道德原则、公平和合理的诉讼程序。① 一般认为现代法治起源于古希腊的法治思想。古希腊学者亚里士多德对法治做出了经典解释，他指出，法治优于人治，因为"凡是不凭感情因素治事的统治者总比感情用事的人们较为优良。法律恰正是全没有感情的"。"要使事物合于正义（公平），须有毫无偏私的权衡；法律恰恰正是这样一个中道的权衡。""法治应包含两重意义：已成立的法律获得普遍的服从，而大家所服从的法律，又应该本身是制定得良好的法律。"② 近代意义上的法治是西方资产阶级启蒙思想家在反封建斗争中提出来的。如英国的约翰·洛克以法律的目的不是废除和限制自由，而是保护和扩大自由为基调，论述了法律保护的个人权利和自由，不受绝对的、任意的政治权力的约束，政治权力以不侵犯和破坏个人权利和自由为限度。法国思想家孟德斯鸠和卢梭的法治论，注重"法的精神"和"人民主权"，他们认为法治是以自然法为基础，具有自由、平等特性。③ 现代法治概念的进一步发展体现在 1959 年于印度召开的"国际法学家会议"通过的《德里宣言》上。《德里宣言》确认法治为一个"能动的概念"，法治不仅被用来保障和促进公民的民事和政治权利，而且要积极创造社会的、经济的、教育的和文化的条件，使个人的合法愿望和尊严能够在这样的条件下实现，并赋予了法治新的内容：维护人的尊严，防止行政权力的滥用，实现司法独立、公正。我国许多学者从依法治国的角度来论述法治。"社会主义法治，亦即社会主义的依法治国，也就是依照社会主义的法律来治理国家。"④ "法治是指依照法律治理社会、管理国家。它具有以下特征：①法律被奉为治理社会的主要机制，凡事'皆有法式'；②法律成为判断行为的基本准则，凡事'一断于法'；③原则上，所有人均受法律约束；④法律通常具有公开性、确定性和一般性；⑤设有专门负责司法的机构。"⑤ 尽管在不同历史时期，学者们从不同角度对法治有不同的阐述，但其中蕴含着法治的共同性原则与要素：法律至上是法治的前提；法律的正义是法治的重要条件；保障权利是法治的价值取向；司法独立是法治实现的有效保障。⑥

---

① 卓泽渊：《法的价值论》，法律出版社，1999，第 250 页。

② 〔古希腊〕亚里士多德：《政治学》，吴寿彭译，商务印书馆，1965，第 163、第 169、第 199 页。

③ 常健、饶常林：《试论我国实现法治的途径》，《江海学刊》2001 年第 1 期。

④ 侯宗源主编《社会主义市场经济与中国法理学》，河南人民出版社，1998，第 58 页。

⑤ 高鸿钧等：《法治：理念与制度》，中国政法大学出版社，2002，第 97 页。

⑥ 常健、饶常林：《试论我国实现法治的途径》，《江海学刊》2001 年第 1 期。

二　依法治国的内涵

依法治国的本质是崇尚宪法和法律在国家政治、经济和社会生活中的权威，彻底否定人治，确立法大于人、法高于权的原则，使社会主义民主制度和法律不受个人意志的影响。依法治国是中国共产党领导全国各族人民治理国家的基本方略。我国依法治国的主体是中国共产党领导下的人民群众；依法治国的途径和形式是在党的领导下，依照宪法和法律规定，人民管理国家事务，管理经济文化事业，管理社会事务；依法治国的根本目的是保证人民充分行使当家做主的权利，维护人民当家做主的地位。

2014 年 12 月，习近平在江苏调研时第一次明确提出"要主动把握和积极适应经济发展新常态，协调推进全面建成小康社会、全面深化改革、全面推进依法治国、全面从严治党，推动改革开放和社会主义现代化建设迈上新台阶"。① 2015 年 2 月，在省部级主要领导干部学习贯彻党的十八届四中全会精神全面推进依法治国专题研讨班开班式上，习近平强调要把全面依法治国放在"四个全面"的战略布局中进行总体把握，深刻认识其内涵。在我国，依法治国是一切国家机关必须遵循的基本原则。全面推进依法治国基本方略的新方针是"科学立法，严格执法，公正司法，全民守法"。科学立法是实现依法治国的前提条件，立法机关要严格按照《中华人民共和国立法法》（以下简称《立法法》）制定法律，逐步建立起完备的法律体系，使国家各项事业有法可依。严格执法是实现依法治国的重要环节，依法行政就是要求各级政府及其工作人员严格依法行使其权力，依法处理国家各种事务。公正司法是实现依法治国的重要条件，要求执法机关和执法人员必须严格执法，一丝不苟地按照法律规定办事。全民守法是依法治国的重要保证，要求我国的公民和组织进行一切活动，都必须符合国家法律的要求，且大家都必须依照国家法律的规定行使权利、履行义务。而从基本理论内涵上讲，依法治国主要包括两个方面，即良法与善治。良法是善治的前提，善治是法治的目标。②

（一）依法治国的法首先是良法

依法治国不仅要求做到法律至上、实现规则之治，而且必须以良法来治

---

① 转引自人民日报社评论部编著《"四个全面"学习读本》，人民出版社，2015，第 19 页。
② 参见王利明《法治：良法与善治》，《中国人民大学学报》2015 年第 2 期。

理国家。法治最初强调的有法可依只是对立法速度和规模的要求，应坚持治理国家立法先行。但现阶段依法治国更看重对立法质量的要求，作为治国依据的必须是良法。对于如何判断是不是良法，理论界曾有很大争议。形式法治派认为良法的标准主要在于法的制定程序，只要是按照民主程序制定、得到国民一致同意的法律就是良法；实质法治派认为良法的标准主要在于法的内容，贯彻民主精神和公平正义价值观的法律才是良法。良法应当反映人民的意志和利益，符合社会发展规律，同时应当反映国情、社情、民情，具备科学合理的体系。① 为了实现良法的目标，《决定》提出，"深入推进科学立法、民主立法"。我们要通过立法来完善各项制度，把促进社会公平正义作为立法的核心价值追求，把保障人民安居乐业作为立法目标，通过完善的法律制度实现社会稳定、国家长治久安。有学者具体化了当代中国社会良法的标准，指出良法要做到善待个人，实现人与人的和谐；善待社会，实现人与社会的和谐；善待自然，实现人与自然的和谐。善待个人要求立法平等地对待和尊重所有的人，尊重和保障人权，特别是保障社会弱势群体的权利；善待社会要求立法公正合理地调整利益关系，促进社会公正，在公平正义观念指导下，实现各个阶层、群体、集团利益的最大化；善待自然要求在立法中确立天人合一的世界观，建立健全人与自然和谐相处的法律机制，科学规定环境权和环境义务，使环境权成为一种普遍权利和基本人权。②

（二）依法治国的方式必须是善治

善治作为一种治理方式和模式，本身是良法之治，通过良法的贯彻实施实现国家治理的现代化，最终建成政治开明、经济发达、人民幸福、国泰民安的法治国家。

首先，实现善治要维护宪法、法律权威，做到法律至上。宪法是在党的领导下由人民当家做主制定的，是党和人民意志的集中体现。我国宪法以国家根本大法的形式，确立了中国的基本发展道路、基本制度，反映了我国各族人民的共同意志和根本利益，是维护国家统一、民族团结、社会有序发展的基石，必须坚持维护宪法权威。全面依法治国，首先是依宪治国，宪法是党治国理政、治国安邦的总依据、总规则；全面依法治国，必须先

---

① 参见王利明《法治：良法与善治》，《中国人民大学学报》2015 年第 2 期。
② 参见张文显《和谐精神的导入与中国法治的转型——从以法而治到良法善治》，《吉林大学社会科学学报》2010 年第 3 期。

是"宪法之治",只有恪守宪法原则、履行宪法使命,才能使人民当家做主得到保证,使党和国家的事业得到顺利发展。而法律权威和法律至上是法律得到执行的保障和后盾,是法律规定的各种权利义务和秩序正常实现的保证,在实践中,法律权威一方面来自法律本身的合理性,法律的合理性使人们从内心相信法律,信任法律,遵循法律规则来选择自己的行为;另一方面来自国家的强制,靠国家机器来保障实现。任何组织或个人,都不得有超越宪法和法律的特权;一切违反宪法和法律的行为,都必须予以追究。

其次,善治要求以法治思维全力推进平安中国和法治中国建设,重点是推进司法领域的改革,实现国家治理体系和治理能力现代化。经济全球化带来了许多机遇和挑战,中国处于社会转型时期,各种矛盾突出,并趋于复杂化。在这种情况下,我国必须提高运用法治方式解决问题的能力,以法治思维化解矛盾,使法律作为一种社会关系调节器深入社会生活的方方面面。为了做到这一点,我们要在法治框架下,保证公正司法,推行司法公开,提高司法公信力,在司法活动的过程和结果中体现公平、平等、正义的精神,以创造公正、严明的法治环境。司法公正是良法得到善治的基本要求,也是依法治国的基本底线,公正的司法活动是解决社会纠纷、维护社会秩序、保障社会公正的最后一道关口,司法公正是突出法治核心价值的要求,也有助于完善国家治理体系和提高国家治理能力。

最后,善治要求规范权力运行、深入推进依法行政。党史和国史反复证明:"办好中国的事情,关键在党。"① 在带领全国人民实现中华民族伟大复兴中国梦的历史新征程上,为人民掌好权、执好政,是党必须担当的历史使命。党员干部作为国家管理权力的直接行使者,担负着贯彻宪法与法律的任务,他们能力的高低直接影响着其手中掌控的权力行使的正确程度,关系着整个国家的法治建设,乃至于整个社会的和谐与稳定。而保持党的先进性和纯洁性,一个不可或缺的工作就是加强对权力运行的制约和监督,加强反腐机制建设,增强党员干部的法治观念和依法办事意识。党员干部是我国现代化建设事业的组织者和领导者,也是我国民主法治建设的指挥者和实施者,这就要求党员干部,尤其是领导干部要把法律法规学习作为一项日常工作,

---

① 中共中央党史研究室编《历史是最好的教科书:学习习近平同志关于党的历史的重要论述》,中共党史出版社,2014,第176页。

通过学习法律知识领会依法治国的精神与内涵，培养自身的法治能力，以更好地传达国家的法治精神。党员干部要在熟练掌握和运用法规制度的前提下履职尽责、推动工作，把法治意识渗透于工作、学习、生活的方方面面。在实践中，党员干部在一些行为中有很大的自由裁量权，法治原则要求自由裁量权的行使必须符合法治价值观和精神，在很多场合中，自由裁量权如何行使是法律规则难以具体规制的，一个决策是否符合法治原则，在很大程度上取决于做出具体决策的主体的行为是否符合决策规则和决策程序。当前，我国反腐败工作力度越来越大，但各种司法腐败、行政腐败案件难以杜绝，究其原因除了法律制度还不完善，存在一些对权力监督无力或监督缺位的地方，导致党员干部有权力寻租的机会外，就是各级党员干部尤其是领导干部的法治意识不强，他们没有尊重法律、敬畏法律的观念，在他们的心目中，权大于法，权可以代法，什么事情都是领导说了算，导致他们敢于目无法纪而徇私舞弊、贪赃枉法。没有相对强烈的法治意识就不能懂得自己手中的权力是人民授予的，是受人民监督的，就容易将自己手中权力异化为谋取自身利益的工具。因此我们一方面要建立健全反腐倡廉基本制度，建立权力监督约束制度，另一方面还要教育党员干部坚决摒弃工作中的随意性，把自己的思维方式建立在法治的基础上，克服凭经验办事、用土办法干工作的现象，树立起权力应该受到监督和制约的观念。党员干部如果能够在具体工作中切实保护人民的权利，其行为就会因为符合法治的精神而容易得到群众的认可和接受，得到群众的信任，群众就越能融入并参与到社会管理的行列，社会和谐就越能实现。十八大报告首次提出，要提高领导干部运用法治思维和法治方式深化改革、推动发展、化解矛盾、维护稳定的能力。

规范权力运行要求依法行政，即政府权力的运用要在法律规则体系之内。依法行政也是世界各国当代政府在行使行政权过程中普遍遵循的准则。依法行政是实现依法治国的保障，是落实这一治国方略的基础和关键所在。依法治国的本质就是要实现人民当家做主，规范公权力，保障公民权利。而依法行政就是要将政府行政机关行使权力、管理公共事务的行为纳入法治轨道，其权力与管理职能、职责由法律授予并依据法律的规定得以行使和履行。孟德斯鸠在《论法的精神》一书中指出：一切有权力的人都易滥用权力，这是一条亘古不易的真理。为此，要为权力划定界限，通过程序设置让权力的运行过程公开，并完善权力监督制衡机制，"阳光是最好的防腐剂"。

依法行政要求政府官员和各级行政主体工作人员都依照法定职权和法定程序办事，正确行使权力，防止权力滥用，保证政务公开，使行政行为不偏离为人民服务的目标。依法行政的重心和实质就是依法治权，而非依法治民。依法行政是发展社会主义市场经济的要求，市场经济是法治经济，天然地要求市场主体和政府都依法行事，政府以法律手段管理经济。特别是在我国发展市场经济过程中，要求政府相应地转变职能和管理手段，依法管理社会、协调利益关系，促进市场经济的有序发展。依法行政要求在行政执法上，明晰执法主体的权限、职责、程序、任务，将行政执法工作公开化，增强执法工作的透明度。同时实行执法工作的责任化，贯彻考核奖惩制度、执法错案追究责任制度，严格执法责任。

第二章
完善立法

随着经济进入新常态，经济的发展需要相应的法律制度予以保障，关于这一点，在河南也不例外。在法律体系中，地方立法的完善有利于弥补中央立法的不足，是促进经济发展的需要，因此有必要对地方立法予以修改、完善、更新。

第一节　经济新常态催生地方立法完善

地方立法包括地方权力机关的立法和地方行政机关的立法。地方国家机关的立法权源于宪法、组织法和立法法的授权。近年来，地方立法被广泛运用，其数量保持着上升势头。地方立法对地方政治、经济与文化产生重要影响，随着经济发展向新常态转变，地方立法特别是地方经济立法应当被及时地进行废、改、立，从而使地方立法适应经济新常态发展的需要。

一　经济新常态对地方立法的挑战

传统的唯"GDP"增长理念，虽然带来了大量的物质财富，却也由于施行粗放的经济增长方式，造成收入分配不均、环境破坏、民生发展落后于经济增长。在中国逐渐步入中等收入国家行列，经济增长进入新常态的时期，提高经济增长质量对于避免陷入'中等收入陷阱'至关重要。[①] 具体而言，"唯GDP"经济增长带来了如下问题：赶超发展成症、经济效益偏低、

---

① 叶初升、李慧：《增长质量是经济新常态的新向度》，《新疆师范大学学报》（哲学社会科学版）2015年第4期。

投资依赖过度、扩大消费障碍多、创新驱动不力、贫富差距较大、经济风险累积、资源环境形势严峻、产业转型升级艰难、城镇化仍然滞后、"设区热"愈演愈烈、"政策依赖症"难以摆脱等。① 现有的有关经济发展方面的法律制度是在过去的经济背景下制定的,经济新常态必然给现有的有关经济发展方面的法律制度带来诸多的新挑战。

(一)经济新常态对政绩评价机制提出的挑战

在过去,中央政府以 GDP 作为地方经济发展的唯一目标,同时也以 GDP 为标准决定地方官员的升迁。这样的绩效考核制度使得地方政府主观上对于发展经济有强烈意愿,从而导致地方政府过度开发自然资源,而缺乏对于环境治理、环境保护、环境投资的热情。这种经济发展模式恰恰是经济新常态所摒弃的。因此,有必要建立新的绩效考核和评价机制以促进经济新常态发展目标的实现。

(二)经济新常态对环境保护提出的要求

地方政府的根本职能是在发展经济的基础上保证社会政治、经济、文化和生态环境等的健康、有序、和谐发展。因此,地方政府具有双重任务:发展地方经济的地方经济任务和实现社会良性发展的任务。在政府的双重任务中,前者是手段,后者是目的,即通过发展经济的手段实现社会政治、经济、文化和生态环境等的健康、有序、和谐发展。但遗憾的是,由于现行政府绩效考核制度的错位,地方政府在决策时过多地注重地方经济的发展而漠视社会发展的目标,因此在地方经济发展与地方环境保护互相博弈的背景下,地方利益成为地方政府考虑且首先考虑的重要因素,于是漠视环境保护等涉及公共利益的社会发展目标就成为现实的必然。这是过去的通常做法,这种片面追求经济数据的做法必然影响到实现社会政治、经济、文化和生态环境等的健康、有序、和谐发展。

2013 年的中央经济工作会议对生态环境保护形势的定性还是"生态环境恶化",2014 年的中央经济工作会议却指出:"现在环境承载能力已经达到或接近上限,必须顺应人民群众对良好生态环境的期待,推动形成绿色低碳循环发展新方式。"2014 年对环境保护现状的定性是比较准确的。面对严重的环境问题,经济新常态要求环境改善与资源节约成为常态,为此我们必须加速淘汰高污染、高能耗产业,有效缓解因环境污染带来的民生之痛。经

---

① 参见李佐军《引领经济新常态应解决十二大难题》,《理论导报》2015 年第 1 期。

济新常态背景下的经济发展与环境保护博弈的结果应该是环境保护取得绝对性的胜利。于是环境保护的绝对优先地位必将对现有以发展地方经济为核心的相关法律制度提出新挑战。

（三）经济新常态对民生制度提出的要求

"经济新常态"绝不仅仅是一个经济概念，它具有丰富内涵和前瞻性，适应经济新常态必须注重民生利益。适应经济新常态首先意味着要重视民众的消费。消费的原本意义是通过对人类需求的满足而不断促进人的自由全面发展。但是在过去，少数人的奢侈和多数人的浪费，少数阶层甚至民众存在着向西方发达国家仿效奢侈型消费的态势，以及被艾伦·杜宁称为"炫耀性消费"等的消费模式正侵蚀着人们的消费走向。[①] 也就是说，在过去，消费走向异化，"消费主义的生活方式呈现的情形是，一个人的需要已经不是出于他自己的自然需要，而是一种虚假的、被强迫的或被组织的需要"。[②] 在经济新常态背景下，这种消费应该消失，取而代之的应是绿色消费、生态消费、循环消费和适度消费等可持续消费，这就意味着我们必须制定相应的法律制度来引导、督促和实现"新"消费。经济新常态背景下的个性化、多样化消费将成为消费的主流，这意味着政府不仅要维护消费者的基本权益，而且要围绕"个性化、多样化"让消费服务升级，意味着我们的生活质量、生活方式等方面须与时俱进，让民生适应经济新常态的需要。经济新常态下的经济发展模式必然导致经济总量水平的下降，由此必然导致我国社会保障事业面临着社会保障财政投入能力降低、企业缴费能力下降、社会保障基金压力增大、社会制度公平性问题更加凸显等问题，因而必须通过调整相应的经济制度来满足经济新常态对现有的保障经费的需要，这就需要对过去制定的相关的社会保障法律制度进行适当的调整和更新。总之，经济新常态对现有的民生法律制度提出了新的要求。

（四）经济新常态对人口提出的挑战

过去的一切制度是以我国的人口红利为背景建立起来的，但是 2010 年以来，我国人口增长率处于 5‰左右的低水平，并且有可能在 21 世纪 30 年代末转为负增长；同时，人口老龄化加速，平均预期寿命显著延长，在此基

---

① 包庆德：《消费模式转型：生态文明建设的重要路径》，《中国社会科学院研究生院学报》2011 年第 2 期。

② 包庆德：《消费模式转型：生态文明建设的重要路径》，《中国社会科学院研究生院学报》2011 年第 2 期。

础上导致劳动年龄人口减少，人均抚养比开始提高；另外人口素质显著提高，人力资本存量大幅度增长，而简单劳动力资源逐步降低；人口城乡分布格局改变，人口城镇化快速发展。上述问题出现导致人口的变化会从供给和需求两个方面影响各个要素市场，进而影响整个经济的供给与需求的长期均衡。人口红利是过去经济发展的重要因素，在经济新常态下，上述问题必然会发展带来新的挑战。

（五）新经济增长点对现有法律制度的挑战

适应经济新常态要求积极培育新的经济增长点。新的经济增长点是指市场需要潜力比较大、增长比较快，辐射带动能力强，经过努力可以较快发展的新兴产业。通过高新产业来培植新经济增长点是一些科技比较发达的国家的通常性做法，如美国、日本和德国的政府和企业都将智能机器人产业作为未来经济发展新的增长点。美国谷歌（Google）公司是目前世界上最具创新意识和研发能力的科技公司之一，尽管其在搜索、广告和云计算方面在世界范围内已经取得了巨大的成就，但是最近该公司将重金砸向智能机器人产业，陆续收购多家与智能机器人有关的技术公司。谷歌进军智能机器人领域是为其长远利益作打算，意义深远。从目前我国经济发展的现状来看，除了应当效仿谷歌公司大力发展智能机器人产业外，我国新的经济增长点还应该包括高科技产业（如医药制造、汽车电子及通信设施制造、胶印设备制造、基础软件和应用软件服务等）、消费性服务业（如品牌消费、旅游消费和婚庆消费等）、信息化技术产业（如农业信息化、电子商务等）、中介服务业（如科技服务实体、现代物流业、信用担保业等）、教育产业等。但是由于我国现有的法律制度是基于粗放型的经济发展模式建立起来的，因此经济新常态对过去建立起来的法律制度提出了新挑战。

二　经济新常态有待地方立法的保障

经济新常态下政绩评价机制、环境保护机制、民生保障机制、人口机制以及经济增长点都发生了巨大的变化。就中原经济区而言，其经济新常态有自身的特点，要实现河南在经济新常态下的生存、发展，有必要对在过去形成的法律制度予以创新、发展，并根据中央的法律制度制定出可执行的、可操作的地方性法规和规章。通过执行地方性立法，落实中央立法有关经济新常态的规定；通过自主性地方立法制定出适合河南省经济新常态的法规、规章；针对中央立法的不足，围绕着河南省经济新常态制定出创新性的地方立法。有关河南就中原经济新常态的地方立法将在下文中具体阐述。

第二节　河南省地方立法现状及评析

河南省过去在地方立法方面取得了诸多成就，但与此同时依旧存在诸多问题。随着经济新常态的到来，传统的地方法律制度已经不能适应新时代的要求，有必要对现有的地方立法予以审视，以便及时地根据经济新常态发展的需要对地方立法予以废、改、立。

一　河南省地方立法取得的成就

在地方立法方面，河南省人大常委会做出了许多有益的尝试，并取得了良好的立法效果。

（一）立法程序开始走向科学

与全国其他兄弟省份相比，河南省在科学立法方面走在了时代的前列。这种进步表现在以下几个方面。

1. 推行了立法项目论证工作

立法项目论证的价值在于以立法活动质量来保证立法活动结果质量。立法项目论证通过立法申请项目的取舍、排序，将那些不具备必要性和可行性的项目剔除出立法规划，将那些不完全具备条件或者时机尚不成熟的立法项目暂缓执行，较好地防止了可有可无、先天不足、超越现实、制造矛盾的立法项目的出台，从源头上保证了立法质量。立法项目征集及其论证制度是近年来各省为提高地方立法的质量进行尝试的立法程序制度，该制度对于从源头上提高立法质量具有积极的意义，因而备受各地立法机关的青睐。河南省是推行立法项目论证比较早的省份之一。2003 年 5 月 20 日，河南省人大常委会发布了《关于公开征集 2004 年至 2008 年五年地方立法规划项目的公告》，就人大及其常委会今后五年的立法项目公开征求全民意见。2009 年，郑州市人大常委会通过《郑州日报》、郑州人大网等多家新闻媒体发布公告，面向社会公开征集 2009 年至 2013 年立法规划建议项目。立法项目公开征集与论证工作悄然在中原地区展开。

2. 立法听证成为河南省立法的常态

立法听证又称立法论证，"立法论证是指一定的主体在立法活动中，运用一定的方法，借助一定的信息，通过一定的步骤，对立法的制度设计和内容安排等需要以法的形式确立的事项加以证成的过程"① "是一定的主体对立法运行中出现的有关问题提供论述与证明，从而为立法机关的立法提供参考与决策的依据"②。立法听证有利于增强立法的科学性、民主性，切实保障人民群众的知情权、参与权和监督权。听证是民主立法、科学立法的好形式，听证会开得公开透明、公平公正，因此近期立法听证成为全国和各地立法经常采用的手段。2004 年河南省人大常委会就《河南省高速公路条例（草案）》首次召开立法听证会。随后立法听证会成为河南省立法方式的主流，2007 年 12 月 27 日，洛阳市政府法制局就《洛阳市火车站地区综合管理规定（征求意见稿）》举行立法听证会；2009 年 3 月 14 日，河南省人大法制委员会、河南省人大常委会法制室组织召开《河南省消费者权益保护条例》立法听证会；2014 年 2 月 12 日，河南省人大常委会举行《河南省消防条例》修订立法听证会；2015 年 8 月 7 日，郑州市物价局召开"水价听证会"等。

3. 委托立法在河南省悄然兴起

委托立法是指为了实现立法的专业性和公正性，立法机关将立法草案通过对价的方式交予具有立法专业知识和能力的机关进行起草。目前这种有偿立法已经在我国各省区市立法中开始试行，目前在河南省也已经开始悄然兴起。2006 年郑州市人大常委会通过"立法公开招标"的方式委托河南省文丰律师事务所负责立法起草工作，这是郑州市首次由社会力量承担立法起草工作，随后 2015 年，郑州市人大常委会又委托郑州市律师协会行政法律业务委员会起草《郑州市城乡规划管理条例（修订草案）》。委托立法有利于实现立法的公平公正，避免立法机关通过地方立法实现"权力寻租"。委托立法在河南省悄然兴起，我们应当鼓励其继续发扬光大，委托的主体也不应限于律师事务所，而更应当向高校的法学院和科研系统内的法学研究机构倾斜。

（二）注重地方特色的立法

从取得地方立法权以来，河南省人大在制定有特色的地方立法方面做出了不少努力，并且取得了相当丰富的立法成就。

1. 针对人口大省的特色进行地方立法

河南省个别地区人口出生性别比例失调，原因之一就是全省各地普遍存

---

① 王爱声：《立法论证的基本方法》，《北京政法职业学院学报》2010 年第 2 期。
② 汪全胜：《立法论证探讨》，《政治与法律》2001 年第 3 期。

在进行非医学需要胎儿性别鉴定和选择性别人工终止妊娠的问题，针对这一严重的社会问题，河南省出台了《河南省禁止非医学需要胎儿性别鉴定和选择性别人工终止妊娠条例》。2011 年 11 月 25 日，河南省第十一届人民代表大会常务委员会第二十四次会议通过修改《河南省人口与计划生育条例》的决定，对向二胎生育、失独家庭给予生活照顾和物质帮助做出了规定。作为全国劳务输出第一大省，2007 年 12 月 3 日，河南省通过了《河南省进城务工人员权益保护条例》，该条例有利于保护河南外出务工人员这个规模庞大群体的利益。自 2008 年 11 月 1 日起施行的《河南省实施〈中华人民共和国妇女权益保障法〉办法》第 24 条针对"性骚扰"的范畴进行了规定，增强了法律的可操作性。河南省针对人口大省的特色进行地方立法具有地方特色，符合地方立法良法标准的要求。

2. 针对历史文化遗产多的特点予以地方立法

河南是中华民族的发祥地，有洛阳、开封等举世闻名的中华古都，同时还拥有商丘、许昌、淮阳等古都，为中国古都数量最密集的地区。对历史文化遗产的保护成为河南省地方立法的一大特色。为了保护开封城墙，河南省人大常委会专门制定了《开封城墙保护条例》；此外 2014 年 12 月 4 日，河南省第十二届人民代表大会常务委员会第十一次会议通过了《郑州市郑韩故城遗址保护条例》。河南省新乡市境内的潞简王墓是明代陵墓中保存最好的陵墓之一。2008 年 1 月 1 日，河南省实施了《河南省新乡潞简王墓保护管理条例》，以强化对该文化遗产的保护。另外，郑州市人大常委会制定了《郑州市嵩山历史建筑群保护管理条例》，解决了历史建筑保护的难题。

3. 经济立法曾经在河南省地方立法中占主导地位

有关河南省地方立法的数据，笔者手头没有完整的资料，但据有关学者统计，1979 年至 1998 年，河南省共制定和批准地方性法规及具有法规属性的决定 282 件，其中属于社会主义市场经济方面的占总数的 52%。河南省地方立法中有关市场经济方面的法规有《河南省建筑建设条例》《河南省制止不正当价格行为和牟取暴利条例》《河南省期货市场条例（试行）》《河南省鼓励外商投资条例》《河南省经纪人条例》《河南省反不正当竞争条例》《郑州市商品交易市场条例》《洛阳市集贸市场条例》等。经济立法占主导地位，是地方立法的主要任务，是由市场经济初创时期的特定历史条件决定的，这种现象随着市场经济的逐步完善会逐渐减少，因为随着市场经济的成熟，市场会自动进行自我调节和完善，地方立法会逐渐退出市场经济，相关的宏观调控制度将交由中央立法机关实施。

4. 环境保护立法成为近期河南省地方立法的主流

近几年环境保护方面的立法逐渐增多，2006 年 9 月 19 日洛阳市人大常委会通过、同年 12 月 19 日河南省人大批准了《洛阳市陆浑水库饮用水水源保护条例》；2014 年 12 月 4 日，河南省第十二届人民代表大会常务委员会第十一次会议通过了《洛阳市环境保护教育条例》和《郑州市大气污染防治条例》的决议（草案），2015 年河南省拟提请省人大常委会会议审议的条例分别为：《河南省发展应用新型墙体材料条例》《河南省实施〈中华人民共和国全国人民代表大会和地方各级人民代表大会代表法〉办法》《河南省高标准粮田保护条例》《河南省旅游条例》《河南省行政机关执法条例》《河南省辐射污染防治条例》《河南省湿地保护条例》。其中，新型墙体材料、辐射污染防治、湿地保护立法项目中有 3 个属于环保方面。环境保护立法成为近期河南省地方立法的主流。

二　河南省地方立法的现存问题

（一）经济新常态背景下地方立法的缺失

经济新常态是个新概念、新问题。相关的法律制度尚未来得及建立，已有的地方立法是过去经济背景下的产物，适应经济新常态的法律制度尚未形成，因此经济新常态背景下地方立法处于缺失状态。

（二）缺乏立法项目论证机制

正如上文所述，立法项目公开征集与论证制度对于提高地方立法质量具有重要意义，并为各省人大常委会所青睐。为此，2008 年北京市人大常委会主任会议通过了《关于开展法规立项论证试验工作的意见》。根据该意见，在政府相关部门起草法规之前，市人大有关工作机构将提前介入，对立法的必要性、可行性及立法思路等进行论证，改变了"政府报什么，人大审什么"的局面。2009 年上海市人大常委会正式通过了《上海市人大常委会立法项目立项论证工作试行办法》，2012 年广东省人大常委会通过了《广东省地方性法规立项工作规定》，2010 年重庆市人大通过了《重庆市地方性法规立项若干规定》，2004 年四川省人民代表大会常务委员会通过了《四川省人民代表大会常务委员会关于提高地方立法质量有关事项的决定》，另外，浙江省政府于 2014 年出台了《政府立法项目前评估规则》。这些文件就立法项目论证做出了规定。除了省级人大常委会、政府通过有关立法项目论证的规定外，部分较大的市的市人大常委会、市政府也通过了相关的规定，如南京市人大常委会于 2004 年制定实施的《南京市地方性法规立项论证办法》、济南市政府办公厅和市政协办公厅联合印发的《济南市立法前协商工作规则》（2007 年 11 月）、《杭州市政府法制办公室关于建立政府立法协商机制的实施意见》（2009 年 7 月）、《成都市人民代表大会常务委员会关于提高地方立法质量有关事项的决定》（2009 年 8 月）等，这些规定都为立法项目论证提供了相应的规范性依据。

遗憾的是，这种良好的作风在河南省地方立法过程中，并未得到足够的重视。和兄弟省份相比，河南省的这种制度还没有形成，立法项目公开征集与论证工作还没有成为河南省地方立法的必然程序。[①] 于是相应的部门还是在遵循陈旧的立法老路，例如，2014 年 9 月 25 日，河南省人民政府法制办公室向省人民政府各部门发布《关于报送 2015 年度省政府立法计划项目的通知》（豫政法〔2014〕35 号）就是典型的例子。这种做法不利于地方立法质量的提高。

（三） 没有注意到分类立法

地方立法包括执行性地方立法、创新性地方立法和自主性地方立法。执行性地方立法具有执行性、地方性、依据性和授权性特征。执行性地方立法良法标准包括法制统一性标准、依据性标准、可操作性标准、简明性标准。创新性地方立法具有创新性、地方性和暂时性特征，创新性地方立法的良法标准包括合宪性标准、政策依据性标准、实验性标准、应急性标准、地方性标准和特别授权性标准。自主性地方立法是指立法主体自主性处理地方性事务，自主性地方立法的良法标准包括不得抵触宪法和上位法的原则和精神，以及地方性（包括民族性）标准和协调性标准。要实现地方立法的良法化，必须按照地方立法的类别予以立法。遗憾的是，由于主客观方面的原因，河南省地方立法没有注意到地方立法的分类，从而使得地方立法存在着诸多问题。

（四） 地方立法缺乏必要性

并非所有的事务都需要地方立法，地方立法是有其必要性的。笔者认为，地方立法的必要性包括地方性和具体性。

---

① 在最新的立法活动中，《河南省人大常委会地方立法条例》正在征求意见，它对有关立法项目公开征集与论证制度规定得比较全面，我们期待着该条例的出台。

　　1. 地方立法缺乏地方性

　　我国地域辽阔、人口众多，是个多民族国家。不同的民族文化、民族习惯需要不同于全国统一实施的法律制度；不同的地理、气候要求适用不同的法律制度处理这些特殊事务；特定地区的特定政治、经济文化制度要求地方立法机关享有自主性立法的权力以解决地方特定政治、经济文化问题。面对中国各地的具体情况，在中央立法完成之后，各地还应该根据地方的实际情况制定富有地方特色的地方立法，确保中央立法在地方得以实现。因此，地方性是地方立法的灵魂，没有地方性的地方立法是无谓的立法。

　　关于地方立法的地方性，有学者已经进行了阐述。如有学者认为，地方立法能充分体现本地经济水平、地理资源状况、历史传统、法制环境、人文背景、民情风俗等，适合本地实际；在突出地方立法针对性的同时，应将先行性、创新性和自主性同解决本地实际问题结合起来。①　就执行性地方立法而言，地方性指的是把中央立法和地方特定条件结合起来予以立法；就创新性地方立法而言，地方性指的是该地方存在适应地方创新立法的条件；就自主性地方立法而言，地方性指的是解决地方性特殊问题。因此，地方性是地方立法的前提条件。

　　遗憾的是，我国已有的地方立法缺乏地方立法的灵魂性条件，一些不具有地方特殊性的地方也纷纷进行地方立法，为立法而立法的现象比较严重。例如，就行政首长出庭制度而言，国务院公布了《国务院关于印发全面推进依法行政实施纲要的通知》（国发〔2004〕10号）。为了落实该文件精神，湖北省政府于2006年出台了《关于加强行政复议和行政应诉工作的意见》（鄂政发〔2006〕38号）。随后，湖北省公安厅于2007年颁布了《关于加强行政复议和行政应诉工作的意见》，湖北省劳动保障厅于2007年颁布实施了《湖北省劳动保障厅行政复议和行政应诉工作综合试点实施方案》，武汉市质量技术监督局制定了《关于加强行政复议和行政应诉工作的意见》和《关于明确行政复议和行政应诉工作职责的通知》等，鄂州市人民政府下发了《关于加强行政复议和行政应诉工作的意见》和《鄂州市行政机关首长出庭应诉暂行办法》，黄冈市人民政府做出了《黄冈市人民政府关于加强行政复议和行政应诉工作的意见》（黄政发〔2007〕12号），咸宁市人民政府于2007年1月颁布了《咸宁市人民政府关于加强行政复议和行政应诉

---

　　①　王斐弘：《地方立法特色论》，《人大研究》2005年第5期。

工作的意见》（咸政发〔2007〕3 号）、钟祥市人民政府于 2007 年 4 月颁布
了《钟祥市人民政府关于加强行政复议和行政应诉工作的意见》；荆门市掇
刀区政府制定了《行政机关行政诉讼应诉工作暂行办法》；竹山县政府发布
了《县政府关于印发行政机关首长行政诉讼出庭应诉规定的通知》等。这
些地方性规章、决定都对行政首长出庭应诉做出了制度性安排。从国务院到
县级政府，甚至区政府都做出相同或相近的规定。事实上，湖北省在行政复
议和行政诉讼方面没有什么特殊的情况，只要各级行政机关按照国务院的规
定予以执行就行了。这种缺乏地方性、盲目立法的地方立法实在是没有必
要。河南省在地方立法时要尽量避免类似现象的发生。

  2. 地方立法缺乏具体性

  地方性立法缺乏具体性主要表现在缺乏执行性地方立法。由于中央立法
的普遍性和概括性，因此地方立法应当将这种普遍性和概括性具体化，使地
方立法具有可操作性。但是，我国地方立法缺乏这种特性。这种具体性的缺
乏主要表现在地方立法对上位法的重复方面。笔者专门对《河南省〈归侨
侨眷权益保护法〉实施办法》（以下简称《河南实施办法》）与国务院颁布
的《〈中华人民共和国归侨侨眷权益保护法〉实施办法》（以下简称《实施
办法》）进行了比较。非常遗憾的是，《河南实施办法》缺乏具体性。《河南
实施办法》第 7 条第 3 款规定："归侨、侨眷社会团体的合法权益以及依照
其章程所进行的合法活动，受法律保护；依法拥有的财产，任何组织或者个
人不得侵占、损害。"该款与《实施办法》第 7 条第 3 款基本相同。《河南
实施办法》第 12 条规定，依法保护归侨、侨眷在本省的私有房屋的所有
权；归侨、侨眷对其私有房屋，依法享有占有、使用、收益和处分的权利，
任何组织或者个人不得侵犯。该条与《实施办法》第 14 条基本上没有区
别。当然类似的情况在其他省份也会出现。笔者曾经专门比较了《浙江省
劳动保障监察条例》（2005）与国务院《劳动保障监察条例》（2004）。《浙
江省劳动保障监察条例》第 13 条第 3 款规定："劳动保障行政部门之间对
管辖有争议的，应当报请共同的上一级劳动保障行政部门指定管辖。"这一
规定与国务院《劳动保障监察条例》第 13 条第 2 款的规定是相同的。

  这些情况并非个案，"据从事立法工作的人估测，地方立法重复中央立
法者，约占地方立法的 70% ~ 90%"。① 地方立法的重要性在于通过具体性

---

  ① 孙波：《试论地方立法"抄袭"》，《法商研究》2007 年第 5 期。

落实上位法，应在便于操作上下功夫。地方立法的重复立法使地方立法的具体性丧失了，从而使地方立法完全没有必要。

3. 地方立法操作性差

落实法律、法规需要制定地方性法规、规章，这就要求地方立法具有针对性，以便于操作。"立法如果能够考虑并抓住下述因素的一切联系及其相互关系，就能达到完善地步。这些因素就是国家的地理位置，领土面积，土壤，气候，居民的气质、天赋、性格和信仰。"① 但是我国地方立法缺乏操作性情况比较严重。地方立法的可操作性差具体表现为地方立法条款本身表述的含义不清，部分规定过于笼统、抽象、原则，这样的条文一旦进入操作程序就变得模棱两可。地方立法条款提倡性、号召性、宣示性条款较多，实质性、具体化条款较少。其所设置的制度违背了常理，无法操作，如不适当的超前立法，超出现实承受能力的立法，不符合一般法理的立法等都存有这一问题。

（五）越权立法

中央和地方立法的权限在宪法和法律中已经规定得很清楚。但是地方立法机关僭越中央立法机关的立法权的案例也时有发生。于 1984 年 9 月 29 日通过的《福建省普及初等义务教育暂行条例》第 5 条规定："阻挠女学龄儿童入学的父母（抚养人），情节恶劣构成犯罪的，按虐待妇女、儿童罪论处。"2000 年 12 月，北京市第十一届人大常委会通过的《中关村科技园区条例》第 25 条规定："风险投资机构可以采取有限合伙的形式。"地方性法规、规章直接对犯罪和刑罚、民事基本制度予以规定，显然这种立法超越了地方立法权限，僭越了全国人大及其常务委员会的立法权。

（六）法律规范冲突

法制统一是社会主义法制观的核心。实现法制统一，地方国家立法机关要严格执行《中华人民共和国立法法》（以下简称《立法法》）的规定。按照《立法法》的规定，地方性规章不得与法律、行政法规、地方性法规和上级行政规章相抵触。但是由于主客观方面的原因，法律冲突的现象比较普遍，如地方立法与国家法律相冲突，地方立法与地方立法相冲突，地方性法规、规章与法的精神相悖等。

① 〔法〕霍尔巴赫：《自然政治论》，陈太先、眭茂译，商务印书馆，1994，第 287 页。

1. 地方性法规与法律冲突

尽管《立法法》明确规定地方性规章不得与法律相抵触，但是地方性规章违反法律的现象并不新鲜。《中华人民共和国种子法》（以下简称《种子法》）第 32 条第 2 款规定：任何单位和个人不得非法干预种子经营者的自主经营权。按照该条规定，种子的收购和销售可以按照市场价。《河南省农作物种子管理条例》（已废止）第 36 条规定："种子的收购和销售，必须严格执行省统一价格政策，不得任意提价，省没有规定统一价格的种子，由市（地）、县级农业行政部门和物价部门共同商定。" 即关于种子经营价格应该执行政府定价。河南省洛阳市中级人民法院审理案件时认为《河南省农作物种子管理条例》作为法律位阶较低的地方性法规与上位法——《种子法》的规定相冲突，根据《立法法》第 62 条规定的精神，做出了适用上位法——《种子法》的判决，从而引起了轰动一时的"洛阳种子案"。地方性法规与法律冲突不乏其例，此处就不再一一列举。

2. 地方性规章与地方性法规冲突

除了地方性法规与法律相冲突以外，地方性行政规章与地方性法规相冲突的情况也屡见不鲜。例如山东省政府发布的《山东省海域使用管理规定》第 12 条规定，属于 1000 亩以上 3000 亩以下的海域使用项目，"须经市（地）海洋行政主管部门提出审查意见，报市（地）人民政府（行署）审批"。而按青岛市人大常委会《青岛市海域使用管理条例》的规定，属于 2000 亩以下的其他海域使用项目，"应当向当地海域使用主管部门提出申请，由同级人民政府审批，并报市海域使用行政主管部门备案"。即在青岛地区 1000 亩以上 2000 亩以下的海域使用项目上，《山东省海域使用管理规定》要求其审批须经青岛市海洋行政主管部门提出审查意见，报青岛市政府批准。而《青岛市海域使用管理条例》要求其向县或区海域使用主管部门提出申请，由县或区人民政府审批，并报青岛市海洋行政主管部门备案。可见，省级政府的行政规章与地级市的地方性法规之间存在相互冲突的问题。

3. 地方性法规和部门规章之间的冲突

2003 年，广州东悦居业主发现住宅维修资金账户是空的，于是向法院起诉，请求判令该物业开发商广州东华实业股份有限公司缴纳欠缴的专项维修资金 190 万元。1998 年颁布的《广东省物业管理条例》第 32 条规定，物业管理维修基金，由物业建设单位按物业总投资的 2% 在向业主委员会移交管理权的时候，一次性拨给业主委员会。根据《广东省物业管理条例》，业主认为维修基金应由开发商来交。而被告广州东华实业股份有限公司认为维修基金应该由业主来交，其依据是建设部于 1999 年开始实行的《住宅共用部位、共用设施设备维修基金管理办法》。按照该办法，在商品房销售的时候，购房者与购房单位应该签订维修基金缴交的约定，按照购房款的 2% 到 3% 的比例向售房单位缴纳维修基金。广东省的条例和建设部的管理办法对这方面的规定是明显矛盾的。

4. 多重复杂冲突

2005 年 6 月 24 日，黑龙江省十届人大常委会根据《中华人民共和国母婴保健法》（以下简称《母婴保健法》）（1995 年）修订的《黑龙江省母婴保健条例》规定："没有婚前医学检查证明的不予办理结婚登记"。即该条例保留了《母婴保健法》的婚前医学检查制度。但是于 2003 年 10 月 1 日开始实行的国务院行政法规《婚姻登记管理条例》并未要求结婚登记的当事人必须提供医学检查证明，于是地方性法规与行政法规发生冲突，这样《黑龙江省母婴保健条例》因违反其上位法而无效。但是《黑龙江省母婴保健条例》的立法依据是《母婴保健法》，其做出这样的规定又是合乎上位法的。但从现有的行为立法规范来讲，无论执法者还是守法者都面临两难的选择。更为复杂的是，《婚姻登记管理条例》的立法依据是《中华人民共和国婚姻法》（以下简称《婚姻法》），这说明《婚姻法》和《母婴保健法》的规定发生冲突，立法出现多重、复杂的冲突。

（七）忽视地方立法的创新性

创新性立法不是为了执行上位法，其有时甚至没有宪法上的依据，这是因为我国的宪法是计划经济时代的产物，对很多涉及市场经济以及市场经济带来的政治、经济和文化的变革的内容因拘泥于时代的限制而没有涉猎。但是，作为中国无产阶级先锋队的中国共产党能够深谙时代的脉搏，制定出反映时代的路线、方针和政策。这时，地方性立法可以按照政策的要求、精神和原则，制定出符合时代要求的地方性法规、规章。例如在西部大开发过程中，国家鼓励到西部投资，为此采取了许多倾斜性政策，西部各地方也同样出台了一些优惠政策来吸引投资。但这些优惠性政策并不能代替法律，因此应当以创新性立法对相关投资予以规范。四川省在 1987 年率先出台了《计划生育条例》，此后又有不少的省、市效法，直至 2001 年底《中华人民共和国人口与计划生育法》（以下简称《人口与计划生育法》）才出台。显然，四川等省、市当时的计划生育法规并没有直接的宪法、法律依据，但符合这些省、市解决人口问题的实际需要，也是与《婚姻法》的有关规定和"计划生育是我国的基本国策"的原则相一致的。

重庆市抓住中央赋予重庆统筹城乡改革试点的机遇，根据大城市带大农村、大都市带小城镇、工业反哺农业、农村人口向城镇转移、区域功能必须调整的战略性政策，在促进城乡统筹立法方面有所突破和创新。土地经营权流转的形式，赎买和回购土地经营权的方式等难题和法律"红线"让重庆感到需要着力改革行政、行业、资产、社区"四类管理体制"，变革依附于公民人身关系和依附于土地权属关系且对统筹城乡发展的体制性改革形成障碍、制度性壁垒的"两类制度体系"。针对这些问题，重庆在一些领域打破城乡区别，颁布实施了《重庆市城乡规划条例》《重庆市城乡公路管理条例》《重庆市城乡居民最低生活保障条例》《重庆市城乡养老机构服务管理办法》《重庆市城乡规划编制和审批暂行规定》等地方性法规、规章。这些规章初步解决了城乡统筹立法方面存在的问题。但要合法有效地推进统筹城乡改革，需要强有力的法律制度保障。所以，为促进农村土地流转，应探索制订《重庆农村土地承包经营权流转办法》《重庆市集团建设用地使用权流转管理办法》《重庆市农村宅基地管理条例》《重庆市农村土地入股办法》《重庆市农村土地整理复垦管理办法》《重庆市城乡土地产权交易办法》等有关完善城市、农村土地管理的法规，只可惜这些急需立法的建议目前还很难被纳入立法计划，究其原因，全国要保十八万亩耕地红线，而法律是不能率先闯红线的，这为立法提出了难题，是目前立法上难以回避的尴尬。① 这就需要目前农村土地承包经营权流转方面的政策作为制定保障性法律制度的依据。

1998 年夏天，长江、嫩江流域暴发的罕见特大洪水给国民经济和人民生命财产造成巨大损失。在空前的生态灾难中，全社会的生态认识产生了新的历史性飞跃，加强林业建设，改善生态环境的呼声高涨，国家对林业生态建设做出了一系列重大部署，投入数千亿元，用于沿海防护林建设、天然林保护等六大林业重点工程。2003 年 6 月，党中央、国务院发布《关于加快林业发展的决定》，对防护林体系保护提出进一步要求："必须努力保护好

---

① 重庆市人大常委会办公厅、重庆市人大常委会研究室编《重庆民主法治 30 年》，西南师范大学出版社，2008，第 339 页。

天然林、野生动植物资源、湿地和古树名木；努力营造好主要流域、沙地边缘、沿海地带的水源涵养林、水土保持林、防风固沙林和堤岸防护林……"在 2004 年的印度洋海啸发生后，国家林业局和国家海洋局还专门编制了沿海防护林体系建设规划。1995 年 9 月福建省人大颁布的《福建省沿海防护林条例》是我国出台的第一部沿海防护林保护和管理专项的地方性法规。1996 年 12 月林业部出台了《沿海国家特殊保护林带管理规定》，2007 年 12 月海南省人大颁布了《海南省沿海护林建设与保护规定》。很显然，这些地方性法规的立法依据是国家的政策。

上述地方立法在河南省并不多见，随着经济形势的转变，河南省有必要在创新方面多做尝试，力求在经济新常态背景下通过地方立法使适应经济新常态的相关制度法律化、制度化。

三　地方立法现存问题带来的不良后果

立法是有一定的价值目标的，由于主客观方面的原因，上述地方立法存在的诸多问题带来了很多不良后果。

（一）不利于法的价值的实现

为了实现特定时期法的价值，在成文法国家里，一般以宪法的形式将法的价值位阶体现出来，并以法律、法规和规章予以实现。这就要求法律、法规和规章应当符合宪法的规定和精神，下位法符合上位法的规定，以法制统一的形式实现特定时期、特定国家的法的价值。如果下位法不符合上位法的规定，法的各种形式的规定不符合宪法的规定，则法的价值就不容易实现。由此可知，上述我国法律规范存在的问题不利于法的价值的实现。

（二）不利于社会主义法制的统一

法制统一是依法治国的基本要求，任何法治国家的法律体系应该是结构严谨、内在协调的有机整体，只有这样，才能有利于法的价值的实现。正如恩格斯所言："在现代国家中，法不仅必须适应于总的经济状况，不仅必须是它的表现，而且还必须是不因内在矛盾而自相抵触的一种内部和谐一致的表现。"[①] 亚里士多德明确提出："法治应该包含两重意义：已成立的法律获得普遍的服从，而大家所服从的法律又应该本身是制定得良好的法律。"[②]

---

① 《马克思恩格斯选集》第四卷，人民出版社，2012，第 610 页。
② 〔古希腊〕亚里士多德：《政治学》，吴寿彭译，商务印书馆，1965，第 199 页。

相互冲突的法律肯定称不上"本身是制定得良好的法律"，彼此矛盾的法律也不可能"获得普遍的服从"。我国宪法也将社会主义法制统一规定为一项重要原则，但是我国现行的地方立法存在的问题所导致的法律冲突破坏了我国法制的统一。"立法质量与法律权威性下降，立法不能与其他法治环节协调统一发展，从而有害于社会主义法制的完善。"①

（三）　不利于法律作用的实现

一般认为，法律具有指引、评价、预测、教育、强制功能。这些法律功能要求法律体系必须整体划一，在规定上协调一致，在适用上结果统一。只有这样，法律才能建立和保持一种大致确定的预期，才能便利人们的相互交往。法律体系的不统一，必然导致指引作用在指引时指引的道路并不一致，在评价上没有统一的结论，在预测上不可确定，在教育上无所适从，在强制上无法落实。法制不统一导致法律、法规之间的相互矛盾，这种相互矛盾不利于法律的适用，降低了人们对法律的信任度，影响法律的权威性，这样会使法律难以获得社会主体对法律的认同与服从，从而难以实现法律应有的作用。

（四）　导致法律适用无所适从

法律冲突使司法实践中的法律适用无所适从。2006 年 9 月，李某等三人搭乘出租车返回住所，因交通事故造成李某的 L1 椎体压缩性骨折，经鉴定为十级伤残。由于与出租车公司在赔偿问题上没能达成一致，李某遂于2007 年 4 月 27 日向苏州工业园区法院提起诉讼，要求依据《中华人民共和国合同法》、《中华人民共和国消费者权益保护法》和《江苏省实施〈消费者权益保护法〉办法》第 25 条的规定，判令被告出租车公司赔偿医疗费、残疾者生活补助费、残疾赔偿金、被抚养人生活费、精神抚慰金等 12 项共计 172138.79 元。被告则认为，本起事故属交通事故，应当按照处理交通事故的专门法律——最高院《关于审理人身损害赔偿案件适用法律若干问题的解释》处理，按照 14084 元给予两年的赔偿。依据不同的规范性文件，得出的赔偿数目不同。地方立法与非执行性立法的上位法规定相冲突导致法律适用无所适从。

（五）　使地方保护主义合法化

地方立法主要是为了满足地方经济发展的需要而设定的，故地方立法主

---

① 黄晓明：《寻求立法数量与质量的平衡——对中国立法现状的分析与思考》，载张晋藩主编《二十世纪中国法治回眸》，法律出版社，1998，第 269 页。

要是地方经济立法，如吸引外资、土地使用、税收激励、经济合同、技术进口、合资企业、独资企业等方面的立法。这些立法对本地区的经济发展发挥了积极的作用，但是也不可否认它有着消极因素。例如，地方立法有可能使地区封锁、保护地方利益等合法化；地方政府可通过地方立法提高市场准入、质量技术标准、增加行政事业性收费、对异地投资企业实行双重征税等。广东省社会科学院课题组在《珠三角地区生态环境保护与建设研究》一文中认为："目前大多数市场分割做法是有法律依据的，地方政府制定了大量法规和政策来保护本地人员、企业，限制外地人员、物品和服务流入，也限制本地的资本流出。"

（六）大量立法资源被浪费

在中国法律法规信息系统的搜索中发现，1979 年 1 月 1 日至 2012 年 10 月 6 日，共有地方性法规、规章 33455 件。其中，地方性法规、规章数超过 2000 件以上的有 3 个省，辽宁省的地方性法规、规章数高达 2408 件，广东省的为 2353 件，山东省的为 2099 件；地方性法规、规章数超过 1000 件的有 12 个省，包括江苏省（1767 件）、浙江省（1438 件）、吉林省（1434 件）、黑龙江省（1370 件）、河北省（1258 件）、云南省（1149 件）、四川省（1180 件）、河南省（1113 件）、安徽省（1046 件）、贵州省（1044 件）、湖北省（1038 件）、陕西省（1008 件）。[①] 据统计，1979—1994 年，全国人大及其常委会年平均制定法律文件 16.9 件左右，地方人大及其常委会年平均制定地方性法规 209 件左右；1995 年至 1997 年 6 月，全国人大及其常委会年平均制定法律文件 17.8 件左右，地方人大及其常委会年平均制定地方性法规 662 件左右；1997 年 7 月至 1998 年，全国人大及其常委会年平均制定法律文件 24.7 件左右，地方人大及其常委会年平均制定地方性法规 877 件左右。1994 年至 1997 年 6 月与 1979—1994 年相比，全国人大及其常委会的立法平均增长约 5%，地方立法平均增长约 217%，1997 年 7 月至 1998 年与 1979—1994 年相比，全国人大及其常委会的立法平均增长约 46%，地方立法平均增长约 324%。[②] 如此立法一方面容易导致规范之间的冲突，另一方面也是对立法资源的极大浪费。

---

① 参见中国法律法规信息系统，网址：http：//law. jschina. com. cn/law/home/begin1. cbs。
② 崔卓兰等：《地方立法膨胀趋向的实证分析》，《吉林大学社会科学学报》2005 年第 5 期。

第三节　地方立法存在问题的原因分析

地方立法冲突的原因在于以下几个方面。

一　地方立法目的不当

地方立法目的不当首先表现在地方或局部利益保护主义方面。地方或局部利益保护主义在地方立法领域表现为地方立法权力寻租。

"权力寻租是从经济学的寻租理论引申而来的，它指国家公务员以掌握的行政权力为筹码，向企业或个人出租权力，索取高额回扣，获得暴利。"[①] 这里的"权力寻租"一般指的是行政执法权寻租。随着市场经济的进一步发展，"权力寻租"出现了一种新形式——立法权寻租。地方立法寻租指的是经济利益主体通过地方立法或立法代言人介入立法，制定带有利益倾向性的地方性法规、规章的活动。立法更具有隐蔽性，其以合法的形式掩盖更为严重的、长久的违法事实，使利益主体获得特权，因而是更高级、更"合法"的非生产性权力寻租。[②] 一些地方立法机关为了保护地方利益，运用地方立法权力予以"寻租"。下面以"特权车"扩大来说明权力寻租。

《收费公路管理条例》第 7 条规定，免交车辆通行费的车辆只包括军队车辆、武警部队车辆、公安机关车辆、执行抢险救灾任务的车辆、跨区作业的联合收割机、运输联合收割机的车辆。非常遗憾的是，这种车辆免费通行批准的权力却被地方立法机关运用立法权予以"寻租"。《云南省收费公路车辆通行费免交包交管理实施细则》第 14 条规定了免交、包交车辆通行费的车辆包括省委、省人大常委会、省政府、省政协和省纪委办公厅使用专段号牌的车辆，省公安（非免费车辆）及各州（市）、县（市、区）公安（非免费车辆）的车辆，路政机构在辖区内收费公路上处理交通事故、执行正常巡逻任务和处置突发事件的统一标志的车辆，……经省交通主管部门或收费公路经营管理者批准的其他车辆。《天津市贷款道路建设车辆通行费征收管理办法》第 10 条规定公安、检察、法院等司法部门的"警"字号牌车辆不在执行职务过程中也可以免交过路通行费、经市政府批准减免通行费的

---

① 汪彤：《权力寻租的正式制度与非正式制度分析》，《山西财经大学学报》2005 年第6期。
② 覃佐媛：《法治语境下的行政立法寻租问题探究》，《衡阳师范学院学报》2007 年第4期。

其他车辆免交过路通行费。河南省通过红头文件的方式实现了这种免费。《河南省人民政府关于加强公路通行费收费管理工作的通告》（豫政办〔2008〕55号）规定，"经国务院交通主管部门或省级人民政府批准，由省级交通主管部门办理免费手续的执行抢险、救灾任务的车辆……"属于免费车辆。类似的"立法寻租"并不鲜见。如各汽车产地的地方保护主义政策就十分明显，在天津，街上只让跑夏利出租车；在上海，只允许桑塔纳车占领出租车市场；长春的捷达车比其他出租车受到更多的优待。这些地方立法保护了地方利益，但违背了有关法律平等、公平竞争的精神。① 上述立法寻租现象在河南也不免发生，基于这样的立法目的难以制定出良好的地方性法规、规章。

二　立法主体立法技术的欠缺

在我国当前的地方立法体制中，地方人大或政府往往将本应属于地方人大或政府法制部门的立法起草职权，委托给相关行业或政府主管部门，由其来直接担任地方立法的起草主体。这些立法人员是一般的公务员，立法的专业知识和技能并不高，加之其作为一项需要完成的工作，有立法的文件草案即可，立法者的责任心也不强。地方人大代表也非专业人员，审查通过法律草案时其所应当具有的能力和水平是非常有限的，特别是立法技术的欠缺制约着地方立法的"良"性。河南省在地方立法方面尽管已经注重专家论证、委托立法，但是还应该建立相应的法律制度，确保地方立法专业化的制度化、常态化。

三　地方立法主体观念滞后

立法的价值目标在于实现法的人权保障价值、社会公平公正价值、保障社会稳定的价值等。但是法的价值是不平等的，是有位阶的。在立法中如何把握法的价值位阶是一个非常重要的问题，也是一个技术问题。目前地方立法大都停留在秩序的价值追求上，忽视地方立法的人权保障价值、公平公正价值、效率价值等。例如在我国的地方性法规中，审批事项所占比例不小。据不完全统计，从1986年12月到2001年5月，省级及以下政府和部门大量运用行政审批来对经济、社会事务进行管理和控制，在一些省级行政区域

---

① 蔡定剑：《法律冲突及其解决的途径》，《中国法学》1999年第3期。

内实施的行政审批事项最少的时候有 1300 项左右，最多的时候超过 2200 项。① 事实上，这些审批制度背后的深层次意识在于保障法的秩序价值。如何保障地方立法能够符合上位法的精神，符合时代的要求，需要对地方立法有个理性的认识，确立一个符合时代要求的立法观念。恪守传统的习惯、恪守保护地方利益的思维是不能实现制定出良好的地方立法的。

四　地方立法抄袭严重

地方立法与中央立法重复，原因在于地方立法机关的抄袭。抄袭既包括抄袭法律、行政法规和部门规章，也包括下位地方立法"抄袭"上位地方立法，还包括"抄袭"其他同级别省市的地方立法，有时还可以在上位地方立法中发现下位法的影子。② 地方立法抄袭除了抄袭立法内容外，还抄袭立法的形式。有学者对土地管理的中央和地方立法进行了研究。"在章的设置上，完全照搬上位法结构（结构安排没有任何创新，创新的章数占上位法章数的百分比为 0）的地方立法数额占所有地方立法数额（30 件）的比例为 36.7%；几乎完全照搬上位法结构（结构安排上仅有 1 章发生变化，占上位法章数的比例为 12.5%）的地方立法数额占所有地方立法数额（30 件）的百分比为 36.7%；两项地方立法之和共占全国地方立法总数的 73.4%。"③ 有学者统计，在重庆的地方性法规中，有 15% 是对国家法律做的说明性实施办法，既不能创新超越，又不必重复说明，实在没有意义和价值。④

五　相应的国家机关怠于履行立法监督职责

权力的制约和监督是保障权力良性运转的基础，缺乏监督与制约机制容易导致权力腐败与权力寻租。我国宪法第 67 条赋予了全国人民代表大会常务委员会监督宪法实施的职权。《立法法》第 88 条具体规定了通过撤销的方式行使宪法与法律的监督权，并增加了其对国务院、地方人民代表大会常务委员会、省或自治区的人民政府、授权机关的法规、规章的监督权。但

① 傅思明：《行政审批制度改革与法制化》，中共中央党校出版社，2003，第 18 页。
② 参见孙波《试论地方立法"抄袭"》，《法商研究》2007 年第 5 期。
③ 孙波：《试论地方立法"抄袭"》，《法商研究》2007 年第 5 期。
④ 方令：《中国特色社会主义法律体系的建立与地方立法面临的主要任务——以重庆为例》，《经济研究导刊》2010 年第 27 期。

是，遗憾的是，这些规定都只是写在纸上，至今仍然没有一件上级国家机关撤销下级国家机关违法或者不适当的决定和命令的案例。相应的国家机关怠于履行立法监督职责是地方立法存在问题的重要原因之一。

第四节　完善河南省地方性立法

经济新常态不同于过去的经济形势，经济新常态表现为：中国经济正从高速增长转向中高速增长，经济发展方式正从规模、速度型粗放增长转向质量、效率型集约增长，经济发展动力正从传统增长点转向新的增长点。在河南省传统地方立法中，经济立法占主导地位，但是这些经济立法是适应过去经济形势制定的，不一定适应经济新常态的需要，因此有必要按照经济新常态的需求制定新的地方性法规、规章，审查过去经济背景下的地方立法，必要时对部分地方立法予以废改，使地方立法整体上适应经济新常态的需要。

一　河南省地方立法应服务于中原经济新常态

国无法不宁，民无法不安，商无法难兴。经济新常态是在依法治国背景下被提出来的，经济新常态的运行与发展需要适应依法治国的需要。按照市场经济是法治经济的论断，应该及时对相应的地方立法进行审视，对部分地方立法进行及时的废、改、立，使经济新常态在法治的背景下运行。

（一）通过地方立法促进经济的发展

促进地方经济发展和社会进步的标准是地方立法实现良法的重要标准。为此，地方立法在这方面做出了努力。例如，作为我国茶叶产地、集散地之一的福建省，于2012年6月1日起施行了《福建省促进茶产业发展条例》，该条例是我国第一部促进茶产业发展的地方性法规。它在明确政府及相关部门职责，制定茶产业发展规划，设立茶产业发展专项资金，注重生态环境和谐发展，促进茶文化的保护、传承和发展，以及鼓励和扶持茶园抵押融资、实现茶叶质量安全可追溯等方面做出了规定。出产信阳毛尖的河南信阳也是全国著名的茶叶原产地，并且茶叶经济是符合经济新常态的经济，因此应当通过地方立法确保中原这一驰名品牌的高速发展。另外，为了加强对政府性债务的管理，防范和化解政府性债务风险，自2013年8月1日起施行的《厦门市政府性债务管理暂行办法》就厦门市政府性债务的计划编制与批准、举借使用与偿还、风险防范与控制、监督与责任做出了规定。河南省地方债务问题不可小觑，应当通过相应的地方立法确保地方债务的良性发展，确保经济正常运行。

（二）通过地方立法重新确定政绩评价机制

要通过地方立法重新确定政绩评价机制，要制定出适应经济新常态的政绩评价机制和干部选拔机制，改变传统的政绩评价模式，以调动地方政府及其官员积极贯彻落实与经济新常态相关的制度与政策。鉴于新经济背景下市场经济占主导地位，应该根据经济新常态的要求规范政府的行政权力，通过政府的"权力清单"、"负面清单"和"责任清单"，形成公开透明、符合经济新常态要求的法律制度。通过地方立法实现简政放权，使市场发挥在资源配置过程中的决定性作用以促进市场活力充分迸发。要改变政府官员"不作为"的现状，通过地方立法明晰法律责任，防止消极懈怠，贻误经济发展的转型时机。通过地方立法在河南省范围内逐步起建立由相关领域的专家所组成并且不受地方利益集团所影响的经济决策评估机构，地方经济的发展应该交由经济决策机构评估，对于专家评估机构已经预测到的风险在决策时不予规避的，相应的决策人员应该承担相应的法律责任。重大经济政策评估机制有利于实现经济活动的效率性和公平性，可以有效地克服地方政策的功利化和短期化。通过完善地方立法制度逐步厘清政府与市场之间的关系，减少市场主体运营的不确定性，从而为创新驱动发展战略提供宏观层面的制度动力，推动经济转型和结构升级。

（三）通过地方立法重构环境保护机制

经济新常态下环境保护成为经济发展的核心任务，如何在发展经济的背景下实现环境保护成为经济新常态必须考虑的重点内容。在过去，相应的地方立法注重经济的发展而漠视环境保护。面对经济新常态，有必要对现有的地方环境保护立法予以完善与修改，通过出台相应的地方立法适应经济新常态，以缓解经济发展与环境承载能力之间的紧张关系。否则，经济转型和社会发展难以顺利实现。除了通过立法解决经济发展和环境保护的冲突问题外，还应该完善相应的环境保护执法与司法法律制度，以达到在依法治国背景下立法、执法和司法共同对环境实现立体性保护的目的。

（四）通过地方立法落实土地保护机制

经济新常态在中原地区的不同表现在于中原经济区建设和航空港区建设符合经济新常态的需要。但是随着中原经济区建设的推进，土地的大量需求要求河南省必须改革现有的土地法规、规章。一方面应该在土地节约利用方面制定地方性法规、规章，力求获得更多的可利用土地资源；另一方面必须改革现有的土地流转方面的法规、规章，通过允许农村集体建设用地使用权转让、出租、抵押，使农村集体建设用地直接进入市场交易，以满足中原经济区建设的土地需求。需要强调的是，河南的现实是，要在土地资源方面有所动作，不突破"土地法"几乎不可能做到这点，中央目前确定河南可以"改革和完善"土地保护机制，可以"先行先试"。只有按照先行先试的政策制定有关方面的法规、规章，才能确保中原经济区建设的土地供应。

（五）通过地方立法落实民生保障机制

河南是我国的农业大省，和其他省份相比，河南省的农业人口比重较大，经济发展水平较低，城乡经济二元化特点比较明显，城乡居民收入相差较大，公共服务设施不均衡，资金和人才集中于大中城市。这些问题成为阻碍河南经济发展的障碍，有必要通过地方立法实现城乡利益均衡化。适应经济新常态意味着中原经济区建设和航空港区建设对土地提出新要求，在此背景下失地农民越来越多，这些失地农民只能转移到城市。为此必须通过地方立法的方式改革现有的户籍管理制度、农村转移人口的医疗教育制度、养老保险制度，确保中原经济积极稳妥地发展。

（六）通过地方立法发挥人才应有的作用

适应经济新常态意味着经济发展向内涵式方向发展，这种发展要求经济发展中的科技因素大大增加。科技因素的增加和科技人才紧密相连，于是人才的培养和引进对于适应经济新常态具有重要意义。尽管河南省在引进人才方面下了很大功夫，但是没有注重引进人才的深加工，有悖于河南省人才的引进。博士一般具有较强的科研能力，具有广泛的、高层次的社会关系，博士引进对于提高科研水平和承担国家、省部级课题，实现河南省"科研创省"具有重要的意义。但是有很多省级科研项目，新引进的博士不能参与。例如，《2013年河南省哲学社会科学规划重大项目招标公告》规定的投标资格要求重大项目首席专家须具有正高级专业技术职务或正厅级以上（含正厅级）领导职务。事实上，有些引进的博士人才在其研究领域的科研水平要远远超过正高级专业技术职务或正厅级以上（含正厅级）领导职务人员。因此，应当适当调整教师职称评定政策，或者积极鼓励博士参与重大课题研究，确保引进的人才参与到河南省的重大科研活动中去，以实现引进人才的目的。

另外，应该通过地方立法完善激励创新的产权制度、知识产权保护制度以及促进科技成果转化的体制机制，使得相应的科研尽快地转化为社会财富，从而满足经济新常态的需要。

二 服务于经济新常态需要"良"性的地方立法

良法、善治是立法的根本目标，实现善治必须有良好的法律。为了适应中原经济新常态，有必要在地方立法方面追求良法。地方立法是一种较特殊的立法活动，具有地方性、特色性等特点，这些特点决定地方立法制定良法既要符合一般性的良法标准，也要达到其特殊针对性的良性要求。

（一）地方立法的良法实体标准

一般意义上的良法标准具有普适性。一般意义上的良法标准在不同的国家和地区有不用的表现。一般意义上的良法标准在一个国家或地区可以通过中央立法和地方立法两种形式表现出来。按照法制统一的要求，地方立法应该恪守中央立法的良法实体标准。但是地方立法的良法标准与中央的良法实体标准是不完全相同的。中央立法的良法实体标准是宏观的、抽象的，具有普遍适用性，而全国各地的地方情况不同，地方立法良法的实体性标准具有地方性、具体性，因而中央立法的实体性价值标准在不同的地方有不同的表现，例如，贫困地区和经济发达地区、民族地区和普通地区、内地和港澳台地区、特定的地理环境地区和普通地区等的实体性价值位阶就不同。执行性地方立法的实体标准表现在以下几个方面。

1. 以人为本的标准

以人为本是良法的核心标准，相比中央立法，地方立法由于在地理位置、心理距离等方面都更接近于百姓的社会生活，因此，更能因时制宜、因地制宜地反映他们的生活需求和心理感受，所以人性化立法趋势在地方立法中的表现应该较中央立法更为明显。从目前的状况来看，人性化立法趋势在地方立法中的表现确实较中央立法更为明显，如根据当前未成年人容易受不法侵害的情况，适时制定了有关中小学生人身伤害事故预防与处理的法规，将保护中小学生的人身安全纳入地方立法的调整范围；将有劳动能力、有就业需求的无业残疾人定为失业人员，规定其与普通失业人员享有同样的就业优惠政策，要求各级政府加以管理；妇女更年期保护条款及规定学校不排名次、减轻课业负担等内容无不体现了以人为本的思想；当发生突发事件和未成年人人身伤害事故时，学校、幼儿园、托儿所应当启动应急预案，优先保护未成年人的安全，及时救护，妥善处理，并向有关主管部门报告等。

2. 促进地方经济发展和社会进步的标准

促进地方经济发展和社会进步的标准是地方立法实现良法的重要标准，也是通过地方立法适应中原经济新常态的关键所在。作为我国茶叶产地和集散地之一，福建省颁布实施了《福建省促进茶产业发展条例》，该条例是我国第一部促进茶产业发展的地方性法规。为了加强对政府性债务的管理，防范和化解政府性债务风险，厦门市颁布了《厦门市政府性债务管理暂行办法》，以保障厦门市地方经济的可持续发展。

3. 促进社会公平公正的标准

公平正义是法律的核心价值之一，为此，地方立法机构在公平公正方面做出了努力，力求通过地方立法促进社会的公平公正。例如，相关的地方立法就农村土地承包经营权对女性的歧视做出男女平等的规定；针对女性的生理特征和女性的特权（生育权、哺乳权、继承权）做出的特别规定；针对城乡二元制社会导致的城乡不平等做出的消除不平等的规定、促进农民工进城务工公平对待的规定；针对民族歧视做出的促进民族平等的规定；针对拖欠工程款导致农民工工资被拖欠做出的相关规定，都体现了促进社会公平公正的地方立法良法标准。

4. 有利于社会稳定的标准

地方立法机构还应该就社会稳定做出相应的努力，以实现法的秩序价值。通过集体土地征收与补偿立法消解不稳定因素，通过食品安全管理立法消解不稳定因素，通过立法严管建设工程质量消解不稳定因素等成为地方立法促进社会稳定的根本表现。

（二）地方立法的形式良法标准

地方立法的形式良法标准包括执行性地方立法的良法标准、创新性地方立法的良法标准和自主性地方立法的良法标准。

1. 执行性地方立法的良法标准①

执行性地方立法具有执行性、地方性、依据性和授权性特征。所以执行性地方立法良法的实体标准包括以人为本的标准、地方性标准、执行性标准。其中执行性标准是指有上位法的明确授权，地方性立法应当能促使上位法落实；另外，由于主客观方面的原因，中央立法有可能有悖于一般意义上的良法标准，地方立法可以根据宪法原则和最新的党的政策来做出创新性的

---

① 参见周伟《论执行性地方立法良法标准》，《河南财经政法大学学报》2015 年第 2 期。

规定，以实现一般意义上的良法要求等。其中地方性标准指的是把中央的立法和地方的特殊情况结合起来，使中央立法能够在本地区实施，具有从属性，地方性是执行性地方立法的前提条件。执行性地方立法良法的形式标准包括法制统一性标准、依据性标准、可操作性标准、简明性标准。

2. 创新性地方立法的良法标准①

创新性地方立法具有创新性、地方性和暂时性特征。创新性地方立法的良法标准包括合宪性标准、政策依据性标准、实验性标准、应急性标准、地方性标准和特别授权性标准。创新性地方立法的发展趋势在于实体权利限制应予禁止，经济改革立法范围应予缩小，弱势群体权益保障和社会公益保护立法应予倡导，公权力限制及公务员管理应予允许。根据创新性地方立法的良法标准确定其良法保障的特殊机制要注重创新性立法的废止与转换和变创新性地方立法为执行性地方立法机制。

3. 自主性地方立法的特定良法标准②

自主性地方立法具有自主性处理地方性事务的特点，自主性地方立法的良法标准包括不得抵触宪法和上位法的原则和精神，以及地方性（包括民族性）标准和协调性标准。其中执行性地方立法的地方性是指将普遍性适用的法律、法规和上位法适用于本地区，是普遍性和特殊性的关系问题。其中协调性包括地方和地方之间的立法协调、同一地区的立法协调。根据社会的现状，我们认为自主性地方立法将成为地方立法的主流，但其立法内容应该侧重于社会性事务和地方性事务。

三 河南省地方立法良法的实现

适应经济新常态需要良法，制定良好的河南省地方法律需要做好以下工作。

（一）端正立法目的，更新立法观念

由于我国地方立法制度不完善，一些地方机关受利益的驱动，从本部门的利益出发，借助制定抽象行政行为来延伸、扩张其行政职权的现象相当严重，地方立法的负效应日益暴露出来，还有一些地方立法机关立法的目的在

---

① 参见周伟《论创新性地方立法的良法标准》，《江汉大学学报》（社会科学版）2013 年第 4 期。
② 参见周伟《论自主性地方立法的良法标准》，《学术论坛》2013 年第 12 期。

于完成地方立法任务。从理论上讲，地方立法机关不应通过地方立法搞地方保护主义，也不应只追求完成地方立法任务，而应该按照法的价值的要求，通过立法保障人权、维护秩序、提高效率，确保公平公正。只有端正地方目的，才能解决地方立法存在的问题，制定出地方立法的"良法"。

（二）强化地方立法专业性

地方性法规、规章的清理、修改、废止要求立法工作人员不仅要有立法为民的负责态度，而且要有丰富的法律知识和较高的立法技术，要有良好的法律素养。立法质量问题说到底是立法者素质问题。立法是一门科学，很难指望没有立法知识和技术的人员能制定出高质量的法律。"议会立法程序中最重要的问题是如何确保决定者的素质和如何提供充分的信息以资判断。"①为此，地方立法机关应该大力提高立法工作人员的素质，必要的时候适用开门立法。

提高立法工作人员的素质，最直接、最快捷的方式是引进人才。近几年宪法学和行政法学的博士、硕士毕业生越来越多，各地进行法制建设的专业人员越来越多，从不同的地方引进具有博士、硕士学位并具有丰富实践经验的人员是提高立法工作人员素质最快的方法。另外，要组织地方立法的工作人员参加法律专业知识讲座、坚持业务学习和研讨，使立法工作人员及时更新法律知识，了解相关领域的前沿理论动态，提高立法水平。提高立法素质还要鼓励现职人员进修、学习，特别是鼓励这些人员参加全国的博士研究生、硕士研究生入学考试，进入专业性的大学和研究机构进行系统训练。通过学习深造培养出来的人才既是业务专家，也是实践专家。这种理论和实践结合起来的立法工作者是立法机关不可多得的人才。

开门立法是有效拓展人民有序参与立法的途径，尽可能地发挥科研院所、有关组织及专家学者的作用，涉及利益关系冲突激烈的立法要举行立法听证会，也可以参照部分省份委托立法的做法，防止"部门利益法律化"。开门立法有利于发挥"外脑"作用。

（三）明确地方立法依据

地方立法包括执行性立法、创新性立法和自主性立法。不同类型的立法具有不同的良法要求。执行性立法因为是执行上位法的行政立法活动，因而

---

① 季卫东：《法律程序的意义——对中国法制建设的另一种思考》，《中国社会科学》1993 年第 1 期。

要求其必须明确其所执行的法律，并且能体现地方特色，能促使上位法落实，能与上位法保持一致，具有可操作性、立法简明等特征。创新性立法是指在国家尚未制定法律或者行政法规的情况下，省、自治区、直辖市和较大的市根据本地方的具体情况和实际需要而制定地方性法规，具有先行先试的特点。这就要求创新性立法具有宪法上的依据或政策上的依据。自主性立法是地方立法机关根据《中华人民共和国宪法》（以下简称《宪法》）、《中华人民共和国组织法》（以下简称《组织法》）和《立法法》就所辖范围内的地方性事务制定规范性文件的行为。所以地方自主性立法必须只能就宪法、组织法和立法法确定的地方性事务进行立法，并不得抵触宪法和上位法的原则和精神，对地方事务有特别针对性，能体现民族性，须与同位阶相关立法协调。在现实立法实践中，对立法依据没有做出明确的要求，于是地方立法机关为了实现地方利益可以进行没有法律依据的地方立法，从而违背了地方立法的初衷。

（四）强化立法监督机关责任

随着《立法法》的颁布实施，享有立法监督权的不仅有全国人大常委会，而且包括国务院、地方人大及其常务委员会、省级政府等。鉴于地方立法存在诸多问题，有必要强化立法机关的监督责任，建立相应的地方立法审查制度，有可能的话扩大行政诉讼受案范围，建立抽象行政行为审查制度，通过多方立法审查制度启动立法审查，确保地方立法"良法"的实现。

（五）建立地方立法"良法"标准

建立制定"良法"机制的方法很多，但确定地方性立法的良法标准是最直接的方法之一。

地方立法良法标准是指评价、检测地方立法机关制定的地方性法规、规章是否是"良法"的基本准则。构建地方性立法良法标准的目的是使地方性立法机关依据立法的"良法"标准评价、检测立法成果，避免立法的随意性和盲目性，制定出优良的地方性法规、规章，使其立法工作达到最佳效果。因此，构建地方立法良法标准与提高地方立法质量密切相关。

提高地方立法质量包括提高地方立法机关立法行为的质量及其立法成果的质量两个方面的内容。具体来讲，提高地方立法质量一是提高地方立法的特色性。地方立法必须与本民族、本地方的具体情况和实际需要相结合，不断提高立法的自主性、科学性和适应性，满足本地方经济、政治、文化及地方事务的需求。二是提高地方立法的现代化水平。提高地方立法的现代化水平包括不断提高立法观念、立法内容和立法程序等方面的现代化程度。三是把地方立法质量问题与国家整个法治建设的进程相联系。地方立法受国家立法的指导、制约和保障，因而它不能脱离国家法治轨迹而孤立地进行，但它又是国家法治建设的重要组成部分，可以自主进行一系列的立法活动，可以以自己的立法成果为国家和地方的法治建设做出应有的贡献。

根据地方行政立法所体现的执行性、自主性和创新性三种特点，笔者把地方性立法分为执行性、自主性和创新性三类。根据地方立法类别建立不同的"良法"标准是解决地方立法问题的关键所在。

第三章
严格执法

　　我国经济发展进入新常态，经济新常态体现新变化，带来新机遇，面临新挑战。

　　经济新常态为政府的改革提供了契机和挑战，因为政府必须适应新的形势来转变职能，建立新的规范和行为准则。我国传统的由政府推动经济的模式带来了中国经济的高速增长，但同时也带来了很多的弊端，主要表现在政府经济职能的强化，导致政府其他职能的弱化，如监管职能和公共服务职能等，对数量的追求导致了对质量的忽略，对经济的深度干预导致了权力寻租空间的增大，权力的无节制使用导致了政府公信力的下降。理想的政府的本质特征，应该是一个有限政府、责任政府、法治政府和透明政府。未来政府的改革简单来说就是回归它的这一本质。法治是现代国家和现代政府的一个基本特征，在现代国家，法律是至上的，没有一个人或一个组织可以凌驾于法律之上。法律也是社会得以良好运转的一个基本条件，因为社会秩序就是由法律来保障的。法治政府的精髓在于，首先，权力法定，政府行使的公权力遵循"法无授权不可为"的原则，政府的权力来源必须有法律法规的授权，政府的行政行为不能超越法律的框架；其次，政府依法行政，这就需要有法可依，执法必严。

　　经济新常态从时间跨度讲，将是一个很长的阶段。这个阶段影响的不仅是经济，而且是政治、社会。要保障改革的运行不被扭曲，改革的红利不被截留，改革的公信力不被损害，就需要法治的引领和规范。对此，中央领导也指出，凡属重大改革都要于法有据，确保在法治轨道上推进改革。从顶层设计看，在经济新常态下，法治中国的建设步伐正在不断加速。2014 年 10 月的十八届四中全会首次专题讨论依法治国问题，会议通过了《中共中央关于全面推进依法治国若干重大问题的决定》，对加强社会主义民主政治制度建设和推进法治中国建设提出明确要求。这是在党的历次中央委员会全体会议中，首次将法治作为主题加以研究和推进的。这些都明白无误地昭示：在经济新常态下，只有大力推动依法治国，更好地发挥法治的引领和规范作用，才能更好地统筹国内国际两个大局，更好地维护和运用重要战略机遇期，更好地统筹社会力量、平衡社会利益、调节社会关系、规范社会行为，使我国社会在深刻变革中既生机勃勃又井然有序。

在经济新常态下，法治建设实现的关键在于落实党的十八大和十八届四中全会所提出的科学立法、严格执法、公正司法、全民守法的"十六字方针"。严格执法是关键。行政执法是行政法治系统工程的重要组成部分。加强、改进和完善行政执法是贯彻依法行政原则、落实执法为民思想、建设社会主义法治国家的需要。法律的生命力在于实施，法律的权威也在于实施。我国经济发展步入新常态，更加需要严格执法，确保各项重大经济改革在法治轨道上顺利推进，以法治的力量为经济提质增效、行稳致远提供重要动力。过去一段时期，在法律与政府关系方面，法律实施过于依赖政府行为，权大于法、干预司法的现象时有发生，为少数部门和官员权力寻租留下空间；在市场监管方面，过多采取行政强制和行政处罚手段，市场主体通过民事或行政诉讼维护自身权利的渠道还不通畅；在社会信用方面，市场主体遵守和维护法律权威的意识不强，市场经济的信用基础面临考验。因此，各级执法部门要秉承"执法为民"理念，恪守职业道德与职业良知，做到有法可依、有法必依、执法必严、违法必究，确保各项法律制度落到实处，发挥其应有的效力。在执法的过程中，切实遵循"法无授权不可为，法定职责必须为"的法治新思维，通过负面清单的管理，简政放权，政府向市场放权、向基层移权；通过权力清单的管理，公布行政审批事项，把权力关进"笼子"里；通过责任清单的管理，厘清政府职能和边界，使政府职责真正得以发挥。

第一节 严格执法的作用

一 严格执法是法治发展的中心环节

经济新常态要求推行依法治国方略，而在我国目前的历史发展阶段，严格行政执法是实现依法治国的重要环节。习近平同志明确指出："在新常态下，要实现新发展、新突破，制胜法宝是全面深化改革，全面依法治国。"当前要保证市场在资源配置中起决定性作用，走出经济转型和结构调整的法治困境，仅依靠局部修补难以解决根本性问题，必须全面推进依法治国，保护市场主体的物质资本和知识产权等经济权益不受违规侵犯，使其在法治层面对创新成果、资本性财产所有权和经济收益预期具有坚定的自信力。严格行政执法已经成为我国实现依法治国方略、推进法治进程的关键环节。这是由我国特殊的法治发展进路决定的。

法治既是一种治国方略，又是一种生活方式，日益成为世界各国所共同信奉的价值准则和共同实施的制度形态。作为一个庞大复杂的有机系统，不同的国家基于本国的历史传统和现实国情，在构建法治体系时采取了不同的发展道路，形成了世界上不同的法治模式。比如，以英国和美国为代表的英美法系国家，采取的是一种"司法中心"的模式，这些国家信奉法律是被发现而不是被制定的，正如霍姆斯大法官所说："法律的生命在于经验而不在于逻辑。"法官在法治进程中起着关键的作用，法官可以通过判例创造新的法律规则，法官造法是一种普遍现象。司法机关通过创造判例而成为普通法价值的守护者，并成为整个国家法治进程的中流砥柱。美国的联邦最高法院通过"马伯里诉麦迪逊"案，确立了美国法院对宪法做出解释和进行违宪审查的权力，改变了美国建国初期司法权过于弱小的局面，完善了美国的三权之间的分权和制衡，这一事例是英美法系国家"司法中心主义"法治模式的集中体现。大陆法系国家则采取了另外一种法治路径，即"立法中心主义"，主要以法国和德国为代表，这些国家有着编纂法典和制定成文法的传统，注重制定法的作用，立法机关而非司法机关在法治进程中发挥着一种核心的作用。制定法更强调概念的准确和逻辑的严谨，法官在适用法律的时候只能严格依照法律的规定进行，而没有通过判例创造新的法律规则的权力。

我国的法治模式经历了从立法中心主义到执法中心主义的转变。在中国，法治是一种舶来品。法治的思想不是生发于本土的历史和文化传统中的，而是由社会统治者和知识精英抱着富国强民的目的从国外学习和引进的，带有强烈的工具理性色彩。传统中国文化中的"中庸""仁爱""三纲五常""厌讼"等思想与法治思想中"天赋人权""有限政府"以及规则意识等存在着天然的鸿沟，这就决定了深受传统儒家思想浸润的中国民众对于法治思想的理解和接纳绝非水到渠成的事情。时至今日，传统熟人社会和礼法社会对法治进程所造成的障碍和冲击仍处处可见。中国法治的这种发展轨迹就注定了我国法治的发展主要依靠政府和知识分子自上而下的推进，国家历次的普法运动以及每部新法出台之后各地必然开展声势浩大的法制宣传教育活动即是其集中体现。相应的，我国的法治采用"立法中心主义"模式也就顺理成章了。立法中心主义在我国显然有其历史必然性，立法的重要性及其在推动法治进程中的价值和作用也是不言而喻的。正如十八届四中全会公报所讲的，法治是治国之重器，良法是善治之前提。建设中国特色社会主义法治体系，必须坚持立法先行，发挥立法的引领和推动作用。但"徒法不足以自行"，由于法治传统的缺乏和司法机关的权威性不够，立法中心主义没有使我国成为法国和德国等大陆法系国家那样的法治强国，而只是成为一个"法律大国"。2010 年，全国人大常委会宣布我国社会主义法律体系基本形成，我国的立法数量已经相当可观，立法体系也基本完备。法律大国的形成并不意味着我国已经成为法治强国。在现实生活中，法治意识尚未深入人心，对"人情"、"熟人"以及"清官"的依赖和信心远远超出人们对法律和司法机关的信赖。在社会秩序中，"潜规则"所起的作用在某些方面甚至远远超过正式规则的作用。这说明我们所做到的离法治的要求和理想还相去甚远。

伯尔曼说过，"法律必须被信仰，否则将形同虚设"。从执法与立法的关系来分析，行政执法是立法实现的途径和保障，立法是执法的前提，是执法的基础。行政执法具有将法从文本规定转化为人们实际行为规范的作用，即发挥法的作用。执法通过多种途径发挥将法律文本转化为人们的实际行为规范的作用，如制定行政规范文件、进行法律解释、实施行政处理（处理形式主要有行政许可、行政征收、行政给付、行政确认和裁决）、进行行政监督检查、实施行政强制和行政处罚等。通过法律的实施，在全社会树立起法律的权威和强化民众对法律的信仰就成为我国目前法治建设中最为核心和重要的问题。我国的执政党也意识到了这一问题的重要性，党的十八届四中全会公报指出，法律的生命力在于实施，法律的权威也在于实施。法律实施的关键在于规范行政执法。各级政府必须坚持在党的领导下，在法治轨道上开展工作，加快建设职能科学、权责法定、执法严明、公开公正、廉洁高效、守法诚信的法治政府。要深化行政执法体制的改革，坚持严格规范文明执法，依法惩处各类违法行为，加大关系群众切身利益的重点领域的执法力度。这说明了，在今后一段时间内，行政执法的地位越来越重要，执法将成为我国法治建设的中心环节。

二 严格执法是良好市场秩序的重要保障

市场与法治是现代文明的两大基石，市场经济本质上就是法治经济。中共十八届四中全会通过的《中共中央关于全面推进依法治国若干重大问题的决定》提道："社会主义市场经济本质上是法治经济。使市场在资源配置中起决定性作用和更好发挥政府作用，必须以保护产权、维护契约、统一市场、平等交换、公平竞争、有效监管为基本导向，完善社会主义市场经济法律制度。"推进依法治国、规范市场竞争秩序能够使各类市场主体平等地参与竞争，用市场经济调整利益关系，促进社会公平公正，使更多人分享到改革发展的红利。

经济新常态确定了市场在资源配置中的决定性作用、政府在经济发展中的推动作用。全面深化改革的重点和牵引是经济体制改革，而经济体制改革的核心问题是处理好政府和市场的关系。党的十八届三中全会对全面深化改革做了顶层设计，明确提出推进经济体制改革必须"使市场在资源配置中起决定性作用和更好发挥政府作用"，强调市场与政府各安其位、各司其职，分工配合、协调共进。这是我们党对中国特色社会主义规律认识的一个新突破，标志着社会主义市场经济发展进入了一个新阶段。党的十八届四中全会对全面推进依法治国做出战略部署，强调全面依法治国是坚持和发展中国特色社会主义的本质要求和重要保障，是实现国家治理体系和治理能力现代化的必然要求。只有市场、政府两个方面的作用有机地结合在一起，并通过法治予以切实保障，才能更好地保障在新时期实现经济持续健康发展。

严格执法是良好的市场秩序的重要保障。几千年的中国社会是熟人社会，在熟人社会，可用熟人关系弥补信用和契约精神的不足，但当市场经济发展到一定程度时，光靠熟人就显得不足，要靠法治保障下的信用和契约。中国已经逐渐脱离熟人社会，进入契约化社会，依靠法治来改造现代社会关系很有必要。正如前文所述，当下中国行政执法已经成为法治发展的关键环节。行政执法起着将国家的社会、经济秩序从静态设计转化为动态建构的作用，即确立、维护和保障秩序的作用。从行政执法与市场秩序的关系来分析，保障和维护市场经济秩序是执法的重要任务，离开了保障和维护市场经济秩序的任务，执法在很大程度上就失去了社会需要和存在的理由，而执法则是维护社会秩序和市场经济秩序的重要条件，没有行政执法，市场经济秩序就不可避免地出现混乱，人们可能不得不恐惧地生活在某种"无序状态"中。仔细分析我国目前市场秩序种种混乱的怪象，在其背后都可以发现行政执法的缺位或失范。比如，在目前公众比较关心的食品卫生、环境保护以及公共安全领域，虽然国家制定了一系列的法律法规，但是由于在执法领域存在着执法体制不科学、执法程序不透明、执法监督不到位等问题，各种运动式执法、选择式执法、钓鱼执法、暴力执法等乱象层出不穷，执法效果不尽如人意，法的公信力以及对人们行为的指引作用并没有实现。近年来，在食品安全领域，苏丹红、三聚氰胺、塑化剂等安全事故频发；在环境保护领域，全国 90% 的地区面临地下水污染，80% 以上的地区面临地上河流污染，① 全国许多城市出现越来越严重的雾霾；在公共安全领域，屡屡发生的矿难事故等各种安全生产事故等现象都凸显出了我国相关的监管法律并没有发挥其预期作用。在相关的法律规范已经制定出来的背景下，问题显然出在行政执法这一环节。

三　严格执法是实现公民权利的重要途径

经济新常态更重视公民权利的保障。经济新常态提出经济增长降速，民生保障增速。在经济新常态下，要提高民生改善的幅度，甚至使民生改善的速度比经济增长速度还要快。为了实现这一目的，经济新常态要求改革收入分配制度，主要解决初次分配的合理性问题，包括农民土地的确权和土地流转、劳工市场要有完善的议价机制、确定合理的工资水平等，而行政执法也是实现公民权利的重要途径，二者在这点上具有一定的契合性。

法的根本目的之一是保障和实现人的权利，立法是确认人的权利，界定、明确处在不同利益集团、不同社会阶层的不同人们的权利的性质、类别、范围和实现途径。行政执法则将公民权利从"应然"变成"实然"，即实现法律保障人权的功能和作用。行政执法使立法所确认的人的权利，或虽未被立法所确立，但属于人作为人，或作为社会成员所自然应具有的权利得以实现，包括提供权利实现的途径、条件，排除权利实现的障碍，防止权利滥用和制止侵权，追究侵权者的责任和给予被侵权人以救济等。

---

① 韩雪：《新移民报告》，《中国民商》2014 年第 6 期。

从执法与公民权利、自由的关系来分析，实现、保障和维护公民的权利、自由是执法的目的，离开了公民的权利、自由，执法就失去了意义，而执法是公民权利、自由实现的手段。权利是执法的核心。在行政执法过程中，执法所涉及的相对人的权利是各种各样的，有法定实体权利，有法定程序权利，也有非法定的实体与程序权利，如生命、自由、财产和正当程序权，既可以是法定的，也可以是非法定的。在特定情况下，即使没有法律的明文规定，执法机关对于人作为人，或者作为社会成员所自然应具有的权利，也不能予以否认和拒绝予以保护。

行政执法的目的既在于保护人权，保护行政相对人的权利和自由，同时也在于维护秩序，维护人们生产、生活和从事与生产、生活有关的各种活动所必需的秩序。人权和秩序是相互联系、相互统一的。一方面，人权的实现要求秩序保障：在社会生活中，没有秩序，人的权利的自由随时有被侵犯的危险，人们将失去预期，失去安全感，一切都有可能发生，个人无法控制，人们将不得不在担心和恐惧中生活。另一方面，秩序也依赖人权而存在，离开了人的权利和自由，秩序将失去任何意义，无论是立法设计的秩序，还是执法维持、建构的秩序，其宗旨都在于保护和发展人权，保护和发展国民的权利和自由。

四 经济新常态对行政执法提出新要求

经济新常态是一种法治保障的经济常态，经济新常态意味着中国经济步入增速换挡、结构调整阵痛、前期刺激政策消化时期。在经济新常态下，经济增长不再片面地强调速度增长，而更注重经济结构的升级转化，经济增长动力由投资驱动转向创新驱动。这种转变要求改变过去政府为主导的模式，而注重发挥民众和市场的积极性。只有企业的权利能够得到法律的保障，企业本身才会减少或者避免去触碰法律的底线和挑战法律的权威。在执法理念上，要确立公平、公正的执法理念，改变以前那种片面强调效率，甚至可以忽视公平的做法，改变选择性执法、运动式执法、暴力执法、钓鱼执法、随意性执法等执法方式；要确立公民权利保护意识，改变过去那种管理本位的执法观念。使执法方式由单一走向多样，由单向走向互动。应更多采取柔性执法的方式，适度减少执法的强制性，增加教育性，应当坚持处罚和教育相结合的原则，防止"以罚代教，以罚代管"；行政执法的方式应该更多地采取指导、建议、提醒、劝告等非强制性的方式，防止"重事后查处，轻事先预防"的做法。坚持严格规范公正文明执法，依法惩处各类违法行为，加强关系群众切身利益的重点领域的执法力度，建立健全行政裁量权基准制度，全面落实行政执法责任制。

第二节 河南省行政执法现状及评析

一 河南省行政执法现状

河南省一直重视行政执法工作，在行政执法领域取得了一系列的成果，初步构建了一个科学的行政执法体制。1993 年 12 月 21 日，河南省第八届人民代表大会常务委员会第五次会议通过《河南省行政机关执法条例》；1997 年，河南省人民政府发布《河南省行政执法条例实施办法》；2007 年，河南省人民政府发布《河南省行政执法责任追究试行办法》；2008 年，河南省政府制定《关于进一步做好行政执法人员信息录入上网工作的通知》，要求将全省持有"执法证"人员的信息全部录入河南省政府法制网；2008 年，河南省人民政府发布《河南省人民政府关于规范行政处罚裁量权的若干意见》和《河南省行政机关执法条例实施办法》；2015 年，河南省政府发布《河南省重大行政处罚备案审查办法》。这些制度对行政执法主体、行政执法程序、行政执法的自由裁量权以及行政执法责任制等问题做出了一系列的规范，为河南省行政执法的规范化、文明化起到了一定的推动作用。

二 河南省行政执法的现存问题

虽然取得了一定的进步，但是河南省在行政执法过程中仍然存在着一些问题，需要进一步解决它们。

（一）执法体制不完善，执法主体过于庞杂和分散

行政执法权的配置是行政机关权力配置的重要内容，党的十八届三中全会公报提出了深化行政执法体制改革和整合行政执法主体，相对集中行使行政执法权的任务和要求。十八届四中全会公报提出了加快建设"职能科学、权责法定、执法严明、公开公正、廉洁高效、守法诚信"的法治政府的要求，而行政执法体制的改革是建设法治政府的重要内容。党的十八届四中全会公报提出了法治政府建设的目标，"各级政府必须坚持在党的领导下、在法治轨道上开展工作，创新执法体制，完善执法程序，推进综合执法，严格

执法责任，建立权责统一、权威高效的依法行政体制，加快建设职能科学、权责法定、执法严明、公开公正、廉洁高效、守法诚信的法治政府"。由此可见，法治政府建设的各项标准恰恰也是完善行政执法体制的内容，行政执法体制的改革是法治政府建设的重要推动力。如职能科学、权责法定在行政执法上的体现就是行政机关要管自己该管的事，而不应该管政府不该管的事情；行政执法主体权限设置清晰且合理，权责统一。执法严明、公开公正是对行政执法程序的要求，要求行政执法程序公开、流程科学、标准清晰。廉洁高效、守法诚信就是要求在行政执法过程中要效率与公平并重，执法监督渠道畅通，执法责任追究机制健全。

关于行政执法的概念，学术上有广义和狭义之分。广义的行政执法，主体上包括各层级、各地域所有政府机构执行宪法、法律的行为，是行政决策、行政立法、行政执行等一系列行为的总称；狭义的行政执法，是指以国家行政管理为目的，以宪法、法律、法规、规章等多层次法律体系为依据，遵循法定程序，在法律赋予的权限范围之内，实施的会对相对人产生直接权利、义务影响的行为，与行政立法和行政司法相区别。[①] 行政执法概念的广义和狭义之争不仅仅是一个理论问题，更是一个实践问题。如国务院 2001 年公布的《行政执法机关移送涉嫌犯罪案件的规定》和 2002 年国务院办公厅转发的《中央编办关于清理整顿行政执法队伍实行综合行政执法试点工作的意见》对行政执法的界定就不同。前者将行政执法等同于行政处罚；而后者则界定的是广义的行政执法，包括制定政策、审查审批、监督检查、实施处罚等职能，还包括查处、检验、建议、技术检测等职能。

学术上对广义行政执法和狭义行政执法界定的不同引起了实践中对于行政执法的不同理解，一些实践部门和执法人员会将行政执法等同于行政处罚，或者将行政执法理解为对特定行政相对人的利益产生重大影响的行为，如行政许可、行政强制等；而那些针对不特定对象的行政决策和行政立法等行为则不被认为是行政执法。相应地，执法必严就被部分政府和政府工作人员理解为严格地对待公民，而将自身排除在执法必严的要求之外。

这种理论上对行政执法范围认识的不同引起的实践上的差别说明对这一问题有重新研究和界定的必要性。笔者认为，从法治政府的含义和要求来看，对行政执法这一概念应该采用广义的理解。从权力分立理论提出的初衷

---

① 姜明安主编《行政执法研究》，北京大学出版社，2004，第 6～7 页。

和古典法治主义的精神来讲，行政权的作用就在于执法。经历了黑暗的中世纪权力集中和垄断带来的痛苦和磨难，文艺复兴唤起了人权意识，启蒙思想家在汲取了古希腊以及古罗马传统文化中的分权思想后，逐步提出了权力分立和制衡的思想。孟德斯鸠是分权思想的集大成者，他提出的立法、行政和司法思想被广泛接受并由资产阶级通过宪法将其确认下来成为国家的一项基本制度。古典法治主义将行政权视为是整个法治进程的"传送带"，立法机关代表民意，制定规则；行政机关则执行法律；司法机关监督行政机关是不是按照立法的原意执行了法律。从这个意义上来讲，行政执法可以指代行政权相对于立法权和司法权的所有职能。当然随着形式主义法治的式微和实质法治理念的兴起，行政权的功能呈现出一定的膨胀趋势。由于社会生活的多变性，行政权的及时性相对于立法权的滞后性而言具有更大的优势，把行政权局限于"传送带"已经不能够满足社会生活的需求，从"不确定法律概念"的产生到行政裁量权的不断扩大，从"授权立法"到行政司法的出现，行政权显然不再是立法机关和社会生活之间的传送带。但是，执行法律仍然是行政机关首要的和独特的职能，也是将行政权与立法权和司法权相区分开来的主要标志之一。只是这里的"法律"应该从更广泛的意义上来理解，不仅是指立法机关制定的法律法规，而且包括行政机关制定的法律文件。比如我国《立法法》就明确规定了行政法规、政府规章制定的程序和效力等，如行政法规虽然是行政机关制定的，但是其效力高于地方立法机关制定的地方性法规，从而也成为其他行政机关执法的依据。综上所述，从权力分立理论提出之时的价值追求来看，行政权的全部功能就是执行法律。因此，对行政执法应该做广义的理解，即它包括行政机关行使职权的所有行为。

行政执法体制上存在的主要问题包括多头执法、多层次执法和重复执法等。多头执法、多层次执法和重复执法一般是指两个或两个以上的行政主体对同一行为进行两次或两次以上的执法的行为。这些行为会给行政相对人造成不必要的损失，浪费巨大的社会资源，进而阻碍社会经济发展。如一个企业可能要接受数个行政机关的监督检查，如工商、税务、环境、卫生、城建、劳动、市容等，即所谓的"七八个大盖帽管不住一顶破草帽"，有利益，多个行政机关去争夺执法权，没有利益的，行政机关又会推诿责任，致使该管的没人管，不该管的反复管；又如行政相对人需要行政机关的行政审批去办一个企业或者去做一件事情，往往需要几个甚至几十个行政机关的审批，程序烦琐，效率低下，行政相对人往往不堪重负，而这对社会资源也是一种巨大的浪费。

多头执法和重复执法是行政执法体制改革的突破点，要深层分析多头执法现象存在的原因，寻找旧体制的突破口和新体制的生长点。概括起来，多头执法和重复执法现象出现的原因，可以从以下几个方面来分析。

1. 行政权力职能错位

关于行政权存在的目的，在行政法学领域存在着"服务论"① "控权论"② "平衡论"③ 以及"法治政府论"④ 等各种不同的观点，其中"控权论"是主流思想。在实定法上，我国宪法规定，国家的一切权力属于人民，行政权来自于人民的授权，也应该为人民服务。但是，理论和实定法的这种认识和规定没有能够完全改变行政机关和行政执法人员对行政权功能和目的的错误认识。由于"官本位"的传统思想，也由于行政权的膨胀和责任追究机制的不健全，"管理"思想在很多行政机关工作人员脑海中仍然根深蒂固，这就导致了在行政执法过程中漠视行政相对人权利的现象，如暴力执法、野蛮执法等，这一现象在城市管理和土地拆迁等领域表现得尤为突出。只有正确认识行政权力的职能，才能在行政执法权的设定和行使领域贯彻执法必严、执法为民的观念。另外，管理论的盛行也导致很多行政主体为了加强行政管理一味地通过各种途径强化自己的执法权，不去仔细考量这种权力是不是政府职能范围内的，社会和市场能不能解决好它们应主动解决的问题，有没有其他更加有效地解决这些问题的途径等，而只是从管理便利的角度来考虑，一味地加强管理。而且在我国目前的立法中，由行政机关提出立法立项并由行政机关起草法律草案的现象比较普遍，在地方立法和行政立法中体现的更多的是行政机关的管理意愿和部门利益。只有准确地定位行政权的功能和使命，才能恰当地改革行政执法体制，科学配置行政执法权限。

2. 行政权配置的科学化、规范化程度不高

依法治国要求依法行政，依法行政是依法治国基本方略的重要内容。依法行政是指行政机关的成立、行政权力的取得和行使都必须依据法律，符合

① 陈泉生：《论现代行政法学的理论基础》，《法制与社会发展》1995 年第 5 期。

② 控权论是我国目前的主流观点，认为行政法的目标就是控权，为了控权构建了一系列的概念，比如为什么要控权，怎么控权，控权的方式手段，控权的过程，事前控制，结果控制，外在控制，内在控制等，从而建立成一个体系。

③ 罗豪才认为，行政法的元点是平衡，为了行政主体与行政相对人之间的权利义务的平衡，引进了一系列的概念，形成了一个体系。

④ 杨海坤：《政府法治论是我国行政法学的理论基础》，《北京社会科学》1989 年第 1 期。

法律要求，不得与法律相抵触，任何违反法律的行为必须追究其责任。依法行政原则在行政法中也被称为合法性原则，是行政法中的首要原则，在行政法中具有首要地位，这一原则强调"法定职责必须为、法无授权不可为"。"法定职责必须为"针对不作为现象；"法无授权不可为"针对乱作为问题，指的是行政机关不得做出超越其权限的行为。该原则力图将行政执法权限定在法律授权范围内，从而避免行政权越权给公民和行政相对人造成侵害。但实践中，这一原则的实现程度还有待提高，其主要原因有以下几个方面。一是可以设定行政执法权限的法律太多。我国采用的立法体制是两元多层级的立法体制。全国人大和一定级别的地方人大是立法机关，拥有立法权，而国务院有制定行政法规的权力，国务院各部委，省、自治区、直辖市政府以及较大的市的政府也有一定的立法权，而法律、行政法规和地方性法规、规章等都可以设定一定的行政权。更有甚者，在我国的机构改革中，有的地方通过"三定"方案这种行政文件的形式确定各部门的职责。这些不规范的"法律"形式，缺乏法律的稳定性和强制力，不仅可以朝令夕改，而且进一步强化了各部门职权自定的趋势，从而导致多头执法以及层级执法问题的产生。二是我国的法律法规之间相互冲突的现象比较普遍。我国多元、多层级的立法主体制定了大量的法律、法规、地方性法规和规章等法律文件，虽然《立法法》规定了部分法律文件之间冲突的解决方法，如地方性法规和规章之间冲突的解决方法等，但是这种冲突解决机制在审查主体、审查程序、审查标准等方面还存在很多不完善的地方，导致这种审查机制的可操作性不强，实效性差。因此，我国目前没有有效地解决法律法规冲突现象的途径，大量与上位法相冲突的法律文件仍然存在，同位阶的法律冲突现象更为普遍。而关于行政执法的权限的授予法律，在我国除了《中华人民共和国行政处罚法》（以下简称《行政处罚法》）、《中华人民共和国行政许可法》（以下简称《行政许可法》）以及《中华人民共和国行政强制法》（以下简称《行政强制法》）等有限的几部法律之外，其他的行政执法权限的授予法律没有位阶的限定。如前所述，本书认定的行政执法是一种广义的概念，行政执法包括但不局限于行政处罚、行政许可以及行政强制等。因此，大量的行政执法权通过法规、规章甚至规章以下的规范性文件被授予不同的行政机关，多头执法现象的出现也就不可避免。《中共中央关于全面推进依法治国若干重大问题的决定》（简称《决定》）强调要推进机构、职能、权限、程序、责任法定化，而推进机构、职能、权限、程序、责任法定化是行政组织法定化的具体表现，但恰恰是现行法律体系中的薄弱环节。《决定》提出了政府事权规范化、法律化的问题。在传统的行政管理制度中，各级政府权力高度同构，就是中央有什么机构，地方就有什么机构，导致了中央和地方事权划分不科学，往往容易导致互相推诿扯皮。《决定》要求各级政府事权要规范化、法律化，以此来明确不同层级政府承担的差异化责任。

3. 行政执法权责脱节

我国行政管理领域的立法长期以来由行政部门主导，立法往往由行政部门起草，然后由立法机关通过草案，最后仍然由行政机关执行。因此，这些法律大多是从行政机关的利益出发的，内容上多是赋予行政机关更多的权力，而"赋予"行政相对人更多的义务；而对于行政机关的责任规定较少，对行政相对人的利益更是比较漠视。而且其责任的承担和追究机制也不健全，一般只是简单地规定"依法追究行政责任"，依什么法，追究什么样的责任，具体又由谁来启动责任追究程序，都没有可行的制度加以规范，实际上行政机关的责任追究制度形同虚设。某一领域行政管理秩序混乱，尽管根源在于行政管理不到位，或者主要是因为行政机关不执法、乱执法，但是各部门又以此为由，要求加强管理，进一步扩大权力，加大老百姓的责任。久而久之，行政执法权力越来越大，对社会生活的各个方面实施广泛的干预，模糊了公权与私权的区别。

4. 执法人员素质有待提高

在计划经济向市场经济转变的过程中，一些地方政府和政府部门存在着行为信用下降、政策信用下降、绩效信用下降的问题，政府的执法公信力遭遇严重的损害。随着公民权利意识的觉醒，政府与民众之间出现严重对立的情况。其反映在行政执法层面上，就是执法环境的恶化，陷入执法主体与相对人相互不信任的对抗状态。社会和民众对执法持抵触情绪，不支持，不配合，甚至暴力抗法。其中一个重要的原因是行政执法人员素质低下，有待提高。这具体体现在以下几个方面：一是行政执法理念落后，缺乏法治观念和相对人权利保护意识，在对待相对人的态度上体现为不信任，同时在执法行为上体现为粗暴执法，漠视保护相对人的正当权利；二是业务能力偏低，对有关的法律和政策理解不准确，运用有偏差；三是缺乏人文观念和人道主义精神，如前所述，执法的根本目的在于保障人权，行政机关采取的执法措施要围绕实现这一根本目的来进行，但有一些执法人员为了实现短期的执法目的，不惜采用很多粗暴的，甚至是侵犯行政相对人人权的方式去执行法律，如殴打行政相对人，这说明了行政执法人员人权观念的缺乏和道德修养水平的低下。

（二）执法程序不规范

程序正义起源于英美法系，程序在法律实施过程中具有独立的价值和地位，这种观念已经被广泛接受和认可，正如那句著名的法律格言所说，"正义不仅要实现，而且要以看得见的方式实现"。实体法只要能得到公平和无偏见的适用，那么即使它再苛酷，也是可以忍受的。程序正义由一些公认的规则构成，如迟来的正义非正义；任何人不能做自己案件的法官；任何人在接受对自己不利的裁判时，必须有陈述自己意见的机会，"即便上帝在惩罚亚当和夏娃之时，也听取了他们的陈述，给了他们申辩的机会"；无救济，无权利；一事不再理等。这些规则落实到具体的法律制度上，就体现为期限、时效、回避、公正、公开、举证责任分配等具体制度。与其他部门法多是在审判领域强调程序的价值和意义不同，在行政法中行政程序是一种在行政权行使过程中的程序要求。由于行政法律关系的双方分别是行政主体和行政相对人，而行政主体行使行政职权，对于行政相对人而言，具有优势地位，因此在行政权行使过程中通过行政程序对行政主体进行监督和约束，可以保证行政主体公正客观地行使行政权，尊重行政相对人的权利，并进而实现行政行为的目的。虽然行政程序的价值得到认可，但行政程序的法治化、规范化程度还有待提高。由于行政权在现代社会中发挥作用的范围越来越广泛，行政权"从摇篮到坟墓"影响着公民生活的方方面面，这从一个国家的层级繁复、名目多样的行政机关设置中可以看出。行政权的这些特点决定了行政实体法的法典化几乎是一项不可能实现的目标和任务，行政实体法法典化不仅比刑法典、民法典甚至成文宪法的出现要晚百余年，而且难度也大得多。其主要原因有二：一是行政法涉及权力的法律控制，影响国家权威；二是国家管理事务的庞杂性加大了行政实体法法典化的难度。总之，人类设定自律性规范比认识掌握自然法则要困难，特别是制定直接约束权力的规范比制定划分权力的规范还要艰难。而统一的行政程序法的制定相应来讲，难度就低得多，也就更具有可行性。20世纪中期，美国《联邦行政程序法》（APA）的颁行标志着行政程序法法典化取得了初步的阶段性成功。在此之后，世界上很多国家先后效仿美国制定了行政程序法，如德国于1976年制定了《联邦德国行政程序法》；奥地利于1991年制定了《奥地利行政程序法》；瑞士于1968年制定了《瑞士行政程序法》；葡萄牙于1991年通过了

《葡萄牙行政程序法》；西班牙于 1958 年通过了《西班牙行政程序法》；日本于 1991 年通过了《日本公正、透明之行政程序委员会报告》；韩国于 1996 年通过了《韩国行政程序法》等。① 具体到我国，目前我国关于行政程序的规定主要集中在一些单行法领域，比如《行政处罚法》、《中华人民共和国行政复议法》（以下简称《行政复议法》）、《行政许可法》、《行政强制法》和《中华人民共和国行政诉讼法》（以下简称《行政诉讼法》）等。尤其值得一提的是，1996 年制定的《行政处罚法》首次确立了行政公正、公开，听取相对人陈述和申辩以及听证制度等原则，还区分了行政处罚的一般程序和简易程序，虽然其仍然有一些不够完备的地方，如没有确立"案卷排他性原则"等，但仍然可以算是我国行政程序法立法史上具有里程碑意义的事件，其确立的许多关于行政程序的原则和制度被后来的其他单行行政法律所继承和完善。《行政处罚法》也开创了我国在单行法律中一并规定行政实体法和行政程序法的立法模式，《行政许可法》《行政强制法》《行政复议法》都沿袭了这种模式。

当然，这并不意味着统一的行政程序法典没有制定的必要性和迫切性。事实上，制定统一的行政程序法典的呼声一直很高，但是在现阶段制定一部统一的行政程序法典还有一定的难度，还需要在一定的时期内加强理论研究并积累经验，达成共识。在单行法中一并规定行政实体法和行政程序法的立法模式还将延续很长的历史时期，如国务院正在制定重大行政决策程序条例，使重大决策的程序法治化。

在目前行政程序主要依靠单行法律来规定而单行的行政法律出台比较缓慢和滞后（目前只有《行政处罚法》《行政强制法》《行政复议法》《行政许可法》这几部法律，大量的行政行为，如行政检查、行政确认、行政裁决等在理论研究和实践经验上都有很多不足，短期内还不能制定单行的法律）的历史时期，行政程序的相对混乱不可避免。即便是在在我国行政法制进程中有着标志性地位的《行政处罚法》和《行政许可法》中，关于听证程序的规定就不一致，导致行政相对人处于相同处境，程序权利却不同。而行政监督检查、行政征收、行政给付、行政确认、行政鉴定等其他行政行为更是没有全国统一的法律规范，主要由地方性法规、规章甚至是行政机关的红头文件来规范相关的行政程序，更有很多行政行为直接就处于无法可依

---

① 应松年主编《外国行政程序法汇编》，中国法制出版社，2004，第 81 页。

的境地，从而导致了在行政执法程序中出现了一系列的问题，如在行政执法过程中出现执法主体失职、滥用职权、超越职权，以及故意不履行和不正确履行程序的现象；执法主体缺乏保护行政相对人权利的意识等，在对具体执法过程中当事人的违法事实了解不清楚、证据不确凿的情况下，对当事人做出的处罚，使执法相对人的权益得不到保障；执法主体工作效率低，没有期限和时效的观念和意识。行政程序主要指行政机关做出具体行政行为的过程、手续、方式和步骤，这就意味着它必然涉及行政行为完成的必要时间限制。因为行政机关的显著特点是非常注重工作效率，而且提高工作效率是同保障行政相对人合法权益直接联系在一起的。可是实际上，在当前具体行政行为的行使过程中还存在着工作效率低，没有在合理的时间内办理完公务，办事拖拉而造成相对人合法权益受到侵害的现象。

（三）保护行政相对人权利的意识淡薄

行政执法的根本目的在于保障人权，但是在实践中，"管理本位"的思想仍有一定的市场。在这种思想模式下，行政执法成为国家和行政机关进行社会管理的途径和手段，行政相对人成了行政管理的对象。因此，在行政执法过程中漠视行政相对人权利的现象就凸显出来。其具体表现一是漠视行政相对人的实体性权利，包括行政相对人的人身权利、财产权利、隐私权等；二是漠视行政相对人的程序性权利，如知情权、陈述权、申辩权、听证权、检举权、请求救济权等。目前暴力执法、选择性执法等大量出现，其本质原因是执法人员对行政执法的功能和作用存有误解。

（四）以罚代刑现象大量存在

以罚代刑是指行政机关及其工作人员在明知违法行为可能涉嫌构成犯罪，依法应该移送司法机关追究刑事责任而不移送，以行政处罚代替刑事处罚的行为。我国《行政处罚法》第 22 条规定："违法行为构成犯罪的，行政机关必须将案件移送司法机关，依法追究刑事责任。"其第 61 条规定："行政机关为牟取本单位私利，对应当依法移交司法机关追究刑事责任的不移交，以行政处罚代替刑罚，由上级行政机关或者有关部门责令纠正；拒不纠正的，对直接负责的主管人员给予行政处分；徇私舞弊、包庇纵容违法行为的，比照刑法第一百八十八条的规定追究刑事责任。"《行政处罚法》这样规定是为了更好地执行法律规定，切实落实过责相当的原则。为了更好地实现这一原则，2001 年 7 月国务院发布了《行政执法机关移送涉嫌犯罪案件的规定》。该规定强调，行政执法机关移送涉嫌犯罪案件，应当接受人民检察院和监察机关依法实施的监督；公安机关应当接受人民检察院依法进行的立案监督。2004 年 3 月，最高人民检察院与全国整顿和规范市场经济秩序领导小组办公室（以下简称"全国整规办"）、公安部联合下发《关于加强行政执法机关与公安机关、人民检察院工作联系的意见》。2006 年 1 月，最高人民检察院、全国整规办、公安部、监察部联合下发《关于在行政执法中及时移送涉嫌犯罪案件的意见》，该意见规定：行政执法机关在查办案件过程中，对符合刑事追诉标准、涉嫌犯罪的案件，应当制作《涉嫌犯罪案件移送书》，及时将案件向同级公安机关移送，并抄送同级人民检察院。2008 年 11 月下发的《中央政法委员会关于深化司法体制和工作机制改革若干问题的意见》，将"建立和完善刑事司法与行政执法执纪有效衔接机制"（以下简称"两法衔接"）列入司法改革任务。2009 年 10 月，全国人大常委会在审议最高人民检察院《关于加强渎职侵权检察工作促进依法行政和公正司法情况的报告》时，对落实和推进"两法衔接"工作提出明确要求。十八届四中全会决议又再次重申了行政执法与刑事司法衔接的程序机制。

尽管已出台了上述一系列的法律文件，行政机关以罚代刑的现象仍然很严重。以污染环境罪为例，该罪从立法到修法，横跨十余年时间，具有鲜明的"量刑标准日益明确，入刑门槛渐次降低"的特点。[①] 该罪的立法起点是1997 年《中华人民共和国刑法》（以下简称《刑法》）确定的重大环境污染事故罪，而 2011 年的《刑法修正案（八）》将该罪更名为污染环境罪，这次修改扩大了污染物的范围，而且将该罪的构成要件从结果犯变为了行为犯，降低了入罪条件和门槛。近年来，食品安全和环境污染事故频发，已经对人民的生命财产安全造成了严重的威胁，在人民群众中引起了强烈关注，加强对环境污染和食品安全的治理已经刻不容缓。在各种力量的综合作用下，由最高检察院、最高法院联合发布的《关于办理环境污染刑事案件适用法律若干问题的解释》（以下简称"解释"）在 2013 年 6 月 18 日出台，该解释列举了认定"严重污染环境"的十四项标准，比如非法排放、倾倒、处置危险废物三吨以上的；致使公私财物损失三十万以上的；致使三十人以上中毒的等。这是对 2011 年《刑法修正案（八）》中的污染环境罪中的"严重污染环境"更为细化和具体的表述。与上述在法律文件中不断将环境

---

① 冯洁：《治污，重典时代来临？污染环境罪司法解释出台内幕》，《南方周末》2013 年 7 月 4 日。

污染罪的定罪标准具体化、入罪门槛不断降低的趋势不相适应的是，环境污染罪的刑事追诉比例极低。据有关部门的统计，在 2011 年《刑法》被修改后，全国涉及环境污染的刑事案件只有 10 件左右。① 可见在现实生活中频繁出现的环境污染犯罪，其中的大多数并没有被定罪量刑，1997 年修订《刑法》到现在，环境犯罪刑事追究的案例屈指可数。这显然背离了立法的初衷，同时也与我国环境污染问题的严峻形势不相适应。对于频繁出现的环境污染事件，有关政府部门的解决方法多数是以罚代刑，只有极少数刑事案件被追究责任。除了环境保护领域，在食品药品安全、土地违法、卫生监管、知识产权保护等经济社会领域，以罚代刑现象也大量存在。

以罚代刑损害法律权威和社会公正，放纵犯罪和犯罪分子，导致一些违法犯罪行为屡禁不止，破坏社会秩序，并最终损害公民的基本权利和利益。要想纠正这种现象，就必须深入剖析这种现象形成的深层原因并提出可操作性强的对策。以罚代刑形成的原因是多层次的，概括起来有以下几种：一是行政机关由于地方保护主义或部门保护主义而故意以罚代刑；二是行政机关执法人员滥用职权，以权谋私，贪赃枉法而有意开脱可能涉嫌犯罪的当事人；三是行政机关由于工作失误，包括对法律理解适用错误、能力有限、经验不足等而对应该移送司法机关追究刑事责任的当事人仅做行政处罚；四是制度漏洞造成以罚代刑，有的行政机关在内部管理上，将罚没数额、案件数与办案机构的工作业绩考评和奖惩，以及福利待遇、奖金相挂钩，导致办案人员片面追求罚没数量而不注重追究当事人的刑事责任，其直接后果就是容易造成以罚代刑行为的发生；五是行政机关与刑事司法机关之间信息不能共享，行政机关及其工作人员对刑事法律和刑事政策理解不够准确而不能及时地将案件移送给刑事司法机关。

以罚代刑做出的行政处罚也是具体行政违法行为的一种。而且这种违法行为放纵了违法犯罪的当事人，损害国家和社会公共利益以及非行政相对人的利益。这种行为在行政法和行政诉讼法的框架范围内无法得到监督和纠正。行政法和行政诉讼法制度设计的目的在于防止行政机关的行政行为侵犯行政相对人的权利和利益，行政相对人通常是行政复议或行政诉讼程序的启动者。而在以罚代刑中，受到行政处罚的行政相对人则在该具体行政行为中

---

① 冯洁：《治污，重典时代来临？污染环境罪司法解释出台内幕》，《南方周末》2013 年 7 月 4 日。

得到了利益，以承担较为轻微的行政责任（通常是罚款）的方式逃避了应当承担的刑事法律责任，行政相对人不会对这种行为提起复议或诉讼，从而使行政机关的自由裁量权极度膨胀，使行政权的处理结果具有了终局性，从而排除了刑事追诉权的行使。

以罚代刑行为通常伴随着行政机关及其工作人员的受贿或渎职行为，属于行政权的滥用，社会危害性很大。但公民和其他主体对此种行为往往无法监督，因为具体行政行为是一种双方法律关系，非行政相对人的第三方很难精确地了解案件具体情况，也无法对行政主体是否恰当地行使了自由裁量权做出判断，对其监督更无从谈起。检察机关作为专门的法律监督机关，承担着对刑事案件提起公诉的任务，其工作人员对罪与非罪有着与其他机关工作人员相比较为精确地把握，无疑更为胜任这一任务。因此对以罚代刑的监督也是检察机关的重要职责之一和检察监督的重要内容。

（五）行政执法缺乏监督

十八届四中全会公报指出，应该完善执法监督制度，严格确定不同部门及机构、岗位执法人员的执法责任和责任追究机制，加强执法监督，坚决排除对执法活动的干预，防止和克服地方和部门保护主义，惩治执法腐败现象。

我国目前已经建立起了一整套行政执法监督体系，包括内部监督、外部监督、横向监督、纵向监督等，这种监督体系虽然对于行政执法体制的完善起到了一系列积极作用，但是仍然存在着一系列问题，需要继续完善。首先，人大监督的实效性不够。人大监督存在的最大问题在于可操作性不强，力度不够，监督的实效性较差。我国宪法和相关的组织法对全国人大和地方各级人大的监督机关地位和监督权力做出了明确的规定。但是，人大对于政府的监督在内容上主要是批准政府的经济和发展计划，批准政府的预决算方案，听取政府工作报告等宏观的监督，对于具体的行政执法行为的监督缺乏步骤、方式、程序和期限等方面的规定。此外，人大的工作方式也决定了人大对行政执法的监督必然是宏观的。各级人大都是由人大代表组成的，开展工作的方式主要是召开会议，而且人大会议的会期较短，代表都是兼职代表，代表的组成更注重产生程序的民主性以及代表利益的广泛性，这就决定了其对行政执法监督的权威性和专业性不足。而从我国人民代表大会制度设计的价值追求来看，人大更注重权力之间的总体制约，而具体的行政执法则是更加具体和微观的领域，人大只能对政府在行政执法领域的总体情况进行一个综合的监督，人大代表的质询手段等一般也是针对重大和特殊的事件，而对政府内部不同部门的行政执法情况的监督则不能形成常态机制。

其次，司法机关对行政执法的监督存在着范围窄、滞后性、效率比较低等特点。司法机关对行政执法的监督的优点在于：一是它是一种常态的监督，我国各级法院都设有行政审判庭，行政相对人对行政行为不服的，可以向法院提起行政诉讼，由人民法院对行政案件的合法性做出判断；二是它是一种公正性相对能够得到保证的监督。审判机关的监督是一种外部的监督，相较内部监督等来讲其公正性更能得到保障。但是司法机关对行政执法的监督也有其缺陷，具体可以从以下几个方面进行分析。其一是审判机关对行政执法进行监督的范围有限。依照《行政诉讼法》的规定，并不是所有的行政执法行为的相对人都可以提起行政诉讼。其二是审判机关对行政执法行为的监督是一种事后监督，与事前监督和事中监督相比，事后监督具有滞后性，效率较低。其三是审判机关监督的纠错成本较高，从社会整体来讲，审判机关的监督往往在违法行为已经造成危害后果的情况下发生，对社会造成的损失往往不可逆转。而对行政相对人来讲，通过审判机关对行政执法行为进行监督一是需要花费大量的时间，时间成本比较高，行政诉讼的审判期限长达数月；二是需要的经济成本比较高。其四是审判机关对行政执法的监督是一种个案监督，这种监督往往是"头痛医头，脚痛医脚"，而缺乏对行政执法状况的全局性、整体性监督。

再次，社会与公民监督软弱无力。社会与公民监督从理论上应该是监督行政执法的重要力量，但实践中，这种社会监督的效果不尽如人意。其理由主要如下，一是这种监督缺乏可操作的程序性规定。没有关于社会监督究竟该如何进行的具体的可操作性的程序，尽管宪法和相关法律规定了公民和其他社会组织有提出批评建议的权利，但是这种监督究竟应该以什么样的方式、遵循什么样的程序实现，法律没有给出明确的规定，所以这种监督因为过于空泛、缺乏可操作性而不能取得实效。二是这种监督方式缺乏强制性。即便有公民个人或社会主体积极地对行政执法行为进行了监督，也会因为这种监督缺乏强制性而逐渐失去积极性和信心，如在《行政处罚法》《行政许可法》中引进了听证程序，这本来是立法上的巨大进步，是公民对行政执法行为进行监督的一种重要途径和方式，但是由于没有建立相应的"案卷排他性"制度，使得听证制度的效果大打折扣，而在听证完成后，行政机关并不依据听证的结果做出行政决定，从而使听证流于形式。三是政府信息公开程度不高阻碍了社会监督的顺利进行。"阳光是最好的防腐剂"，公民和其他社会主体只有充分了解到行政机关的行政执法状况，才可能发现行政执法过程中存在的问题，从而积极地发挥监督作用。但是我国目前政务公开程度不高，国务院虽然制定了《政府信息公开条例》，但是该条例对行政机关信息公开的强制性不够，"清华女生诉三部委信息公开案"等案件就说明了这一问题。而行政机关又缺乏主动公开信息的积极性，这样就使公民、新闻媒体、社会团体等缺乏了解行政执法状况的途径，对其进行监督更加无从谈起。

行政机关的内部监督缺乏独立性和公开性。行政机关内部监督主要包括上下级监督以及行政机关内部专门机关的监督等。这种上下级行政机关之间的层级监督的主要缺陷是缺乏独立性，容易陷入部门保护的怪圈。而行政机关系统内部专门机关的监督包括审计机关的监督以及监察机关的监督等。就审计机关监督而言，虽然我国的宪法规定，"审计机关独立行使审计权，不受任何行政机关、社会团体和个人的干涉"，但审计机关本身属于双重领导体制（既受上级行政机关的监督，也受本级政府的领导）；上级审计机关的领导主要是业务领导关系，而本级政府掌管着同级审计机关的人事任免和升迁、办公经费的拨付等大权，所以审计机关监督的独立性还是不能得到充分的保证。而监察机关目前和党的纪律监察机关合署办公，其监督往往是一种事后监督，而且侧重于对行政机关违法失职工作人员的责任追究，往往更侧重于对人的责任查处而不是对事的责任监督，这样不可避免地会影响监督的实效。

（六）行政执法权力与责任脱节

权责一致或权责统一是行政权力配置的基本原则，过于强调权力容易造成权力滥用，过于强调责任则难以实现立法目的。目前河南省权力和责任配置失衡的现象还存在，例如在行政审批领域，行政机关往往片面地强调权力，忽视责任，只有审批，没有监管，使得行政执法的效果大打折扣，不能从根本上实现行政执法的目的。

第三节　促进严格执法的建议

一　规范行政执法主体

1. 合理确定政府和社会、政府和市场的职能分工

改革行政执法体制首先要正确界定政府职能，处理好政府与社会和市场

的关系。凡是社会和市场能处理的，政府就不再插手。我国传统上是"大政府，小社会"，政府职能过于庞大，这就导致了行政执法事项繁杂，行政执法主体名目繁多。因此，必须厘清政府与社会、市场的边界，推行政府权力清单制度，把政府职能限定在必要的界限之内，从而相应地削减执法主体。

2. 理顺行政的内部关系，深化行政执法体制改革

首先要细化管辖确定规则和行政协助规则，解决因管辖不明带来的不敢管、不愿管等问题，解决因得不到其他机关协助而不管的问题。立法或者认识上的原因造成职责不清是导致执法不作为的原因之一，确定管辖范围有助于解决机关之间的职责划分，行政协助有利于处理好机关之间的协作，解决执法不作为等问题。管辖、行政协助制度等在德国的《联邦行政程序法》、我国台湾地区的"行政程序法"中都被给予了完善的规定。

根据不同层级政府的事权和职能，按照减少层次、整合队伍、提高效率的原则，合理配置执法力量。突出行政执法主体梳理，厘清"权力清单"。加强对全省法定行政机关，法律、法规授权的组织，依照法律、法规、规章规定委托执法的单位等行政执法主体进行清理。明确执法权配置规则，减少执法层级。执法是对个案实施法律的活动，应由基层执法机关作为主要执法机关。上级行政机关应当按照行政管理重心下移、财权与事权相匹配、权力与责任相一致、有利于行政效能发挥等原则确定执法机关，其中执法权下沉是主要配置规则，区县执法机关作为主要执法机关实施行政执法。在法律、法规、规章中规定县级以上人民政府作为执法机关的地方，根据行政事务的性质和需要，经省级人民政府授权，乡、镇人民政府可以成为执法机关，但是应当保证乡、镇人民政府具有相应执法能力。严格执行罚缴分离和收支两条线管理制度，严禁收费罚没收入同部门利益直接或者变相挂钩。

3. 推进综合执法，完善相对集中行政处罚权制度和内部综合执法

大幅减少市县两级政府执法队伍种类，重点在食品药品安全、工商质检、公共卫生、安全生产、文化旅游、资源环境、农林水利、交通运输、城乡建设、海洋渔业等领域内推行综合执法，有条件的领域可以推行跨部门综合执法。市级行政执法部门要根据工作需要建立并完善内部综合执法体制，已经建立内部综合执法机构的部门要将执法职权委托到位，避免部门内部重复执法。完善市县两级政府行政执法管理，加强统一领导和协调。理顺行政强制执行体制。理顺城管执法体制，加强城市管理综合执法机构建设，提高

执法和服务水平。

4. 提高执法人员素质

各级人民政府应当确认本行政区域内行政机关的行政执法主体资格，并予以公告。落实行政执法人员资格管理制度，行政执法人员必须经过考试合格取得行政执法证才能持证上岗执法。坚持持证上岗、亮证执法，未经培训、考试并取得执法证件的，不得从事行政执法工作。同时明确行政执法辅助人员不具有行政执法主体资格，只能辅助执法员开展工作，不能实施搜集证据等针对特定当事人做出的执法活动。完善行政执法人员信息动态管理制度，完善行政执法人员网上查询系统，加强行政执法人员监督，及时查处无证执法、协管人员执法行为，确保行政执法人员持证上岗，亮证执法。

突出行政执法业务培训。通过集中培训、分散学习、单位培训等方式开展形式多样的行政执法业务培训活动，着力提高执法人员的综合素质，加强对执法人员办案技能的培训，提高其自身依法执法的能力和水平，特别是要树立"重证据，不轻信口供"的思想。办案时要在证据上下功夫，抓住时机，迅速、准确地掌握和搜集证据，尽量注意对原物、原件的搜集、固定和保存。一要注重全面搜集证据，不仅要收集直接证据，而且要注重间接证据的收集。二要及时固定证据，可利用笔录和影像资料固定证据，通过摄录执法过程，真实记录行政相对人的违法行为。同时加强对执法人员的教育引导，强化大局观念、服务观念和法制观念，提高执法队伍的整体素质。凡被举报存在执法违纪违规行为的执法人员，一经查实，取消其执法资格。

5. 及时进行多头执法领域法律的立、改、废、释

基于行政机关的权责来自法律授权，多头执法的出现则是来自多个法律授权之事实，针对某一管理领域，国家分别实行了不同的专业性立法，从而导致了多个行政机关执法权责的分割。由此，多头执法自然出现。有鉴于此，解决多头执法问题，自然绕不开法律制度建设。在法律制度建设层面，应当实行科学立法、规范制度建设。一方面及时进行立法，确保"综合执法"改革做到"于法有据"；另一方面，及时进行法律的改、废、释，消除执法权责在法律上的冲突，从而全面、彻底地解决多头执法问题。

二　规范行政执法程序

要规范行政执法程序，坚持严格、规范、公正、文明执法。依法惩处各类违法行为，加强与群众切身利益密切相关的重点领域的执法力度。完善执

法程序，建立执法全过程记录制度。明确具体操作流程，重点规范行政许可、行政处罚、行政强制、行政征收、行政收费、行政检查等执法行为。严格执行重大执法决定法制审核制度。具体来讲，规范行政执法程序应该完善以下几方面制度。

1. 行政公开制度

"阳光是最好的防腐剂"，行政执法中的公开制度是行政执法结果公平公正的重要保障。具体来讲，实现行政公开需要以下几个方面的具体制度。①执法依据公开。职权法定原则是行政公开的前提，行政机关的职权根据法律、法规、规章确定。没有法律明确授权的，不得实施行政执法活动。行政机关应当在其官方网站上公开执法事项及其法律依据清单，没有出现在权力清单内的事项，执法机关不得做出。通过公示行政机关执法权限，防止执法机关越权、权力寻租。②行政行为过程公开。它具体包括执法行为的标准、条件公开；执法行为的程序、手续公开；某些涉及相对人重大权益的行政执法行为（如涉及人身权或重大财产权的行政处罚），应采取公开形式（如举行听证会）进行，允许一般公众旁听，甚至允许新闻记者采访、报道；行政执法行为公开。③行政行为结果公开。行政行为的结果公开是指行政行为的结果不仅应该告知行政相对人和利害关系人，而且应该告知公众。④行政行为过程中的信息公开。

这里尤其要强调行政执法信息公开。将行政执法信息纳入政府信息范畴进行主动公开，是一项极具挑战性和创造性的工作，行政执法信息公开的压力、阻力，大多数来自于行政处罚信息。行政处罚信息的公开可能影响涉案当事人的名誉及其社会综合评价，有的甚至会影响其信用评定和生产经营状况。正因为此，有人认为行政处罚类信息的公开涉及商业秘密和个人隐私，会损害当事人利益，如食品药品、医疗卫生等领域的处罚信息公开的话甚至会影响到社会经济的稳定和发展。在现代经济条件下，事实上很多领域的信息已经不仅仅属于个人信息，更会涉及社会公共领域，对他人起到一定的指导甚至导向作用。如果这类信息不及时公开，将对社会公众正常的生活、消费等造成误导。目前，我国正在大力推进诚信立法，建设社会诚信体系。对行政处罚等执法信息进行公开，有利于社会诚信体系建设，符合诚信立法的趋势。在信息网络技术高度发达的今天，各类信息的传播日益密集和便捷，各类违法信息的传播变得肆意、无序，甚至恶意，加上有些公众对行政处罚等知情权的迫切需求，对行政执法信息而言，它急需一个统一的公开主体、规范的公开程序。总之，大多数行政执法信息涉及公共利益，已经脱离个人影响的范畴，故将这些信息公开有利于教育广大经营者诚实守信、合法经营，有利于社会诚信体系建设，符合行政公开的原则要求。

行政执法信息的公开应当区别对待。政府信息一般可以分为两大类：一类是不涉及特定个体身份特征的政府信息，一般指以抽象行政行为为主构成的政府信息；另一类是直接或间接涉及特定个体身份特征的政府信息，一般指以具体行政行为为主构成的政府信息。对于前一类政府信息，由于向社会公开后不会对特定的相对人产生直接的不利影响，因此应当以公开为原则，不公开为例外。对于后一类政府信息，由于公开后会对特定的相对人产生一定的影响，因此不宜实行全面的无条件的公开，而应在保护个体利益的前提下，厘清可以或应当公开的条件和情形。行政执法信息利害关系人认为公开的信息不准确、不完整的，可以以书面形式申请予以更改。如果说行政决策、行政许可类执法信息的公开一定程度上满足了广大群众的知情权和监督权的话，那么相比较，行政处罚、行政复议等信息的公开，对社会产生的影响要更加广泛和深刻。首先，对违法行为人的处罚信息进行公开，其违法行为除了要接受法律的否定评价之外，还将承受一定的社会舆论评价，一定程度上增加了当事人的违法成本；其次，通过信息公开，对广大潜在的行政相对人起到了警示、教育和引导的效果，迫使其对违法成本和违法收益进行比较，进而选择符合大多数人利益的合法行为；最后，行政处罚信息的公开，不仅充分实现了对违法行为的惩处功能，对于意欲实施类似违法行为的相对人有一种威慑的力量，而且对其他行为人也起到了预防和纠正的作用。此外，行政执法信息公开也是对行政机关和行政执法人员的执法监督的一种补充。通过将行政机关办理的行政许可、行政处罚案件公之于众，让公众更直观地了解相关监管部门的职责履行情况，接受社会的"点评"，有利于行政执法人员改进作风、增进效能、提高水平、依法行政。

行政执法信息，特别是信息处罚信息有其特殊性，如果公开不当，极易造成侵犯当事人商业秘密、个人隐私，或者对被处罚人造成加重处罚效果的不利影响，甚至有可能被他人恶意滥用，影响当事人正常生产、生活，影响社会稳定，扰乱社会管理秩序。笔者认为，首先，应当遵循公共利益优先原则，在执法信息公开过程中，对公共利益需要与个体利益保护间的取舍要有准确的把握；其次，应当遵循保护个体利益原则，要以尊重保护行政管理相对人对涉及自身特征信息的知情权与处分权为前提，避免特定个体的商业秘密、个人隐私和其他有关特定个体身份特征内容的信息被不适当公开；最后，应当遵循过罚相当的原则，防止对被处罚人造成加重处罚的不利影响。行政处罚信息公开，不是行政处罚的一种手段，不能寄希望于类似行政处罚的制裁作用，其更多的是满足社会公众的知情权和监督权。

2. 行政回避制度

行政回避是行政程序法中的基本制度。它作为一项保障行政公正的法律制度之所以为人们所关注，是因为其能满足人们要求受到公平对待的那种与生俱来的期待。行政回避作为一个法律制度应当由回避缘由、范围、程序和限制组成。在行政程序中，如果行政相对人认为主持程序并裁决自己与行政主体争议的行政行为人具有法定回避情形时，有请求该行政行为人回避的权利。如果行政主体对行政相对人的申请回避权予以驳回，应当说明理由。

3. 听取相对人意见

听取相对人意见也叫行政相对人的陈述权，是指行政相对人在参与行政程序的过程中，享有就行政案件所涉及的事实向行政主体做出陈述和申辩的权利，行政主体不得因为行政相对人做出陈述和申辩而做出对行政相对人不利的处理。听取行政相对人意见可以保证行政相对人在行政法律关系中的主体地位，保证行政相对人的参与权，同时也可以保证行政相对人认可行政行为做出的正当性，从而积极主动地协助行政行为的履行和实现。

4. 行政行为说明理由

行政行为说明理由的实质要件包括所说明理由的内容及说明要求。对于说明理由的内容，笔者认为行政行为说明理由的内容应包括以下三个方面。一是事实性依据及其选择理由，行政机关做出行政决定前必须要以事实为依据，没有这种对事实的收集、整理和印证，行政机关就不可能做出公正的裁决。但也要考虑到维护行政机关的行政效率，行政机关应说明做出行政行为的主要事实依据。此外，行政机关还应该说明对该事实依据的选择理由。二是法律性依据及其适用理由，行政机关依法行政的首要要求就是以法律为准绳，将一切行政行为置于法律的规制之下。对于法律性依据及其选择理由的说明，除要求指明适用的某法的某条之外，必须要求行政主体说明为什么要选择适用该法律，即要求其说明根据事实性依据选择该法律的逻辑推理过程。三是政策及公益因素的考虑，政策具有不稳定性，不同的时期有不同的政策，而现代社会政策因素在很大程度上影响着行政行为的结果。因此，行政主体做出行政行为必须说明其对政策因素的考虑，才能更好地保护行政相对人的利益。

任何法律制度的贯彻实施必须要有完善的制度做保障，尤其是要有与之配套的法律审查机制。对行政行为说明理由制度进行法律上的审查是保证这一制度实施的最重要的手段。笔者认为，可将违反说明理由义务的行政行为的法律效力以及行政主体由此应承担的责任归结到程序法中的行为的效力和法律责任之中统一概括规定，既方便也易于为人所接受。只有在特别情况下，违反这一义务的行为的效力可以单独由法律规定。违反行政行为说明理由义务的行为分为两种类型：一是完全不履行义务，二是履行义务有瑕疵。完全不履行说明理由的义务即法律规定有说明理由的义务而不予说明，即纯粹的程序欠缺。履行义务有瑕疵指说明理由在形式上和内容上不符合法律的规定。违反说明理由义务的行政行为可能被撤销（有可以撤销的内容），责令补正（补正后不影响行政行为的效力，但行政主体依然要承担行为不当的责任并应赔偿行政相对人由此受到的损失），确认违法（行为违法又不具有可撤销的内容，如事实行为）。同时因违反说明理由的义务给利害关系人造成不利影响的还应承担赔偿损失（实际损失、误工损失）、赔礼道歉、恢复名誉、消除不利影响等责任。

三 建立健全行政裁量权基准制度

行政事务的专业性以及大量的不确定法律概念的存在使得行政裁量权存在不断扩大的趋势。针对实践中由自由裁量权过大导致的选择性执法和任意性执法的问题，必须对行政执法中的自由裁量权加以控制。具体来讲，应确立以下规范裁量权公正行使的机制。一是行政裁量基准制度。《决定》中重点提到了完善行政裁量基准机制。这一机制应该包括制定主体、考虑因素、听取公众意见、公开行政裁量基准等。二是建立行政裁量权案例指导制度。实行行政执法案例指导制度，推动"同案同罚，同案同处"，规范行政机关裁量权的行使，进一步推进依法行政。行政执法指导案例公布以后，相关行政执法部门处理与指导案例相同的行政事务，除法律依据和客观情况变化以外，应当参照行政执法指导案例，做出与指导案例基本相同的处理决定。三是行政裁量说明理由制度。规定执法机关适用一般程序做出执法决定时，应当对执法文书进行说理，说理的过程是对执法机关行使裁量权时所考虑的因素的说明，有利于使裁量权的行使更为规范。

四　完善行政执法和刑事司法衔接机制

健全行政执法和刑事司法衔接机制，完善案件移送标准和程序，建立行政执法机关、公安机关、检察机关、审判机关信息共享、案情通报、案件移送制度，坚决克服有案不移、有案难移、以罚代刑现象，实现行政处罚和刑事处罚无缝对接。

五　完善落实行政执法监督制度

要使行政执法主体合法、内容合法、程序合法，需要从社会各个层面加强对行政执法行为的监督。要在行政执法监督过程中将检查机制落到实处，强化执法责任制的实施，完善行政行为的责任追究制。要完善对行政执法行为的审查与备案制度，严格依据宪法和有关法律法规，对在行政执法监督检查中发现的问题及时改正。要建立规范行政执法行为的长效机制，保证行政执法主体资格的合法性，提高行政执法主体的法律意识。要完善社会协作，促进行政执法监督工作，倡导以人为本的执法理念，增加人民群众参与行政执法监督的途径，完善行政执法监督制度机制。

1. 完善行政执法的外部监督机制

在完善人大的监督方面，应该通过行政执法检查和专项监督等手段，及时发现行政执法中存在的问题。应该充分运用质询和询问程序，监督执法机关在行政执法过程中的行为。当然，作为立法机关，人大的首要作用应该是对行政执法的执法依据、执法程序等规章和规章以下的规范性文件的合宪性与合法性进行审查，对于与宪法和上位法相冲突的地方性法规、规章以及规章以下的规范性文件，及时做好清理工作。

在完善社会监督方面，要积极合理地引导社会舆论监督。传媒是行政执法舆论监督的重要载体，它的群众性、广泛性、公开性、及时性等优点使其在监督形式中具有独特作用。要让行政执法工作受到良好监督，关键要靠舆论传媒的客观公正报道。要积极适时地引导舆论，使其及时准确有效地进行舆论监督，传递正能量。此外，在合理地引导舆论监督的诸多路径中，加快舆论监督方面的立法是必要的选择，可以以此增强舆论监督的权威性和实效性，促使政府治理长效机制的形成。

在完善司法监督方面，要落实《行政诉讼法》的规定，扩大司法权对行政权进行监督的深度和广度。我国《行政诉讼法》的修改扩大了行政诉讼的受案范围，将更多的行政执法案件都纳入行政诉讼的受案范围之内。这也为完善行政执法的责任追究机制提供了良好的契机。

2. 完善行政执法的内部监督机制

（1）设立行政执法监督员制度。加强行政执法监督工作，充分发挥行政执法监督员作用，通过问卷调查和网上评议，对各部门进行行政执法满意度测评，测评结果纳入依法行政考评。通过提出意见建议、受邀参加执法检查和案卷评查、规范性文件审查等活动，承担专题调研评估任务，对存在的问题提出对策建议，保障和监督行政机关依法履职，有效地推动严格执法和公正文明执法，推动法治政府建设，探索建立行政执法监督员提请个案审理、纠正违法不当行政行为的机制。研究建立执法协作机制，重点研究建立行政执法部门之间协作制度、行政执法与刑事司法衔接制度、行政执法案件移送制度。

（2）开展案卷评查工作。执法案卷应做到主体合法、认定事实清楚、证据确凿充分、适用法律依据准确、程序合法和档案整理规范。要形成正常的评查机制，开拓思路，创新案卷评查的方式方法，加大评查力度，对评查中发现的问题及时予以纠正。案卷评查采取自查和交叉互查相结合的方式进行。首先由各县（市、区）、各行政执法部门按照市里的统一部署，自行制定评查方案和评查细则，并组织案卷评查工作小组对本辖区、本系统的案卷进行自查。对内设机构及县（市、区）部门的案卷要测算出优秀率、合格率、评定名次，并在本辖区、本系统内进行通报。自查结束后，要总结案卷评查情况，形成书面自查报告报市政府法制办。市法制办将成立案卷评查领导小组，负责案卷评查工作的组织领导和评查工作疑难问题的处理，并从各县（市、区）、各行政执法部门熟悉业务的人员中抽调人员组成若干案卷互查小组，对抽取的各县（市、区）、各行政执法部门的案卷进行交叉互评。按照回避原则，各评查员不参与本单位案卷的评查。

进一步推行说理式执法，坚持在执法过程中说透法理、说明事理、说通情理，并推行说理式执法文书。全力推广使用行政执法文明用语，完善监督检查和投诉举报机制，每年组织开展1~2次行政执法案卷评查，重点评查住建、国土、安监、食品药品、交通、环保等重点部门的行政执法案卷，通过现场评议、案卷评查、意见反馈等有效措施，制作《行政执法监督通知书》，对存在的问题给予指正，并要求限期整改，切实纠正行政执法主体、依据、程序、证据、文书和档案管理等方面存在的问题，加强执法监督，督促行政执法部门依法行政。

（3）建立执法信息在线查询系统。开发政府法制监督平台，完善法制业务信息化平台建设，积极推行立法审查、行政执法、备案审查、行政复议等网上办理。网络运行平台要求所有行政执法部门的执法依据、执法事项、处罚裁量基准和执法程序等都能够在网上查询。其中，行政法律法规查询一栏将现行的行政法律、法规、规章甚至是规范性文件罗列在册，法律施行时间、法律内容都有详尽列明。执法人员查询则包括行政执法人员查询和行政执法监督人员查询，所有的行政执法人员和执法监督人员都记录在册，并进行动态更新，公民一比对就可确认执法人员是否是冒充的。权力事项查询则详细列明了不同执法机关的权力清单。案件查询，当事人只要输入身份证等相关信息就能查询与自己相关的处罚决定等内容。该系统的使用不仅能为行政执法人员提供了执法的参考依据，提高行政执法效率，而且有利于公众适时监督行政执法工作，提高行政执法工作的公开和透明度。

（4）明确执法职责。结合政府机构改革，对政府各部门及下属单位所执行的有关法律、法规及规章进行了重新梳理，进一步明确了各部门、各单位的行政执法依据、执法职责和执法权限，并根据各部门承担的行政管理、行政处罚、行政许可、行政征收、行政强制、行政监督等行政执法责任，采用流程图与文字说明相结合的方式，面向新闻媒体、执法对象和广大公众进行公布，接受社会监督，促使行政执法单位严格按照法定权限和程序行使职权、履行职责。

（5）加大执法检查。把行政执法检查作为推进行政执法责任制落实的重要手段，积极探索建立政府定期检查与社会各界监督相结合的执法检查机制。落实好行政执法检查登记制度和重大行政处罚备案制度。所有行政执法部门的执法检查都要按照规定的程序予以登记，情况紧急或者其他特殊情况可以在事后补充登记。没有执法检查登记的视为没有进行检查或不作为，所有行政执法部门的执法检查都要按照规定的程序和格式报本级政府法制部门备案。进行现场监督检查。组织人员深入执法部门一线，进行现场走访，实地检查，对一线执法人员的现场执法行为进行监督检查，认真听取群众及行政管理相对人反映的情况和提出的意见，促进一线行政执法规范化、公正化、文明化，提高每一名执法人员的工作积极性和执法水平。对野蛮执法、滥用自由裁量权、以罚代管、违反执法程序等行为，一次查实即对相关人员予以待岗、调岗处理，情节严重的，追究相关人员责任。

（6）畅通投诉举报渠道。为实行行政执法行为投诉、举报制度，在新闻媒体上对外公布举报电话，在政府法制网站设立行政执法投诉举报专栏，任何公民、法人或其他组织都可以通过信函、电子邮件、电话、当面投诉、网络投诉等方式进行投诉、举报。

（7）突出行政执法统计分析。建立行政执法统计和重大行政处罚案件网上报备系统，及时掌握全市行政执法情况，加强分析研究，及时发现苗头性、倾向性、普遍性问题并对其进行整改，努力做到严格、规范、公正、文明执法。

3. 严格实行行政执法责任制

对行政诉讼败诉案件、行政复议撤销变更和确认违法案件、案卷评查发现的违法案件、日常监督和群众投诉举报的违法案件责任人，进行责任追究，严肃查处违法违规行为。

第四章
司法管辖体制改革

　　司法管辖体制改革是司法体制改革的重要内容。十八届三中全会通过的《中共中央关于全面深化改革若干重大问题的决定》提出："改革司法管理体制，推动省以下地方法院、检察院人财物统一管理，探索建立与行政区划适当分离的司法管辖制度，保证国家法律统一正确实施。"十八届四中全会对优化司法职权配置、改革和完善司法管辖制度进一步加以明确。《中共中央关于全面推进依法治国若干重大问题的决定》提出："探索设立跨行政区划的人民法院和人民检察院，办理跨地区案件。完善行政诉讼体制机制，合理调整行政诉讼案件管辖制度，切实解决行政诉讼立案难、审理难、执行难等突出问题。"省直管县体制改革是党中央国务院为优化行政区划设置、提高行政管理效率而做出的一项重大决策。中共十七届、十八届三中全会均提出"推进省直接管理县（市）体制改革"。目前，包括河南省在内的全国各地省直管县体制改革试点工作正在稳步推进。考察司法管辖体制和省直管县体制两个不同领域改革之间的关系，由于这两大改革均与现行的行政区划制度有着密切联系，省直管县体制改革必然对现行司法管辖体制带来冲击和影响。究竟这两项改革之间存在何种关联，以及如何深化司法管辖体制改革以适应省管县体制改革的需要，是当前亟待解决的问题。

第一节　河南省司法管辖体制改革

　　近年来，河南省的经济社会发展取得了前所未有的成就，全省经济总量居全国第五位。特别是随着中原经济区、郑州航空港经济综合实验区、"四个河南"等一系列战略目标的提出，河南省经济社会各项事业迈入发展的快车道。在新的历史条件和机遇下，河南省经济和社会发展必须在新的指导思想和发展模式下进行规划和设计。河南省委九届八次全会通过的《河南省全面建成小康社会加快现代化建设战略纲要》指出："当前我国经济发展进入新常态，呈现速度变化、结构优化、动力转换的特点。"郭庚茂书记在省委经济工作会议上指出："河南与全国一样进入经济发展新常态，同全国相比，既有共性的一面，也有自身个性的一面。"由此，"中原经济新常态"已成为当前一个时期的核心要求和发展思路。以"中原经济新常态"为目标，包括司法管辖体制和行政管理体制在内的河南省各项社会事业必须全面深化改革。

一　省直管县体制改革

（一）省直管县体制改革的必要性

以司法管辖体制改革为代表的司法体制改革和以行政管理体制改革为代表的政治体制改革是全面深化改革的重要内容。与司法管辖制度和行政管理体制密切相关的是行政区划设置问题。在宪法所规定的单一制国家的基础上，我国地方行政区划形成按照省、市、县、乡四级划分的格局，下级人民政府在上级人民政府的领导下开展工作，全国各级人民政府服从中央人民政府的统一领导。这种严格按照行政区划实施管理的高度集中的行政管理模式，在计划经济条件下发挥了极大的优越性，对保证上令下达、政令畅通起到了重要作用。但随着市场经济的建立和发展，地方四级行政管理体制暴露出其自身存在的缺陷，如管理层级过多导致管理成本加大、行政效率低下；县级财政受牵制过多导致县域经济发展不平衡；某些地级市规模小、辐射功能弱，而县域经济相对较强，出现"小马拉大车"现象，对所辖强县不但不能带动反而产生向下拉力；市管理县的管理模式难以形成城乡一体化发展，导致农业人口比重过大，出现"重工轻农""厚城薄乡"等问题。同时，现行市管理县的行政管理体制也与宪法、法律的规定有所冲突。① 有鉴

---

① 我国现行《宪法》第九十五条规定："省、直辖市、县、市、市辖区、乡、民族乡、镇设立人民代表大会和人民政府。"可见，根据《宪法》的规定，我国地方人民政府分为省（区、市）、县（市、市辖区）、乡（民族乡、镇）三级。实际上，我国现行的"市领导县"体制经历了一个曲折的历史发展过程。新中国成立初期，我国实行的是省领导县体制，市领导县仅限于直辖市、省会城市和个别大城市，目的主要是保证大城市的物资供应。20世纪50年代末期，实行市领导县的地区迅速扩大，至1958年底，（转下页注）

于此，改革现行市管理县的行政管理体制，实行省直接管理县，成为行政体制改革的当务之急。党的十七届三中全会提出："推进省直接管理县（市）财政体制改革，优先将农业大县纳入改革范围。有条件的地方可依法探索省直接管理县（市）的体制。"党的十八届三中全会再次明确提出："优化行政区划设置，有条件的地方探索推进省直接管理县（市）体制改革。"

（二）省直管县体制改革的可行性

在中央确定省直管县行政体制改革目标，特别是确定省直管县改革试点省份名单以后，以河南省为代表的各省级人民政府先后出台相关文件和政策，对省直管县工作进行部署，进行了一系列有益的探索和尝试。与此同时，省直管县体制改革除对现有的行政管理体制进行改革以外，必然涉及司法管辖体制同步改革的问题。河南以及其他省份省直管县体制改革的措施和效果可以从实践和理论两个方面进行考察。

1. 在实践层面，从中央到地方，省直管县体制改革试点工作持续推进，积累起宝贵经验

（1）在顶层设计上，省直管县体制改革是党中央、国务院为适应经济社会发展需要，提高行政管理效率、优化行政区划设置而做出的一项重大决策。党的十六大以后，党中央、国务院把发展壮大县域经济、统筹城乡发展摆在国家经济社会发展的战略层面，提出"省直接管理县"的改革思路。从2002年起，我国开始在部分省份试点省直管县财政体制改革。至2010年，中央确定安徽、河北、河南、湖北、江苏、黑龙江、宁夏、云南等八省区的30个县（市）全面省直管。

（2）在实践探索上，河南是全国人口、经济大省，在中央确定的30个直管试点县（市）中，属于河南省的县（市）占了1/3。2013年11月26日，河南省委、省政府印发《河南省深化省直管县体制改革实施意

（接上页注①）几乎所有的直辖市、省会、大城市都实行了市领导县体制，特别是全国人大常务委员会于1959年9月17日通过了《关于直辖市和较大的市可以领导县、自治县的决定》，以法律的形式肯定了"市领导县"体制。进入60年代，随着全国经济发展形势进入低潮，市领导县体制也随之进入低潮，全国实行市领导县的地区迅速减少。1982年，中共中央（1982）51号文件中向全国发出了"改革地区体制、实行市管县体制的指示"，首先在江苏省搞市管县试点，1983年开始在全国推广。至1994年底，全国除海南省外，各省、自治区、直辖市都试行了市管县体制，共有196个市领导741个县、31个自治县和9个旗、2个特区，代管240个县级市，迄今为止，全国范围内实行市领导县（一般称之为"代管"）的地方四级行政区划已然成为常态。

见》，决定从 2014 年 1 月 1 日起，对中央编办确定的巩义、兰考、汝州、滑县、长垣、邓州、永城、固始、鹿邑、新蔡等 10 个县（市）全面实行省直接管理体制，同时调整法院、检察院司法管辖体制，设立河南省第一、第二中级人民法院和河南省人民检察院第一、第二分院。以此为标志，省直管县改革试点工作成为河南省经济社会发展的一项要务。2014 年 7 月 11 日，河南省人民政府办公厅印发《关于推进省直管试点县（市）经济社会加快发展的意见》。2014 年 8 月 21 日，全省加快省直管县（市）发展观摩交流会议在济源召开，河南省省长要求深入落实省委省政府决策部署，持之以恒抓紧抓好改革试点工作，推动直管县（市）成为新的经济增长极、科学发展的排头兵，为全省县域改革发展树立起标杆。实行省直管县体制改革试点以来的各项数据显示，河南省各试点县经济社会发展步入快车道，取得了引人瞩目的成就。

2. 在理论层面，相关研究主要在管理学和法学两个研究领域展开

（1）在管理学研究领域，该领域研究又分为两个研究方向。其一，从历史和比较的角度考察中外行政区划设置发展的脉络和进程，尤其是县级建制在国家行政管理体制中的地位和作用；重点考察我国地方行政区划从新中国成立后的"省－县－乡"三级设置发展到现行"省－市－县－乡"四级设置的历史背景；分析现行四级行政区划设置难以适应市场经济效率、城乡一体化发展而显现出来的缺陷和弊端，论证省直管县体制改革的可行性与必要性。其二，以现代管理理论为依据，论证缩减行政管理层级的优势，为省直管行政管理体制改革提供理论基础。现代管理理论倡导扁平化管理模式，在保证管理质量的前提下尽量减少行政管理层次，裁减冗余人员，从而形成高效、干练、紧凑的扁平化组织机构。"经济的市场化、信息的网络化、管理的现代化为行政结构的扁平化提供了理论基础和现实条件……改革市管县体制，市县分治，构建省直接管理县（市）的少层次大幅度的、扁平化的公共行政体制，应成为当前我国行政体制改革的战略选择。"[①]

（2）在法学研究领域，该领域研究涵盖两个研究方向。其一，从立法角度论证现行四级行政区划设置与宪法规定的三级行政区划设置之间存

---

① 参见孙学玉、伍开昌《当代中国行政结构扁平化的战略构想——以市管县体制为例》，《中国行政管理》2004 年第 3 期。

在的矛盾，考察省直管以后现行司法管辖制度在司法机关设置、司法管理模式、司法管辖种类等方面与省直管县体制不相适应之处，并提出完善和改进的对策。其二，从行政与司法的关系入手，揭示省直管县体制改革与司法管辖体制改革相辅相成、相克相济的关系。省直管县体制改革与司法管辖制度改革分属行政和司法两个不同的领域，二者既有内在联系也有不同的价值追求。长期以来，我国各级司法机关与行政区划重叠设置，省直管县体制改革必然对现有的司法管辖体制带来冲击，司法管辖体制必须做出相应调整，从该角度看，司法管辖体制改革是省直管县体制改革的配套措施和附属行为。但从摆脱司法权受制于行政权，确保人民法院、人民检察院依法独立公正行使审判权、检察权的角度看，司法管辖体制改革有其独立的价值追求，与省直管县体制改革在最终目标上并不完全一致，在实际操作上并不必然同步，必须妥善处理好行政体制改革与司法体制改革之间的关系。

二　省直管县体制改革与司法管辖体制改革的关系

省直管县改革试点的实践经验和学者们的真知灼见在"优化行政区划设置，探索推进省直接管理县（市）体制改革"中起到了积极借鉴作用，也为进一步优化司法职权配置、深化司法管辖体制改革提供了良好基础，但毋庸讳言，现有研究仍有挂漏之处。首先，在研究样本选择上大多只针对某一个或几个省直管试点县，无法真实反映省直管县体制改革的整体状况，导致研究成果以偏概全，研究对策难以起到推广作用；其次，在理论基础方面，现有成果多数集中于行政管理学或者法学的某一领域，对行政与司法、行政体制改革与司法体制改革之间的关系语焉不详，跨领域、跨学科的研究付诸阙如，研究内容未免失之偏颇；最后，中外宪政体制、司法制度及其历史渊源存在较大差异，决定了对域外行政区划设置和司法管辖模式都只能借鉴而不能照搬。

公正是司法工作永恒的主题，党的十八届四中全会通过的《中共中央关于全面推进依法治国若干重大问题的决定》提出："保证公正司法，提高司法的公信力"。实现司法公正的前提和核心是优化司法职权配置，司法职权配置是一个复合型概念，涵盖侦查、检察、审判以及司法行政机关之间的关系；法院层级设置；案件管辖和受理制度；审级制度；司法机关内部监督制度；纪检监察与刑事司法衔接机制等。在这些体制和制度当中，司法管辖制度是基础性制度，是进行各类诉讼必须首先要解决的问题。无论是刑事诉讼、民事诉讼还是行政诉讼，案件一旦发生，首先要明确的是案件应当由哪一个、哪一级以及哪一地的司法机关负责受理，从而使司法管辖制度成为整个诉讼制度的前提和端口。进而言之，完善司法管辖制度是推进司法体制改革的第一抓手，是司法改革工作的"牛鼻子"。

新中国成立以来，我国司法管辖制度遵循按照行政区划逐级设置的原则，各级司法机关与行政机关相对应。从行政机关设置而言，全国除中央以外，地方行政规划按照省（直辖市）、市、县（县级市、区）、乡（镇、街道）四级设置；从司法机关设置而言，全国司法机关（法院、检察院）按照最高人民法院（检察院）、省（直辖市）高级人民法院（省人民检察院）、市中级人民法院（市人民检察院）、县（县级市、区）人民法院（检察院）设立，乡镇设立人民法庭，作为县人民法院的配置机构。这一做法对加强党和政府对司法工作的领导、方便群众就近诉讼等起到了重要作用，被一直沿用至今。但随着司法改革工作的逐步推进以及与国际社会接轨的需要，现有司法管辖制度自身存在的弊端逐渐显露，集中表现为，出现司法的地方保护主义，以及司法工作中存在的立案难、审理难、执行难等突出问题在一定程度上成为制约司法公正和全面依法治国的瓶颈。为此，党中央审时度势，在十八届四中全会上通过了《中共中央关于全面推进依法治国若干重大问题的决定》，该决定着重提出改革和完善现有的司法管辖制度，以打破原有的司法机关严格按照行政区划设置的局限，消除地方保护主义对司法的负面影响，去除司法工作依赖于地方财政的弊端，在全国范围落实司法的统一，最终实现司法的公平正义。而改革和完善现有司法管辖制度的具体内容包括："最高人民法院设立巡回法庭，审理跨行政区域重大行政和民商事案件。探索设立跨行政区划的人民法院和人民检察院，办理跨地区案件。完善行政诉讼体制机制，合理调整行政诉讼案件管辖制度，切实解决行政诉讼立案难、审理难、执行难等突出问题。"省直管县体制改革作为党中央确立的另一项重大改革举措，虽然属于行政体制改革的范畴，但这一改革方案因取消了省和县之间的市级行政区划，必然给传统的市级司法机关监督（或领导）县级司法机关[①]的现行司法管辖体制带来冲击和影响，其后果虽然

---

① 根据我国法律规定，上下级人民法院之间是监督与被监督的关系；上下级人民检察院之间是领导与被领导的关系。

要经过实践的检验，但从统一司法和保障人民法院、人民检察院依法独立行使职权的角度而言，其带来的影响无疑是正面的。综上所述，省直管县体制改革与司法管辖体制改革虽属不同领域，但从改革目标而言，二者相互契合；从改革举措而言，二者殊途同归，以省直管县体制改革为突破口，必将推进司法管辖体制乃至整个司法体制改革的进程。

三 省直管县以前司法管辖体制的基本情况

（一）司法管辖体制的概念

管辖，是诉讼法中的一个重要概念，是进行诉讼活动首先要解决的问题，我国三大诉讼法（刑事诉讼法、民事诉讼法、行政诉讼法）均规定了管辖制度。一般而言，"管辖是指各级人民法院之间以及同级人民法院之间受理第一审案件（刑事、民事、行政案件）的职权分工和权限划分"[1]。在我国，人民检察院与人民法院存在级别对应关系，一旦明确了法院的管辖范围，检察院的管辖范围随之得以确定。

管辖的种类主要包括：①级别管辖，是指各级人民法院在受理第一审案件上的权限划分；②地域管辖，是指不同地区的同级人民法院之间在受理第一审案件上的职权划分；③专门管辖，是指除普通法院之外的各专门法院（铁路运输法院、海事法院等）之间在案件受理范围上的分工；④指定管辖，是指当案件管辖不明、存在争议或者有管辖权的法院因特定原因不宜审判时，由上级法院指定案件由某一法院审理；⑤管辖权转移，是指法院虽有管辖权，但根据案件的特殊情况，将案件的管辖权在上下级法院之间进行转移；⑥移送管辖，是指有管辖权的人民法院受理案件后发现不属于本院管辖，或者在必要的时候，将案件移送同级其他人民法院审理。

由于案件性质的不同，三大诉讼法在管辖问题上存在差异。对刑事诉讼而言，诉讼程序涉及公安机关、人民检察院、人民法院等专门机关，各专门机关之间存在立案管辖的问题，即各专门机关在直接受理的案件范围上存在权限划分。根据《中华人民共和国刑事诉讼法》（以下简称《刑事诉讼法》）的规定，普通刑事案件由公安机关负责侦查；贪污、贿赂犯罪，国家工作人员的渎职侵权犯罪，国家机关工作人员利用职权实施的非法拘禁、刑讯逼供、报复陷害、非法搜查等侵犯公民人身权利、民主权利

---

[1] 李建明主编《刑事诉讼法》，高等教育出版社，2014，第92页。

的犯罪,由人民检察院立案侦查;自诉案件由人民法院直接受理。对民事诉讼和行政诉讼而言,存在专属管辖问题,即针对某些案件(如涉及不动产纠纷等),由特定法院管辖。此外,在民事诉讼中,对于合同纠纷案件允许当事人以书面方式约定管辖法院(协议管辖)。

司法管辖与诉讼法中管辖的概念并不完全等同。司法管辖作为一国司法体制的重要组成部分,是指司法机关在司法管理、级别设置、案件受理等方面的一系列原则、制度、规定的总称。司法管辖体制以诉讼法中的管辖为基础,但不限于诉讼法中管辖的概念,是一国司法体制改革的集中体现。司法管辖体制改革是司法体制改革的前提和出发点,司法管辖体制改革的最终目标是通过改进制度设计,确保人民法院、人民检察院依法独立公正行使审判权、检察权,保障国家法律的统一适用。

(二) 司法管辖体制的主要内容

新中国成立以后,随着《中华人民共和国宪法》、《中华人民共和国人民法院组织法》(以下简称《人民法院组织法》)、《中华人民共和国人民检察院组织法》(以下简称《人民检察院组织法》)、《中华人民共和国刑事诉讼法》、《中华人民共和国民事诉讼法》(以下简称《民事诉讼法》)、《中华人民共和国行政诉讼法》等一批法律法规的通过和实施,具有中国特色的司法管辖体制逐步建立起来。从其运行效果来看,省直管县以前的司法管辖体制基本上符合我国法治事业建设的需要。省直管县以前,司法管辖体制最大的特点,就是在司法机关设置上,体现国家政体单一制原则,司法机关管辖范围与行政区域划分相一致,从而在全国和地方各级人民代表大会的基础上形成"一府两院"的权力架构。

1. 司法机关设置

在我国,人民法院和人民检察院分别是完整的组织体系。根据《人民法院组织法》的规定,人民法院按照四级设置,即全国的法院除专门人民法院外,分为最高人民法院、高级人民法院、中级人民法院和基层人民法院。从行政区划上看,四级人民法院分别对应于中央、省级(自治区、直辖市)人民政府、省辖市(州)人民政府、县级(市辖区、县级市)人民政府。根据《人民检察院组织法》的规定,人民检察院的设置与人民法院相类似。在案件审理程序上,我国实行两审终审制,当事人不服地方各级人民法院第一审裁判(刑事、民事、行政)的,有权向上级人民法院提出上诉;对于刑事案件,检察机关认为第一审裁判确有错误的,有权提起抗诉。

所有案件经两级人民法院审理即告终结（最高人民法院直接受理的案件实行一审终审制），第二审人民法院的裁判是终审裁判，当事人不得再行提出上诉，除非生效裁判确有错误的，才会按照审判监督程序进行再审。

2. 司法管理

司法机关管理包括司法机关的内部管理和外部管理。[①] 司法机关的内部管理主要包括司法人员的任免以及上下级司法机关之间的联系。根据《中华人民共和国法官法》（以下简称《法官法》）和《中华人民共和国检察官法》（以下简称《检察官法》）的规定，各级人民法院院长由本级人民代表大会选举任免，审判人员由本院院长提请本级人民代表大会常务委员会任免；各级人民检察院检察长由本级人民代表大会选举，报上一级人民检察院检察长提请该级人民代表大会常务委员会批准任免，检察员由本院检察长提请本级人民代表大会常务委员会任免。根据宪法和法律的规定，上下级法院和上下级检察院之间的关系是不同的。上下级法院之间是监督关系，最高人民法院监督地方各级人民法院和专门人民法院的审判工作，上级人民法院监督下级人民法院的审判工作；上下级检察院之间是领导关系，最高人民检察院领导地方各级人民检察院和专门人民检察院的工作，上级人民检察院领导下级人民检察院的工作。司法机关的外部管理主要体现在司法机关与同级人民代表大会和同级人民政府之间的关系上。根据《人民法院组织法》和《人民检察院组织法》的规定，最高人民法院和最高人民检察院对全国人民代表大会和全国人民代表大会常务委员会负责并向其报告工作；地方各级人民法院和地方各级人民检察院对本级人民代表大会及其常务委员会负责并向其报告工作。司法机关与地方人民政府之间的关系主要体现在财政资金方面。长期以来，我国实行司法机关经费由地方政府保障的体制，司法机关的经费主要来源于各级财政部门核拨经费，法院的经费被纳入地方财政预算范围。

---

① 国外有学者认为，所谓司法管理（Judicial Administration）主要涉及两个广泛的领域：一是法院组织和人事的管理，二是诉讼的运行管理。"法院管理包括若干具体的事项，诸如法院的组织和管辖；法官的选任和任期以及法院中所有其他工作人员的聘用、训练和监督；以及例行文秘事务。诉讼的运行管理通常涉及案件处理的进程和花费以及建立法院运作的统一规则，以减少案件处理过程中的混乱和不均衡。"见 Henry R. Glick，*Courts*，*Politics and Justice*（McGraw-Hill Book Company，1983），pp. 48－49。转引自贺卫方《中国司法管理制度的两个问题》，《中国社会科学》1997 年第 6 期，第 118 页。

3. 司法管辖

司法管辖主要包括司法机关的级别管辖、地域管辖和指定管辖。[①] 划分级别管辖的依据主要是案件的性质、复杂程度、影响大小以及人民法院在审判体系中的地位、职责、条件等。据此，我国三大诉讼法分别规定了各级人民法院直接受理的第一审案件的种类和范围。划分地域管辖的依据主要是方便当事人诉讼、便于搜集证据、案件事实与法院辖区之间的关系等。一般而言，在明确了级别管辖和地域管辖之后，司法管辖问题即可得以解决。但出于审判公正、效率等的考虑，可能出现案件管辖权发生变更的情形，如三大诉讼法均规定，上级人民法院可以指定下级人民法院审判管辖不明（或不宜管辖）的案件，也可以指定下级人民法院将案件移送其他人民法院审判。下级人民法院对它所管辖的第一审案件，认为案情重大、复杂且需要由上级人民法院审判的，可以请求移送上级人民法院审判（管辖权转移）。上级人民法院有权审判下级人民法院管辖的第一审案件（提级审理）；除刑事案件以外，上级人民法院可以把自己管辖的第一审案件移交下级人民法院审判。

第二节　域外司法管辖体制的基本情况

"他山之石，可以攻玉。"域外司法管辖制度的基本情况，可以为我国司法管辖体制改革提供经验和借鉴。由于两大法系历史传统的不同，世界各主要国家的司法管辖体制间存在较大差异。

一　英美法系国家的司法管辖体制

（一）英国的司法管辖体制

在 1873 年以前，英国仅高等法院就超过 10 种，地方法院数量更多，导致英国司法管辖体制过于复杂。1873 年至 1876 年，英国对司法管辖体制进

[①] 中共中央政治局委员、中央政法委书记孟建柱在《人民日报》撰文专论深化司法体制改革，指出："探索与行政区划适当分离的司法管辖制度。司法管辖包括司法机关的地域管辖和案件管辖。司法机关按行政区划设立，管辖所属行政区划内的案件，容易受到地方保护主义的干扰。同时，我国地区间发展不平衡，各地司法机关承担的业务量也有较大差距，一些地方司法资源闲置。应该从现行宪法框架内着手，探索与行政区划适当分离的司法管辖制度。通过提级管辖、集中管辖，审理行政案件或者跨地区民商事、环境保护案件。"（参见孟建柱《深化司法体制改革》，《人民日报》2013 年 11 月 25 日，第 6 版）从诉讼法的角度来看，司法管辖、案件管辖并非严格的管辖法律概念，司法管辖的外延可做扩大理解，级别管辖、指定管辖、管辖权转移等亦应属于司法管辖的内容。

行了改革，撤并了一批法院，逐渐形成今天全国范围四级法院的设置格局，即治安法院（第一审级）、刑事法院（第二审级）、高等法院和上诉法院（第三审级）、最高法院（第四审级）。① 治安法院是英国的基层法院，数量最多，负责审理英国95%以上的案件。根据英国1980年《治安法院法》的规定，治安法院就是"根据授权或者习惯法赋予的使命行事的任何一个法官或者法庭"②。英国内政部参照行政区划将全国各郡划分为900多个司法管理区，在每个司法管理区设一所治安法院，负责对简易罪的审理和对公诉罪的预审。英国刑事法院是在古老的巡回法院和季节法院的基础上成立的，是英国全国性的法院，负责对发生在英格兰和威尔士的公诉罪进行初审以及审理来自治安法院的上诉案件。刑事法院没有自己固定的法官，开庭时由高等法院法官、巡回法官、记录法官或者治安法官主持审理。目前，英国的英格兰和威尔士按照地域被划分为中部与牛津巡回区、东北巡回区、北部巡回区、东南巡回区、威尔士及切斯特巡回区、西部巡回区等6个巡回区，刑事法院可以在以上任何地区开庭审理案件，开庭时间和地点根据大法官或者以其名义发出的指示而定。对治安法院审判的刑事案件，被告可以上诉到刑事法院，也可以直接上诉到高等法院的王座法庭；对于刑事法院审判的案件，被告既可上诉到上诉法院的刑事法庭，也可以上诉到高等法院的王座法庭，对于不服判决的，可以一直上诉到最高法院。此外，对于涉及人权问题的案件，最终可以上诉到欧洲人权法院，欧洲人权法院做出的判决结果对英国各级法院也有约束力。在英国，除以上普通法院以外，还有专门针对尸体检验的验尸法院和负责审理军职人员犯罪的军事法院。

---

① 英国最高法院出现较晚，于2009年10月1日才正式启用，负责审理来自英格兰、威尔士及北爱尔兰三个司法管辖地区的上诉案件，而苏格兰地区的上诉案件只能上诉到苏格兰高等法院。在英国最高法院成立之前，上议院是英国享有终审权的法院，上议院审理案件通常由5名以上常设上诉议员在大法官主持下进行，审理时不阅卷，只听取控辩双方律师的陈述，必要时才听取上诉人陈述。听审后不进行评议，各位议员就法律问题发表意见，然后以多数票通过裁决，裁决结果以上议院决议的形式做出，并载入议会记录。这种由上议院审理案件的做法导致立法、行政、司法三权界限不清，因为一旦司法人员同时掌握立法权，审判会形成潜在的不公正，且违背《欧洲人权公约》的要求。鉴于此，英国国内对该做法存在争议，争议的结果是设立最高法院，上议院不再审理上诉案件。

② 卞建林、刘玫：《外国刑事诉讼法》，人民法院出版社、中国社会科学出版社，2002，第338页。

（二） 美国的司法管辖体制

众所周知，作为联邦制国家，美国有联邦和州两套司法系统，两套司法系统彼此独立，各成体系，[1] 以下仅以联邦法院系统为例讨论美国的司法管辖制度。实际上，美国联邦法院系统存在两种类型，一般称之为普通法院系统和专门法院系统。[2] 目前最具代表性的专门法院有联邦理赔法院、联邦关税与专利上诉法院、联邦税收法院、美国退伍军人上诉法院、联邦军事上诉法院等。美国设立各类专门法院的目的主要有三个：一是专门法院比普通法院在审判时更具有弹性；二是可以减轻普通法院的工作负担；三是为了解决公共领域的特殊问题而出于技术上的考虑。

美国联邦法院系统由地区法院、上诉法院和最高法院三级构成。联邦地区法院是民事、刑事案件的初审法院，美国国会按照人口、面积和案件数量将全国划分为 94 个司法区，并在每个司法区设立一所地区法院，负责审判该司法区发生的案件。其中哥伦比亚特区和一些较小的州，如关岛、波多黎各、美属维尔京群岛分为一个司法区；其他较大的州，如纽约、加利福尼亚、德克萨斯等分为 4 个司法区。联邦上诉法院又称为巡回法院，不受理一审案件，只受理不服地区法院和专门法院判决的上诉案件。美国根据就近原则将全国 50 个州划分为 11 个巡回区（连同哥伦比亚特区共 12 个），每个司法巡回区设有一所上诉法院。上诉法院一般只审理法律问题，不审理事实问题，上诉法院做出的判决一般就是终审判决，只有极少数案件可以向最高法

---

① 关于联邦法院和州法院在案件管辖上的区别，联邦法院主要管辖以下案件：①涉及联邦宪法、法律或者国际条约的案件；②一方当事人为联邦政府的案件；③在公海上或者国境内的通航水域上发生的属于海运司法范围内的案件；④不同州之间、不同州的公民之间的争议以及州政府是原告而另一州的公民是被告的案件。联邦法院不管辖违反州法律的案件，但可以把联邦法院能管辖的案件交给州法院审判。（参见程荣斌主编《外国刑事诉讼法教程》，中国人民大学出版社，2002，第 409 页）

② 亦可称之为"宪法性法院"和"立法性法院"。二者的区别主要在于：第一，管辖权不同。宪法性法院在法律规定的范围内对各类案件具有一般管辖权；立法性法院一般为特定目而设立，对某一类案件具有管辖权。第二，职能不同。宪法性法院的职责严格限定在司法领域；立法性法院除司法职能以外，还享有某些非司法职能（如行政或立法职能）。第三，与宪法性法院不同，立法性法院有权提供咨询意见，即在没有案件和诉讼争议时为政府行为的适当性和合宪性做出裁决。第四，根据宪法的规定，宪法性法院的法官有独立性，美国宪法第 3 条第 1 项规定："最高法院与低级法院的法官忠于职守，得终身任职，于规定期间应得到酬金，该项酬金于任期内不得减少。"而立法性法院的法官则不享有该项保障机制。（参见卞建林、刘玫《外国刑事诉讼法》，人民法院出版社、中国社会科学出版社，2002，第 197 页）

院上诉。联邦最高法院设于华盛顿，对少数涉及州之间诉讼的案件具有初审权，其主要工作是受理上诉案件，即对联邦上诉法院或各州最高法院做出的判决不服，而具有重大法律意义的案件。

二　大陆法系国家的司法管辖体制

（一）德国的司法管辖体制

德国司法管辖体制最大的特点是法院设置的高度专业化。为提高法院的裁判水平，德国根据案件性质和来源的不同将联邦法院分为五个不同的法院体系（每个法院体系一般分为处级法院、州法院和联邦法院三级），即普通法法院（受理一般的民事、刑事案件）、劳动法院（负责审理涉及劳资关系、集体合同等纠纷）、社会法院（受理涉及社会福利、社会保险、救济赔偿等方面的纠纷，实行复议前置）、财政法院（负责审理有关税收、继承、关税法律的争议）、行政法院（负责受理不属于社会法院和财政法院管辖范围的或者不属于宪法问题的所有行政法方面的公法纠纷）。除以上五个法院体系外，德国还设立了联邦和各州的宪法法院、专利法院、纪律法院等专门法院，涉及公务员违法行为的案件由联邦或州的纪律法院审理；法官违法行为由法官工作法院审理；士兵违法行为由军事法院审理；此外，还有律师法院以及公证人法院等职业纪律法院。德国法院的另一个特点是，各联邦法院不是设在首都，而是分散在德国各地，如联邦法院（普通法院的终审法院）、联邦宪法法院设在卡尔斯鲁厄，联邦劳动法院、联邦社会法院、联邦行政法院设在柏林，联邦财政法院设在慕尼黑。

德国普通法院分为初级法院（地方法院）、州法院、州高等法院、联邦法院四级。初级法院作为最低的一级法院，主要在一些很小的城镇设立，负责审理涉案金额较小的民事案件以及轻微的刑事案件。州法院在较大的城镇设立，州法院既是一审法院，又受理不服初级法院判决的第一次上诉案件。州高等法院在每一个州的较大的市设立，主要受理民事、刑事上诉案件，以及作为一审法院审理重大的刑事案件（如叛国罪）。德国实行四级三审制，州高等法院一般就是终审法院。联邦法院主要审理来自州高等法院并经联邦法院同意上诉的案件，审理范围主要涉及新的法律原则、法律变化和法制统一的问题。

（二）法国的司法管辖体制

法国的司法管辖实行双轨制，即全国法院分为彼此独立、互不隶属的两大体系：行政法院和普通法院。法国是西方行政法院的发源地，行政法院设立的初衷是基于分权理论，司法机关不得干涉立法机关和行政机关的活动，因而普通法院无权审理涉及行政机关职权活动的行政案件，行政案件应当由另行设立的行政法院进行审理。法国有健全的行政法院体系，在最高行政法院之下设立普通行政法院和专门行政法院，普通行政法院包括行政法庭（属于初审法院，全国共有 33 个，在各大城市设立）、行政争议庭（在海外未建省的领地设立）、上诉行政法院（行政案件的二审法院）。专门行政法院主要包括审计法院、财政和预算纪律法院等。法国行政法院的法官被认为是行政官员，行政法院审判案件的依据是行政法。

　　法国普通法院有两个显著特点。一是民事法院和刑事法院虽名称不同，但实际上是同一个法院，如民事初审法院、大审法院、上诉法院（民事庭）在审理刑事案件时则称为违警法院、轻罪法院和上诉法院（轻罪上诉庭），两种法院的法官实际是同一群人，法官要轮流审理民事和刑事案件。二是常设法院和非常设法院并存。具体而言，违警法院、轻罪法院是常设的（违警法院设于省属的区、县、市，轻罪法院设于各省省会，原则上每个省一所）；重罪法院是非常设的，重罪法院又称巡回法院，实行定期开庭（原则上每季度开庭一次，必要时可增加开庭次数），一般设于巴黎或者各省省会，根据审判需要可以设立分院。

三　日本和俄罗斯的司法管辖体制

　　日本虽然有大陆法系的传统，但第二次世界大战后其法律体系深受英美法系的影响，呈现两大法系交汇融合的特征。俄罗斯的司法体系在苏联法律体系的基础之上，大量借鉴英美法系的因素。以上两个国家由于很难将其归入大陆法系或者英美法系，故对其单独予以考察。

（一）日本的司法管辖体制

　　根据日本《法院法》的规定，日本共有五种法院，即简易法院、家庭法院、地方法院、高等法院、最高法院，其中家庭法院和地方法院为同一审级，故日本的法院分为四级。简易法院是日本法院体系中最基层的一级法院，全国共有 440 所，主要受理诉讼标的价值在 90 万日元以下的民事案件和科处结果为监禁刑以下的刑事案件（法律特别规定时可以判处三年以下徒刑）。地方法院在全国都、道、府、县所在地各设 1 所，北海道设 3 所，全国共 50 所，地方法院设有 200 多所分院。家庭法院的设置与地方法院完全相同，不同的是案件受理范围，其专门处理少年违法犯罪案件和家庭纠纷的案件。日本的高等法院共有 8 所，分别设在东京、大阪、札幌、名古屋、广岛、福冈、仙台和高松。其中，高等法院分院共有 6 所，分别设立于金泽、冈山、松江、宫崎、那霸和秋田。高等法院主要受理对地方法院第一审判决、家庭法院判决以及简易法院的刑事案件判决的控诉。日本司法管辖的另一个独特之处，是在审判有迫切需要时，高等法院可以使其辖区内的地方法院或家庭法院代行高等法院的职责；最高法院可以使其他高等法院及其辖区内的地方法院和家庭法院代行该高等法院的职责。

（二）俄罗斯的司法管辖体制

20 世纪 90 年代以后，俄罗斯对司法体制进行了重大改革，包括确立司法机关在国家机构中独立于立法机关和行政机关的地位；改变过去法院财政拨款依赖于地方政府的做法，建立由联邦政府统一管理法院财政预算的制度，并设立司法财政管理局；建立保证法官个人独立的职业保障制度，法官实行终身制，保证法官的物质生活条件等。此次改革在司法管辖方面的表现，是确立了一个由宪法法院、普通法院和仲裁法院三类法院共同组成的法院体系。

根据 1994 年《俄罗斯联邦宪法法院法》的规定，俄罗斯宪法法院是负责宪法监督的司法机关，其职权是司法权的组成部分。宪法法院的主要职能包括：①根据请求负责审理有关文件是否符合宪法的案件；②负责解决有关权限问题的争端；③根据公民的控诉和法院的要求，检查具体案件在适用法律上是否符合宪法；④根据要求对宪法做出解释；⑤确认违宪文件及其条款，以及国际条约有没有效力；⑥根据联邦委员会的要求，负责对指控总统犯罪是否符合法定程序的案件。俄罗斯普通法院由治安法院、区法院、联邦主体法院（一般设在共和国、边疆区、州、联邦直辖市、自治州）、联邦最高法院及军事法院组成。俄罗斯仲裁法院负责解决经济争议和行政处罚的争议，主要分为三个层次，即基层法院、大仲裁区法院（二级法院）和最高仲裁法院。其中大仲裁区法院是跨行政区设立的审判机关，目的是防止或减少仲裁法院在处理经济案件时实行地方保护主义，目前俄罗斯共设有 10 个大仲裁区法院。

四　域外司法管辖体制的特点与优势

通过对以上国家和地区司法管辖体制的考察，发现域外司法管辖体制具有以下主要特点。①在法院设置上,基层法院的设置主要考虑所辖区域的人口数量、地域面积和案件数量,一般按照行政区划而设立,数量最多。除基层法院以外,上诉法院(二级法院)较少严格按照行政区划设立,而是打破行政区划的限制,按照大司法管辖区设立,如英国的 6 个司法巡回区(仅限英格兰和威尔士地区),美国的 11 个司法巡回区(连同哥伦比亚特区共 12 个)等。②在法院分工上,绝大多数国家不限于普通法院的单一体系,而是按照案件的性质和来源将全国法院系统分为多个独立的体系,如德国的劳动法院、社会法院、财政法院、行政法院,日本的家庭法院,法国的行政法院,美国的专利法院、税收法院,俄罗斯的宪法法院等,负责审理某一领域发生的案件,法院呈现专业化的特点。③在法院命名上,多数国家的法院按照所受理案件的性质或侵害社会关系客体的轻重大小命名,如英国的治安法院,法国的违警法院、轻罪法院,日本的简易法院等。④在法院审判工作上,有些国家会设置巡回法院或设立分院,如英国的刑事法院和法国的重罪法院(又称为巡回法院,采取定期和定点开庭的方式);日本部分高等法院设立的分院,如名古屋高等法院在金泽的分院,广岛高等法院在冈山和在松江的分院,福冈高等法院在宫崎和在那霸的分院,仙台高等法院在秋田的分院。这些分院不是独立机构,对外与其所属高等法院仍为一体。①

通过以上不同的法院设置,域外司法管辖体制体现出其优势,主要包括:①方便公民诉讼,表现为基层法院数量多,上诉途径灵活,高等法院设立分院等;②消除地方保护主义,表现为跨行政区域设立法院,以及全国范围内法院统一财政保障;③提高法院审判水平,表现为法院的专业化分工,按照纠纷的不同性质分别由不同的法院审理;④提高司法效率,表现为将案件按其标的大小或者违法行为的严重程度分别交由不同的法院进行审理。

第三节　我国司法管辖体制改革的实践与探索

在认识到现行司法管辖制度过于拘谨和对实现司法公正产生的不利影响,以及考虑到与世界司法体制接轨的需要,特别是党的十八届三中全会和四中全会对司法改革做出部署之后,从最高司法机关到地方各级司法机关对现行司法管辖体制进行了积极的创新和改革,并取得了良好的效果。以下是

---

① 龚刃韧:《现代日本司法透视》,世界知识出版社,1993,第 80~81 页。

近年来我国司法管辖体制改革探索的情况。

一　河南省行政诉讼案件实行异地管辖

不同于一般的民事案件和刑事案件，行政诉讼是个人、法人或其他组织认为国家机关做出的行政行为侵犯其合法权益而向法院提起的诉讼，其被告是做出行政行为的国家机关，属于"民告官"的案件。按照现行《行政诉讼法》的规定，行政诉讼案件一般由行政机关所在地人民法院受理，《行政诉讼法》第十八条规定："行政案件由最初作出行政行为的行政机关所在地人民法院管辖。经复议的案件，也可以由复议机关所在地人民法院管辖。"《行政诉讼法》第十九条规定："对限制人身自由的行政强制措施不服提起的诉讼，由被告所在地或者原告所在地人民法院管辖。"由于地方法院的人财物与地方政府息息相关，行政诉讼受到地方保护主义的困扰，长期以来存在"不敢告、告不了、告不动"三大难题，被告行政机关领导很少出庭应诉，原告即使赢了诉讼，判决结果也难以得到执行，群众称此现象为"县法院难审县政府"。十八届三中全会通过的《中共中央关于全面深化改革若干重大问题的决定》提出："强化权力运行制约和监督体系""把权力关进制度笼子"。十八届四中全会通过的《中共中央关于全面推进依法治国若干重大问题的决定》进一步明确："健全行政机关依法出庭应诉、支持法院受理行政案件、尊重并执行法院生效裁判的制度。"加强对行政行为合法性的法律监督是保证依法行政的关键，传统的"县法院审县政府"的司法管辖制度难以适应行政诉讼的需要，法律的权威和司法的公信力难以得到保障。因此，改革现有的行政诉讼管辖制度，打破地方保护主义的壁垒，是司法体制改革的需要。2014年新修改的《行政诉讼法》第十八条增加规定："经最高人民法院批准，高级人民法院可以根据审判工作的实际情况，确定若干人民法院跨行政区域管辖行政案件。"该条规定为行政案件实行跨行政区域审理提供了法律依据。

河南省自2013年9月开始在信阳、南阳、安阳等地开展行政案件异地审理改革试点，取得明显效果。2014年5月28日，河南省高级人民法院出台《关于行政案件异地管辖问题的规定（试行）》，在全省范围内对行政案件实行异地管辖。该规定第一条界定了异地管辖的概念："行政案件异地管辖，是指本规定所确定的案件由被告所在地之外的法院管辖，以及上级法院通过指定方式将行政案件交由被告所在地之外的法院管辖"；第二条规定了实行异地管辖的案件范围：①以县级人民政府为被告的案件，除依法应当由中级人民法院管辖的以外，由被告所在地之外的基层人民法院管辖；②中级人民法院管辖的以同级人民政府为被告的案件，由被告所在地之外的中级人民法院管辖；③环境保护行政案件。河南省行政案件异地管辖的具体做法为：在城市较不密集的豫南地区，实行 A、B 两地市互换异地管辖的模式；在城市较为密集的豫北地区，实行 A、B、C 三地市"推磨"式交叉管辖。此项改革使河南省行政案件"立案难、审理难"的问题得到极大缓解，地方政府对行政诉讼的重视程度提高，政府法制意识增强，群众服判息诉的局面逐步形成，因行政诉讼形成的上访数量较以往大大减少。据统计，2014年，河南省行政机关负责人出庭应诉率由原来的 9% 上升为 16%，全省审结的 2762 件异地管辖案件，一审上诉率为 42%，比当年全省行政案件平均上诉率低 14 个百分点。① 实行异地管辖以后，行政案件政府败诉率提高。据不完全统计，2014 年 6 月至 11 月，河南省全省直接判决行政机关败诉的案件占全部判决案件的 59%，而在过去 7 年这一数据的平均值约为 45%。②

二 北京市设立第四中级人民法院

2014 年 12 月 30 日，北京市第四中级人民法院、北京市人民检察院第四分院正式成立，并从当日起开始履行法定职责。北京市第四中级人民法院和北京市人民检察院第四分院分别依托北京铁路运输中级人民法院和北京市人民检察院铁路运输分院设立，在继续保留北京铁路运输中级人民法院和北京市人民检察院铁路运输分院原名称的基础上，分别加挂北京市第四中级人民法院和北京市人民检察院第四分院的牌子，组建北京市跨行政区划的人民法院和人民检察院。根据《北京市高级人民法院关于北京市第四中级人民法院履职的公告》的规定，北京市第四中级人民法院管辖下列第一审案件：①以本市区（县）人民政府为被告的行政案件，但目前各区（县）人民法院受理的以区（县）人民政府名义办理不动产物权登记的案件，仍由各区（县）人民法院办理；②按照级别管辖标准，应由本市中级人民法院管辖的金融借款合同纠纷案件、保险纠纷案件、涉外及涉港澳台的商事案件；③跨

---

① 李丽静：《河南推行行政案件异地管辖成效显著》，http：//www. gov. cn/xinwen/2015 – 07/14/content_ 2896464. htm，最后访问日期：2015 年 8 月 27 日。

② 李丽静：《河南推行行政案件异地管辖政府败诉率接近六成》，http：//legal. people. com. cn/n/2015/0129/c188502 – 26471687. html，2015 年 8 月 27 日。

地区的重大环境资源保护案件、重大食品药品安全案件；④北京市人民检察院第四分院提起公诉的案件；⑤北京市高级人民法院指定管辖的其他特殊案件；⑥按照最高人民法院《关于铁路运输法院案件管辖范围的若干规定》、北京市高级人民法院《关于指定北京铁路运输中级法院和北京铁路运输法院受理案件范围的通知》，由北京铁路运输中级法院管辖的案件。对北京铁路运输法院、天津铁路运输法院、石家庄铁路运输法院第一审裁判的上诉，由北京市第四中级人民法院受理。北京市第一、第二、第三中级人民法院及北京知识产权法院与各区（县）人民法院的审级关系维持不变。北京市第一、第二、第三中级人民法院自 2014 年 12 月 30 日起，不再受理上述第①至第③项规定的第一审案件。

北京市第四中级人民法院的设立，标志着北京市跨行政区划法院的改革正式开始实施，这是我国第一所真正意义上的跨行政区划的法院。新设立的北京市第四中级人民法院在司法管辖上体现以下特点：①在原铁路运输中级人民法院的基础上成立新的中级法院，这种方式在具体操作上较为简单，因原铁路法院实际上即跨行政区划设立的，这种方式为其他地方设立跨行政区划法院提供了参考样本；②新设立的第四中级人民法院主要审理行政诉讼案件、重大的商事案件（含涉外）以及跨地区的重大环境资源保护和重大食品药品安全案件，这些案件的共同特点是审判结果容易受地方保护主义的影响，从而影响司法公正；③新设立的第四中级人民法院仍然要符合级别管辖和地域管辖的规定，其在地域管辖上与其他中级人民法院存在交叉，区别在于案件种类和性质的不同。作为二审法院，它只受理铁路（北京铁路局所辖线路）上发生的案件的上诉，对其他案件不享有二审的审判权。

三　北京、上海和广州设立知识产权法院

知识产权在当今社会的重要性以及知识产权纠纷的专业性和技术性，决定了知识产权类案件需要更加专业和高素质的法院来对其进行审理，这是世界上很多国家设立专门的知识产权法院的理由。近年来，随着我国经济社会发展，知识产权审判的重要作用日益凸显，知识产权案件数量迅猛增长，新型疑难案件增多，矛盾化解难度加大。据统计，2008 年至 2012 年 6 月，全国法院共受理知识产权案件 226753 件，审结 208653 件。但长期以来，我国并没有专门的知识产权法院，涉及知识产权领域的纠纷案件一律由普通法院

受理，这种做法难以保证审判的质量和判决的执行，由此使得设立专门的知识产权法院成为大势所趋。基于此，党的十八届三中全会通过的《中共中央关于全面深化改革若干重大问题的决定》提出："加强知识产权运用和保护，健全技术创新激励机制，探索建立知识产权法院。"2014 年 8 月 31 日，第十二届全国人民代表大会常务委员会第十次会议通过了《关于在北京、上海、广州设立知识产权法院的决定》，北京、广州、上海三家知识产权法院分别于 2014 年 11 月 6 日、12 月 16 日和 12 月 28 日正式挂牌成立，至此，我国首批设立的知识产权法院宣告诞生。与北京、广州两地知识产权法院单独设置不同，上海知识产权法院与同时新成立的上海市第三中级人民法院合署办公。2014 年 10 月 27 日，最高人民法院审判委员会第 1628 次会议通过《最高人民法院关于北京、上海、广州知识产权法院案件管辖的规定》，明确了知识产权法院管辖的第一审案件的范围。三家知识产权法院管辖所在市辖区内的下列第一审案件：①专利、植物新品种、集成电路布图设计、技术秘密、计算机软件民事和行政案件；②对国务院部门或者县级以上地方人民政府所做的涉及著作权、商标、不正当竞争等行政行为提起诉讼的行政案件；③涉及驰名商标认定的民事案件。广州知识产权法院对广东省内上述第①项和第③项规定的案件实行跨区域管辖。北京市、上海市各中级人民法院和广州市中级人民法院不再受理知识产权民事和行政案件。广东省其他中级人民法院不再受理上述第①项和第③项规定的案件。北京市、上海市、广东省各基层人民法院不再受理上述第①项和第③项规定的案件。

从上述规定来看，三家试点知识产权法院在司法管辖上存在以下特点：①从法院级别上看，知识产权法院属于中级人民法院；②在案件性质上，知识产权法院受理的是涉及知识产权纠纷的民事和行政案件，不包括刑事案件；③在案件受理范围上，知识产权法院并非直接审理所有的知识产权案件，除法律规定的三类案件以外，其他知识产权纠纷案件仍然由基层人民法院受理；④在管辖范围上，三家知识产权法院实行跨区域管辖。

四　最高人民法院设立巡回法庭

最高人民法院巡回法庭是在十八届三中全会"探索建立与行政区划适当分离的司法管辖制度"和十八届四中全会"探索设立跨行政区划的人民法院，办理跨地区案件"的基础上设立的。2015 年 1 月 28 日和 1 月 31 日，最高人民法院第一、第二巡回法庭分别在广东省深圳市、辽宁省沈阳市正式开始运行，至此，中国司法史上具有划时代意义的最高法院分院诞生了。①根据《最高人民法院关于巡回法庭审理案件若干问题的规定》，第一巡回法庭巡回区为广东、广西、海南三省区，第二巡回法庭巡回区为辽宁、吉林、黑龙江三省。根据规定，最高人民法院第一和第二巡回法庭审理或者办理巡回区内应当由最高人民法院受理的以下十一类案件：①全国范围内重大、复杂的第一审行政案件；②在全国有重大影响的第一审民商事案件；③不服高级人民法院做出的第一审行政或者民商事判决、裁定提起上诉的案件；④对高级人民法院做出的已经发生法律效力的行政或者民商事判决、裁定、调解书申请再审的案件；⑤刑事申诉案件；⑥依法定职权提起再审的案件；⑦不服高级人民法院做出的罚款、拘留决定申请复议的案件；⑧高级人民法院因管辖权问题报请最高人民法院裁定或者决定的案件；⑨高级人民法院报请批准延长审限的案件；⑩涉港澳台民商事案件和司法协助案件；⑪最高人民法院认为应当由巡回法庭审理或者办理的其他案件。除此以外，巡回法庭依法办理巡回区内向最高人民法院提出的来信、来访事项。

设立最高人民法院巡回法庭的意义有以下几点：首先，设立最高人民法院巡回法庭是解决司法地方化的破冰之举。长期以来，我国地方司法机关的人财物依赖于地方政府，形成司法的地方化问题，这与我国单一制国家的体制不符。在单一制政体之下，司法是中央事权，全国只能有一套司法系统，司法的地方化难以保证真正实现司法公正。基于此，十八届三中全会通过的《中共中央关于全面深化改革若干重大问题的决定》提出"推动省以下地方法院、检察院人财物统一管理"的改革目标，此次最高法院第一、第二巡回法庭的设立乃是作为打破司法地方化的重要举措。其次，缓解最高法院压力，减轻最高法院负担。最高人民法院审判的案件只能是全国性的、具有重大法律意义的案件，而不应当把主要精力投入到普通案件的审理当中。但从近年来最高法院直接审理的案件来看，其数量呈现逐年增加趋势，最高法院

---

① 实际上，在我国历史上曾经出现过"巡回法庭"，如新民主主义革命时期的"马锡五审判方式"和"马背法庭"，就是采取巡回审判的方式，将法庭开到田间和地头上。2003年底，最高法院在辽宁省沈阳市对引起全国关注的"刘涌涉黑案"进行提审，这是自1949年新中国成立以来最高法院首次对刑事案件直接进行提审。在该案中，最高法院依法组建合议庭对此案进行审理，当时此合议庭虽不被称为"巡回法庭"，但已具备巡回法庭的功能和雏形。

的审判业务压力不断加大，① 设立最高人民法院分院可以有效减轻最高人民法院的审判压力。再次，方便人民群众诉讼，体现以人为本。在全国只有一所最高法院的情况下，加大了人民群众的诉讼成本和经济负担，巡回法庭的设立可以就地解决矛盾纠纷，极大地方便人民群众诉讼，为更好地维护当事人的合法权益提供可靠的司法保障。最后，保证法律统一适用，提高司法的公信力。最高人民法院的主要职责是制定司法政策、发布司法解释和对全国的审判工作进行指导，最高人民法院巡回法庭的设立，有助于最高人民法院集中精力制定司法政策和发布司法解释，集中审理那些对统一法律适用有重大指导意义的案件，从而提升最高司法监督与指导的针对性、及时性、权威性，彰显法律的权威和司法的公信力。

第四节　河南省司法管辖体制改革的现状与问题

毋庸否认，省直管县体制改革在为司法管辖体制带来积极影响的同时，也对现有的司法管辖体制形成冲击。调研发现，改革过程中出现了诸多亟待解决的问题，如不及时解决势必影响省直管县体制改革的顺利进行。

一　省直管县体制改革对司法管辖体制改革的积极影响

随着十八届三中全会通过的《中共中央关于全面推进依法治国若干重大问题的决定》的出台，司法体制改革已是"开弓没有回头箭"，从零打碎敲、单点创新到系统推进、全面变革，我国司法体制改革进入深水区，传统的利益羁绊即将被打破。2014 年 7 月 9 日，最高人民法院向社会公布《人民法院第四个五年改革纲要（2014—2018）》，作为未来五年法院改革工作的纲领性文件。该纲要明确：探索建立与行政区划适当分离的司法管辖制度；通过提级管辖和指定管辖，确保行政案件、跨行政区划的民

---

① 以下是最高人民法院近 5 年审结案件数量及人均审结案件数量（数据来自最高人民法院历年工作报告）：

年份	2009	2010	2011	2012	2013
审结案件总数（件）	11749	10626	10515	9248	9716
人均审结案件数（件）	16.7	15.1	15	13.2	13.8

商事案件和环境保护案件得到公正审理；初步建立统一管理、两级保障的人民法院经费保障体制。与省直管县体制改革相适应，司法管辖体制改革带来的积极影响主要表现在以下几方面。①保证依法独立行使审判权、检察权。人民法院、人民检察院依照法律规定独立行使审判权、检察权，不受行政机关、社会团体和个人的干涉，是宪法、诉讼法确立的基本原则，但在司法机关的人财物受制于地方政府、本应作为中央事权的司法权演变为地方事权的情况下，人民法院、人民检察院独立行使审判权、检察权时难免畏首畏尾。实行司法统管（在司法中央统管尚不现实的条件下，本着循序渐进的原则，先实行司法省级统管）、司法权去地方化是保证司法权独立行使的前提。②平衡司法资源。省直管县体制改革在试点县选择、划分司法管辖区方面为司法资源提供了重新分配的机会，从而能够统筹、平衡一定区域内的司法资源。③实现司法公正。省直管县体制改革打破司法机关与行政区划的重叠设置，通过案件的提级审理、指定管辖、集中审理，特别是对行政案件、环境案件实行跨行政区划审理，确保实现公平正义，提高司法的公信力。

二　河南省直管县以后司法管辖体制改革的现状及存在的问题

（一）法律层面的问题

法律的弊端之一是其滞后性，法律规范总是落后于社会事实，原因在于法律的修改和实施有着严格的程序限制，法律不可能朝令夕改，否则会降低其权威性。"社会变化，从典型意义上讲，要比法律变化快。"[1] 从 2002 年部分省份试点财政省直管，到 2010 年中央编办确定安徽、河北、河南、湖北、江苏、黑龙江、宁夏、云南等八省区 30 个县（市）全面省直管，由于迄今为止尚无"顶层设计"，因此，现有司法管辖体制与现有法律规定不相协调。司法管辖体制方面存在的问题主要有以下几点。

1. 与《人民法院组织法》《人民检察院组织法》的冲突

省直管县以后司法管辖体制与《人民法院组织法》和《人民检察院组织法》的冲突主要体现在司法机关的级别设置上。现行《人民法院组织法》和《人民检察院组织法》规定人民法院、人民检察院按照"中央－省－市

---

① Harry W. Jones, "The Creative Power and Function of Law in Historical Perspective," *Vanderbilt Law Review* 17 (1963): 135, 139.

－县"四级设置，人民法院审判案件实行两审终审制。实行省直管县以后，市级司法机关出现了空白，为与现行法律保持一致和坚持两审终审制，有必要在试点县法院与省高院之间增设一级司法机关（含检察院），受理不服试点县法院一审裁判提出的上诉和抗诉案件，以及受理试点县域内发生的应当由中级人民法院直接受理的第一审案件。否则，让省高级人民法院直接作为试点县法院的上级法院，既不现实也与级别管辖体制相冲突。

2. 与《法官法》《检察官法》的冲突

省直管县以后司法管辖体制与《法官法》和《检察官法》的冲突主要体现在司法人员的任免方法上。省直管县以后，由于县人民法院院长和本院审判员的任免不涉及上级人民大代表大会，故县级司法人员的任务所受影响不大。但由于直管后市级人大出现空缺，拟设立的中级人民法院院长由哪级人大选举成为一个问题。同时，按照现行《检察官法》的规定，人民检察院检察长的任免除本级人大选举外还须报上级人民检察院检察长提请该级人大常委会批准。拟设立的省人民检察院分院检察长由省级人大选举产生，这样省级人大实际上要选举产生省级院和中级院两级检察长，这在实践中尚无先例（直辖市除外）。还有，按照现行《检察官法》的规定，拟设立的省人民检察院分院检察长在由省级人大选举产生后，是否还要报最高人民检察院检察长报请全国人民代表大会常委会批准？这些均缺少法律规定。①

3. 与《刑事诉讼法》《行政复议法》《行政诉讼法》的冲突

省直管县以后司法管辖体制与《刑事诉讼法》及相关司法解释的冲突主要体现在具体程序上。《公安机关办理刑事案件程序规定》第二十一条规定："县级公安机关负责侦查发生在本辖区内的刑事案件。设区的市一级以上公安机关负责重大的危害国家安全犯罪、恐怖活动犯罪、涉外犯罪、经济犯罪、集团犯罪案件的侦查。"由于各级公安机关是同级人民政府的工作部

---

① 《法官法》第十一条规定："在省、自治区内按地区设立的和在直辖市内设立的中级人民法院院长，由省、自治区、直辖市的人民代表大会常务委员会根据主任会议的提名决定任免，副院长、审判委员会委员、庭长、副庭长和审判员由高级人民法院院长提请省、自治区、直辖市的人民代表大会常务委员会任免。"《检察官法》第十二条规定："在省、自治区内按地区设立的和在直辖市内设立的人民检察院分院检察长、副检察长、检察委员会委员和检察员由省、自治区、直辖市人民检察院检察长提请本级人民代表大会常务委员会任免。"这两个条文中的"地区"不是一般意义上的地域，而是一级行政区划，特指设立行政专员公署的区域，是省人民政府的派出机构。地区中级法院、检察分院属于现有四级司法机关中的第二层级，不能将其理解为省直管后新增设的中级司法机关。

门，省直管县以后不可能在试点县以上单独设立市一级公安机关，应当由市级公安机关侦查的案件由哪级公安机关侦查就成为法律的空白。根据《刑事诉讼法》的规定，危害国家安全、恐怖活动案件、可能判处无期徒刑或死刑的第一审刑事案件由中级法院受理，这些案件一般由县级公安机关负责侦查，侦查终结后最终由市检察院向市中级法院提起公诉。问题是，在没有市级公安机关的情况下，由哪级公安机关移送市检察院审查起诉呢?① 还有，我国《行政复议法》第十二条规定："对县级以上地方各级人民政府工作部门的具体行政行为不服的，由申请人选择，可以向该部门的本级人民政府申请行政复议，也可以向上一级主管部门申请行政复议。"其第十三条规定："对地方各级人民政府的具体行政行为不服的，向上一级地方人民政府申请行政复议。"据此规定，在省直管县体制下，对直管县人民政府具体行政行为不服的，相对人只能选择向省人民政府申请复议；对直管县人民政府行政部门（如公安局）的具体行政行为不服的，只能向省人民政府行政部门（如公安厅）申请行政复议，如此将导致省人民政府及其行政部门工作量大大增加。再者，我国《行政诉讼法》第二十六条第二款规定："经复议的案件，复议机关决定维持原具体行政行为的，做出原具体行政行为的行政机关是被告；复议机关改变原具体行政行为的，复议机关是被告。"在省直管县体制下，一旦省人民政府及其行政部门改变直管县人民政府及其行政部门做出的具体行政行为，依照《行政诉讼法》的规定必然成为被告，省人民政府及其行政部门将应接不暇。上述问题均需考虑并加以解决。

4. 与《中华人民共和国地方各级人民代表大会和地方各级人民政府组织法》（以下简称《地方各级人民代表大会和地方各级人民政府组织法》）的矛盾

根据《地方各级人民代表大会和地方各级人民政府组织法》的规定，

---

① 在该问题上，各地做法并不一致。有的是由基层公安局执行逮捕后向同级检察院移送审查起诉，同级检察院移送市级检察院审查后向中级人民法院提起公诉；有的是由基层公安局执行逮捕后移送市级公安机关，由市级公安机关移送市级检察院，由市级检察院向中级人民法院起诉。上述第一种方式无须经过市级公安机关，第二种方式则必须经过市级公安机关。2012 年以来，四川省成都、绵阳、资阳等 11 个市级检察院先后与当地市级公安局会签文件，建立死刑案件同级移送审查起诉制度。根据该制度，死刑案件审查起诉必须由市级公安局向市级检察院移送，改变以往由基层检察院直接向市级检察院移送审查起诉材料的方式。（参见王丽、刘德华《四川建立死刑案同级移送审查起诉制度》，《检察日报》2012 年 3 月 30 日，第 1 版）

县级以上人民法院院长、人民检察院检察长的人选，由本级人民代表大会主席团或者代表依照本法规定联合提名。在人大开会期间，人民法院院长、人民检察院检察长需要向本级人大报告工作。省直管县以后，在没有市级人大的情况下，增设的中级人民法院院长和省检察院分院的检察长由谁来提名？增设的中级人民法院院长和省检察院分院的检察长向谁报告工作？会不会出现人大监督的真空状态？以上便是省直管县以后司法管辖体制与《地方各级人民代表大会和地方各级人民政府组织法》之间产生的冲突。

5. 与诉讼法理论的冲突

在我国现行诉讼法规定的管辖制度中，并无"提级管辖""集中管辖"的表述，[①] 即"提级管辖""集中管辖"并非严格的法律概念。与"提级管辖"相近的规定是"管辖权转移"。《刑事诉讼法》第二十三条规定："上级人民法院在必要的时候，可以审判下级人民法院管辖的第一审刑事案件；下级人民法院认为案情重大、复杂需要由上级人民法院审判的第一审刑事案件，可以请求移送上一级人民法院审判。"《民事诉讼法》第三十八条规定："上级人民法院有权审理下级人民法院管辖的第一审民事案件；确有必要将本院管辖的第一审民事案件交下级人民法院审理的，应当报请其上级人民法院批准。下级人民法院对它所管辖的第一审民事案件，认为需要由上级人民法院审理的，可以报请上级人民法院审理。"《行政诉讼法》第二十四条规定："上级人民法院有权审判下级人民法院管辖的第一审行政案件。下级人民法院对其管辖的第一审行政案件，认为需要由上级人民法院审理或者指定管辖的，可以报请上级人民法院决定。"[②] 能够实现案件"集中管辖"的是诉讼法中的"指定管辖"。《刑事诉讼法》第二十六条规定："上级人民法院可以指定下级人民法院审判管辖不明的案件，也可以指定下级人民法院将案

---

① 《人民法院第四个五年改革纲要（2014—2018）》提出："通过提级管辖和指定管辖，确保行政案件、跨行政区划的民商事案件和环境保护案件得到公正审理。"中共中央政治局委员、中央政法委书记孟建柱在《人民日报》撰文指出："通过提级管辖、集中管辖，审理行政案件或者跨地区民商事、环境保护案件。"以上均提到"提级管辖"和"集中管辖"。

② 1990年的《行政诉讼法》第二十三条曾规定："上级人民法院有权审判下级人民法院管辖的第一审行政案件，也可以把自己管辖的第一审行政案件移交下级人民法院审判。"现行《行政诉讼法》（2014年）第二十四条规定："上级人民法院有权审理下级人民法院管辖的第一审行政案件。"可见，新《行政诉讼法》删去了上级人民法院"也可以把自己管辖的第一审行政案件移交下级人民法院审判"的规定。据此，上级人民法院不得把自己管辖的第一审行政案件移交下级人民法院审判。

件移送其他人民法院审判。"《民事诉讼法》第三十七条规定、《行政诉讼法》第二十三条均规定："有管辖权的人民法院由于特殊原因，不能行使管辖权的，由上级人民法院指定管辖。人民法院之间因管辖权发生争议，由争议双方协商解决；协商解决不了的，报请它们的共同上级人民法院指定管辖。"根据诉讼原理，指定管辖一般发生在地区管辖不明、两个以上法院对管辖发生争议又协商不成，以及有管辖权的法院因特殊原因无法或不宜行使管辖权的情况下。①

（二）　实践层面的问题

1. 司法管辖体制改革滞后导致的问题

调研发现，省直管县行政体制改革与司法管辖体制改革并不同步。以某省为例，省直管县行政体制改革自 2010 年 8 月起即开始试点，至 2014 年 1 月实现试点县全面省直管。迄今为止，省直管县的行政管理体制基本理顺，试点县的经济、社会发展步入快速发展轨道。与之形成对比的是，该省的司法管辖体制改革至今没有实质性进展，计划成立的中级法院和省检察院分院迟迟没有设立，各试点县法院、检察院的工作仍由其所属的原省辖市司法机关"代管"。从目前改革的效果来看，司法管辖体制改革滞后于行政直管体制改革，司法统管过渡期过长导致各试点县法院、检察院的工作处于极为尴尬的处境：一方面，省辖市法院、检察院认为试点县法院、检察院迟早要"走人"，对其监督和领导有所放松，甚至出现为减轻信访压力而增加发回重审案件数量、减少批准逮捕案件数量，导致基层法院案件积压和超过诉讼期间等问题；另一方面，试点县法院、检察院要向省、市两级法院、检察院汇报工作，形成"两个婆婆"的局面，长此下去试点县的司法工作将受到不利影响。

2. 司法人员的提拔和交流受到限制

省直管以后，为便于和省级政府及其行政部门对接、调动试点县干部的

---

① 参见方世荣、石佑启主编《行政法与行政诉讼法》，北京大学出版社，2011，第 332 页。导致管辖权转移的原因分为法律上的原因和事实上的原因。法律上的原因主要是法律规定的情形，如人民法院遇到当事人申请审判人员回避导致法官人数过少无法组成合议庭，不能行使管辖权；事实上的原因如有管辖权法院所在地发生了地震、洪水等严重自然灾害。为排除干扰保证审判公正而指定管辖的例子：前中共中央政治局委员、重庆市市委书记薄熙来涉嫌受贿、贪污、滥用职权犯罪一案，由最高人民法院指定济南市中级人民法院审判。司法管辖体制改革中提到的"通过集中管辖，审理行政案件或者跨地区民商事、环境保护案件"，应当属于为排除干扰保证审判公正而指定管辖的情形。

工作积极性，试点县党委、政府、人大、政协主要领导职级普遍实行高配，即由原来的处级调整为副厅级。但试点县法院院长、检察院检察长的职级没有进行调整，仍为副处级，该种状况不利于司法权监督行政权，即司法权、行政权相互之间不能形成有效制衡。同时，省直管后试点县法院、检察院领导班子成员的交流、提拔也受到制约，与同级非试点县之间的交流途径被切断，与省级司法机关、其他试点县司法机关之间的交流渠道也不顺畅，长此下去也会影响部分干部的工作积极性。

3. 增加诉讼成本的问题

省直管县以后，为坚持级别管辖和两审终审制，拟在试点县和省之间跨行政区划增设中级法院和省检察院分院，或者为保证案件公正审判而将案件集中管辖、指定管辖。由此带来的一个不利后果是，试点县与新设司法机关之间，以及案件当事人与新设司法机关、指定管辖法院、集中管辖法院之间的空间距离比较远，可能产生不方便法院审判和不方便当事人诉讼的问题，增加司法的成本。该种状况也与"以人为本、司法为民"的司法理念不相协调。

第五节　司法管辖体制改革路径与制度应对

省直管县体制改革在为司法体制改革提供机遇的同时，也对现行司法管辖制度提出新的、更高的要求。为保证司法管辖体制改革的顺利进行，确保司法管辖体制改革给省直管县整个管理体制带来有利影响，首先应当明确司法管辖体制改革的思路和措施，在此基础上推动现行司法管辖制度的创新和发展。

一　河南省司法管辖体制改革的思路与措施

省直管县体制改革是优化行政区划设置的重要举措。省直管县体制改革的理论依据是现代管理的扁平化理论、区域空间开发理论、分权化理论、民本理论和城乡统筹理论。[①] 我国现行行政区划设置的某些地方违反了现代管理理论，表现为：因管理层级过多难以在管理幅度与管理层次之间形成动态

---

① 参见程乐意主编《机构编制管理教程》，河南人民出版社，2013，第79页。

平衡；因管理层级分散难以形成新的经济增长极；因管理层级增加导致下级单位工作难度加大并影响其自主权；因管理的核心层级（县级）资源有限难以更好地贯彻以人为本的执政理念；因政策、资源等向大城市过于集中而形成城乡分离的二元结构模式。① 同时，我国现行"省－市－县－乡"的四级行政区划设置也与现行宪法相背离。根据《中华人民共和国宪法》第三十条的规定，中华人民共和国的行政区域划分为省（自治区、直辖市）、县（自治县）、乡（民族乡、镇）三级，在省和县之间并不存在省辖市一级。省直管县体制改革的核心内容是取消省辖市层级，将现行四级区划设置改为三级，这一改革举措符合现代管理理论，实现了向宪法规范的回归。与之相适应，在省直管县试点地区取消省辖市司法机关，县（市）级司法机关人财物由省级统一管理的条件下，现行的司法管辖体制必须做出调整。改革的思路是打破司法机关与行政区划之间原有的一一对应关系，使司法机关与其所在行政区划彼此分离。《中共中央关于全面深化改革若干重大问题的决定》提出："改革司法管理体制，推动省以下地方法院、检察院人财物统一管理，探索建立与行政区划适当分离的司法管辖制度，保证国家法律统一正确实施。"

从实际调研的情况看，全国各地省直管县以后司法管辖体制改革的具体措施大致相似，主要体现在改革司法机关设置、案件管辖范围以及司法人员的任免方法等方面。首先，改革现有的司法机关层级设置。司法机关设置与行政区划严格对应、司法机关人财物受制于地方政府，以及由此导致的司法地方化的弊端，一直以来受到理论界的诟病。十八届三中全会通过的《中共中央关于全面深化改革若干重大问题的决定》审时度势，提出"省以下地方法院、检察院人财物统一管理，探索建立与行政区划适当分离的司法管辖制度"，以此为标志，中国司法体制改革全面进入深水区。省直管县体制改革恰好为司法管辖体制改革提供了契机，在县级司法机关脱离原省辖市司法机关的监督或领导后，司法机关现有的四级设置被打破，但级别管辖和两审终审制作为诉讼的基本制度在短时期内不可能被改弃，必须在省、县级司法机关之间保持一个司法层级。在现阶段的条件下，各地普遍认可增设中级人民法院和省人民检察院分院的做法，以之作为试点省直管县法院、检察院

---

① 　沈荣华：《统筹城乡发展背景下的省直管县改革——兼评〈中国省直管县改革研究〉一书》，《中国行政管理》2012 年第 2 期。

的上级司法机关，行使原有省辖市司法机关的职权。^① 该种做法类似于现有的直辖市司法机关的设置方式，如北京设置第一至第三中级人民法院，分别受理若干区县基层法院的上诉案件；天津设置第一、第二中级人民法院；上海设置第一、第二中级人民法院；重庆设置第一至第五中级人民法院等。

其次，改革现有的案件管辖范围（地域管辖）。我国三大诉讼法现有的关于地域管辖的规定过于严格，^② 由此带来了一些问题。第一，严格的地域管辖不利于司法资源的平衡。全国各地经济、社会发展状况并不平衡，案件种类、发案数量存在较大差异，各地司法机关承担的业务量也有较大差距。调研发现，一些地方的司法资源极为紧张（某全国经济百强县，一线法官年人均办理案件超 200 起），与之相反，一些地方的司法资源则存在闲置的情况。第二，严格的地域管辖可能损害人民群众合法权益。受地方保护主义和部分官员 GDP 观念的影响，法院被要求"服从大局"，为经济发展"保驾护航"，不惜以损害当事人的合法权益、牺牲环境资源为代价。第三，严格的地域管辖不利于实现公平正义。以行政诉讼为例，行政诉讼是"民告官"的诉讼，在我国当前司法机关人财物受制于当地政府的情况下，行政案件由当地法院审判难以保证公平正义。基于上述考虑，各地司法机关在现行法律框架内灵活变通，如对案情重大复杂、影响力较大的案件通过管辖权

---

① 从各试点地区的实践来看，主要有两种做法：第一种做法，以河南、湖北等直管县试点数量较多的省份为代表，采用增设中级人民法院和省检察院分院的做法。在河南，2013 年 11月 26 日，河南省委、省政府印发了《河南省深化省直管县体制改革实施意见》，决定从2014 年 1 月 1 日起，对中央编办确定的 10 个县（市）全面实行由省直管县体制。同时，调整法院、检察的司法管辖体制：设立河南省第一中级人民法院、河南省人民检察院第一分院，依法行使中级人民法院、检察分院的职权，管辖巩义、汝州、邓州、永城、固始、鹿邑、新蔡等 7 个试点县（市）；原济源市中级人民法院更名为河南省第二中级人民法院，原河南省人民检察院济源分院更名为河南省人民检察院第二分院，管辖兰考、滑县、长垣3 个直管县和济源市（县级市）。河南省第一、第二中级人民法院均由省高级人民法院直接管理；河南省人民检察院第一、第二分院均为省人民检察院的派出机构，由省人民检察院直接领导。在湖北，2001 年 7 月，设立江汉中级人民法院和省人民检察院江汉分院，管辖仙桃、潜江、天门 3 个直管市。第二种做法，以宁夏回族自治区等直管县试点数量较少的省份（或自治区）为代表，采用不增设新的中级法院和检察院，指定某一中级人民法院和检察院管辖试点县的做法。如宁夏回族自治区高级人民法院和宁夏回族自治区人民检察院指定吴忠市中级人民法院和人民检察院管辖同心、盐池 2 个试点县，负责试点县重大案件的一审和基层法院、检察院二审案件的审理及法律监督工作。（参见张占斌《省直管县改革新试点：省内单列与全面直管》，《中国行政管理》2013 年第 3 期，第 12 页）

② 根据现行法律规定，刑事案件地域管辖的基本原则是"犯罪地法院管辖"；民商事案件地域管辖的基本原则是"原告就被告"；行政案件地域管辖的基本原则是"由做出具体行政行为的行政机关所在地法院管辖"。

转移实行提级审理;① 对涉外案件、环境保护案件、行政诉讼案件等通过指定管辖实行集中审理和跨地区审理。②

最后，改革现有的司法人员任免方法。根据现行法律规定，人民法院院长、审判员的任免方法不同于人民检察院检察长、检察员的任免方法。调研发现，试点县人民法院院长、审判员的任免保留了直管前的做法，具体做法为试点县人民法院院长由试点县人民代表大会选举和罢免，副院长、审判委员会委员、庭长、副庭长和审判员由本院院长提请试点县人民代表大会常务委员会任免。对于试点县人民检察院检察长和检察员的任免，根据现行法律规定，县级人民检察院检察长的任免须报市级人民检察院检察长提请市级人民代表大会常委会批准，但直管后市人民代表大会及其常委会不复存在，县级人民检察长的任免出现了真空。对此，试点县的改革举措是县人民检察院检察长由试点县人民代表大会选举，报省人民检察院检察长提请省人民代表大会常委会批准；副检察长、检察委员会委员和检察员由本院检察长提请试点县人民代表大会常务委员会任免。但对于拟设立的中级人民法院的院长和审判员、省人民检察分院的检察长和检察员由哪级人大选举和任免的问题，各地尚处于探索论证阶段，没有形成固定模式。

二 河南省直管县体制下司法管辖体制改革的制度应对

（一）司法体制改革与行政体制改革应同步进行

省直管县体制改革与司法管辖体制改革分属行政和司法两个不同的领域，二者既有内在联系也有不同的价值追求。一方面，省直管县体制改革必然对

---

① 针对知识产权案件案情复杂、专业强的特点，2011 年 12 月 26 日，郑州市中级人民法院、人民检察院、公安局联合印发了《郑州市知识产权刑事案件提级管辖的若干规定》。据此，郑州市知识产权刑事案件实行提级审理，郑州市 13 个县（市）区的基层法院不再受理知识产权刑事案件，改由郑州市公安局向郑州市人民检察院移送审查起诉，由郑州市中级人民法院集中审理。

② 在安徽合肥，2013 年 12 月 7 日，合肥市中级人民法院、人民检察院、公安局、司法局联合下发《关于涉外一审刑事案件管辖的规定》，自 2013 年 1 月 1 日起，合肥辖区范围内的涉外刑事案件被指定给庐阳区人民法院集中审理。在河南中牟，2014 年 4 月 22 日，河南首个环保法庭在中牟县法院揭牌成立，凡涉及环境污染、生态破坏、土地矿产林木自然资源、环境公益诉讼的案件，由环保法庭集中审理，实行刑事、民事、行政、执行"四合一"模式。在河南安阳，自 2014 年 5 月 1 日起，安阳市中级人民法院在全省率先实行第一审行政案件全部跨区域审理，全市各基层人民法院不再受理本辖区的一审行政案件，统一由市安阳市中级人民法院指定辖区内其他基层法院审理。

现有的司法管辖体制带来冲击和影响（表现为积极影响，其效果是正面的），从该角度来看司法管辖体制改革是省直管县体制改革的配套措施和附属行为；另一方面，从摆脱司法权受制于行政权，确保法院、检察院依法独立公正行使审判权、检察权的角度看，司法管辖体制改革有其独立的价值追求，与省直管县体制改革在最终目标和实际操作上并不必然相同。① 实践中要妥善处理好行政体制改革与司法体制改革之间的关系，做到法律先行，通过立法引领改革，确保改革名正言顺。当前我国省直管县以后司法管辖体制出现的诸多问题和不适应之处，均与司法体制改革滞后于行政体制改革进程有关。

（二）坚持顶层设计与实践探索相结合

习近平总书记在中央全面深化改革领导小组第三次会议上强调："完善司法人员分类管理、完善司法责任制、健全司法人员职业保障、推动省以下地方法院检察院人财物统一管理、设立知识产权法院，都是司法体制改革的基础性、制度性措施。试点工作要在中央层面顶层设计和政策指导下进行，改革具体步骤和工作措施，鼓励试点地方积极探索、总结经验。"我国作为单一制国家，司法职权属于中央事权，涉及面广、政策性强，必须做到顶层设计与实践探索相结合。在中央全面深化改革领导小组第三次会议审议通过的《关于司法体制改革试点若干问题的框架意见》中，中央选择上海等6个省市（随后，贵州通过争取也进入了试点省市，从而使试点省市达到了7个）先行试点，为全面推进司法改革积累经验。司法管辖体制作为司法体制的组成部分，也应体现这一原则，在目前尚无法做到司法机关人财物完全由中央统管的情况下，推动省级以下地方法院、检察院人财物由省一级统一管理，不失为理性的选择。该项改革措施对破除地方保护主义，保证法院、

---

① 省直管县体制改革的最终目标是提高行政管理效率，促进县域经济快速发展，统筹城乡发展水平；司法管辖体制改革的最终目标是确保人民法院、人民检察院依法独立行使审判权、检察权，保证国家法律的统一正确实施。最终目标的差异决定了这两种不同领域的改革既有内在联系，但在具体改革措施上又不完全一致。这体现为，在省直管县后是否增设中级法院、检察分院可根据各省的实际情况进行：对于直管县试点数量较多的省份（如河南）来说，可以考虑设立中级人民法院和检察分院，跨行政区划监督或领导试点县级司法机关；对于直管县试点数量较少的省份（如宁夏）来说，可以保持原有的司法管辖体制不变。至于民众所担心的司法地方化问题，可通过十八届三中全会《中共中央关于全面深化改革若干重大问题的决定》、最高人民法院《人民法院第四个五年改革纲要（2014—2018）》提出的"省以下地方法院检察院人财物统一管理"加以解决。2014 年 6 月 6 日，中央全面深化改革领导小组第三次会议审议通过了《关于司法体制改革试点若干问题的框架意见》《上海市司法改革试点工作方案》，标志着"省以下地方法院检察院人财物统一管理"试点工作正式启动。

检察院依法独立行使职权意义重大。

（三）确保司法机关依法独立行使职权

党的十八届四中全会通过的《中共中央关于全面推进依法治国若干重大问题的决定》（以下简称《决定》）指出："完善确保依法独立公正行使审判权和检察权的制度。各级党政机关和领导干部要支持法院、检察院依法独立公正行使职权。"人民法院依法独立行使审判权、人民检察院依法独立行使检察权，是我国宪法确立的基本原则，坚持党的领导是我国司法体制改革的政治优势和重要保障，在司法体制改革进程中要处理好独立审判原则与坚持党的领导之间的关系。党对司法工作的领导体现在中央对司法体制改革方案的顶层设计、党委政法委对司法改革方向的把控、组织部门对司法干部的推荐考核上，并不意味着党委直接插手甚至干预司法机关处理具体案件。为防止领导干部不当干预司法，《决定》提出"建立领导干部干预司法活动、插手具体案件处理的记录、通报和责任追究制度。"党委在推荐各级法院院长、检察院检察长人选方面要发挥作用，真正把那些德才兼备的人员推荐出来，正如《决定》提出的那样，"把党总揽全局、协调各方同人大、政府、政协、审判机关、检察机关依法依章程履行职能、开展工作统一起来，把党领导人民制定和实施宪法法律同党坚持在宪法法律范围内活动统一起来，善于使党的主张通过法定程序成为国家意志，善于使党组织推荐的人选通过法定程序成为国家政权机关的领导人员"。

（四）在宪法框架内对相关法律进行修改

行政体制改革和司法体制改革必须在现行宪法的框架内着手。人民代表大会制度下"一府两院"的国家政体结构是省直管县体制改革和司法管辖体制改革的前提和基础。在现行政体下，各级法院院长、检察院检察长仍必须通过各级人民代表大会选举产生；法院、检察院的工作报告必须提交各级人民代表大会审议。① 与此同时，相关法律也应与时俱进，通过修改和完善相关内容以适应社会发展的需要。在省直管县以后，现

---

① 中央全面深化改革领导小组第三次会议审议通过的《关于司法体制改革试点若干问题的框架意见》提出改革法官、检察官选任方法。其主要内容是"在省一级设立法官、检察官遴选委员会，从专业角度提出法官、检察官人选。由组织人事、纪检监察部门在政治素质、廉洁自律等方面考察把关，人大依照法律程序任免。"这一改革举措的目的是规范现有法官、检察官人选的提名方法，逐步建立法官、检察官员额制，以保证其专业能力。在现有人民代表大会制度的政体前提下，各级人民法院、人民检察院的法官、检察官仍须由人民代表大会及其常委会按照法律程序任免。

行《人民法院组织法》《人民检察院组织法》《法官法》《检察官法》等有关法律与行政机关"省-县-乡"的三级设置不相协调,应当及时加以修订。具体到省级以下法院、检察院的司法管理体制,可做如下考虑。①试点县法院院长、检察院检察长由试点县人大选举和罢免,其中试点县人民检察院检察长的任免,须报省人民检察院检察长提请省人民代表大会常务委员会批准。②试点县法院副院长、审判委员会委员、庭长、副庭长和审判员由本院院长提请本级人民代表大会常务委员会任免;试点县检察院副检察长、检察委员会委员和检察员由本院检察长提请本级人民代表大会常务委员会任免。③跨行政区划设立的中级人民法院的院长、省人民检察院分院的检察长,由省人民代表大会选举和罢免;跨行政区划设立的中级人民法院的副院长、审判委员会委员、庭长、副庭长和审判员,以及跨行政区划设立的省人民检察院分院的副检察长、检察委员会委员和检察员,由省人民代表大会常务委员会任免。④试点县法院院长、检察院检察长向试点县人大报告工作,接受试点县人大监督;跨行政区划设立的中级人民法院的院长、省检察院分院的检察长向省人大报告工作,接受省人大监督。

(五) 完善现有司法管辖制度的种类和内容

"两审终审制"的审级制度,地域管辖、级别管辖、指定管辖、管辖权转移等管辖制度,是我国三大诉讼法长期坚持的基本制度。实践证明,这些制度适应审判工作的需要,符合司法规律。实行省直管县以后,适应司法管辖体制改革的需要,在坚持两审终审制的前提下,有必要对传统的司法管辖制度进行深入改革,增加、变通现有管辖制度的种类和内容。其具体做法为:第一,通过指定管辖、提级审理、集中审理等,实现跨行政区划审理民商事、行政、环境保护等案件;① 第二,设立专业化的人民法院,如在必要时设立知识产权法院、少年法院、社会法院等②,审理不同性质的案件,以

---

① 十八届三中全会提出的"建立与行政区划适当分离的司法管辖制度",并不是要废除现有的地域管辖制度,而是要通过指定管辖、提级审理、设立专门法院(如知识产权法院),实现跨行政区划审理行政案件、民商事案件和环境保护案件。

② 河南省高级人民法院自 2009 年开始在全省提出推动建设"社会法庭"。河南省"社会法庭"是依据法律法规、乡规民约、道德伦理等设立的自主、自治协商调处矛盾纠纷的民间组织,一般设立在乡(镇)政府所在地。每个"社会法庭"配备 2 名或 3 名常驻"社会法官",从德高望重、热心公益、有较高解决纠纷能力的群众中聘请,负责日常调处工作。"社会法官"的工作主要是调处婚姻家庭、损害赔偿、宅基地纠纷、邻里关系等各类社会矛盾纠纷。"社会法庭"的优势,在于它是依据民间社会规范的"柔性"力量来解决民间纠纷。实践中,只要不违反法律,什么方法有利于解决纠纷就用什么方法。(转下页注)

提高审判的质量和效率；第三，全省法院系统人财物实行统一财政支付，去除地方保护主义的干扰；第四，优化司法资源配置，改革司法机关内部设置，切实保证人民法院和人民检察院依法独立行使审判权和检察权，从而提高司法的公信力，最终在全社会实现公正正义。

（六）司法管辖体制改革应当突出以人为本

《中共中央关于全面深化改革若干重大问题的决定》指出："促进社会公平正义、增进人民福祉是全面深化改革的出发点和落脚点。"因此，是否有利于实现公平正义、人民群众对改革满意与否，是衡量各项改革是非成败的标准。司法管辖体制改革既要着力革除损害公平正义的各项弊病，又要体现以人为本的改革理念。在改革现行司法管辖体制，跨行政区划设立中级人民法院、省检察院分院，以及对案件指定管辖、集中管辖时，要把保护人民群众利益、方便当事人诉讼放在第一位。《中共中央关于全面深化改革若干重大问题的决定》同时指出：建立符合职业特点的司法人员管理制度，健全法官、检察官、人民警察统一招录、有序交流、逐级遴选机制，完善司法人员分类管理制度，健全法官、检察官、人民警察职业保障制度。为健全直管试点县法官、检察官有序交流机制和职业保障制度，在试点县司法人员职

（接上页注①）据统计，河南全省已建立 2254 家"社会法庭"，基本实现了"一乡一庭"；在选任的 8456 名常驻"社会法官"中，普通群众占 99.8%。河南省高级人民法院院长张立勇指出，"社会法庭"是一种解决社会纠纷的自治性民间组织，使用"社会法庭"和"社会法官"这个名称，通俗形象，"法庭"和"法官"一下就能让群众明白这是解决纠纷的，"社会"则强调是依靠社会力量，化解民间纠纷。张立勇认为，与人民法庭相比，"社会法庭"调处社会纠纷不收取任何费用，当事人不用写诉状，纠纷一来即受理，受理即解决。人民法庭断案讲证据、讲程序、讲法律，固然严谨，但基层群众法律知识少、证据意识弱，不见得会接受人民法庭。而"社会法庭"主要援引人们熟知的社会规范调处纠纷，使得纠纷的调处结果更接近于村民的认识。（参见邓红阳《河南"社会法庭"是如何摆脱身份争议的》，《法制日报》2011 年 5 月 16 日，第 4 版）河南省高院在建设普通社会法庭的同时，还提出建设专门领域的社会法庭。2013 年 4 月 25 日上午，河南省首个知识产权社会法庭在省知识产权保护协会挂牌成立。知识产权社会法庭设在省知识产权保护协会下，社会法官由省、各地市知识产权局的业务骨干，知识产权战略领导小组成员单位的业务骨干，专利、商标中介机构推荐的业务骨干，以及部分发明人担任。主要对涉及知识产权的民事、行政纠纷进行调解、处理。省高级人民法院和郑州中级人民法院将对社会法庭进行业务方面的指导，定期对社会法官进行业务培训，确保社会法庭充分发挥"民间调解"功能，提高知识产权运行的社会效益。（参见李建伟《河南省成立全国首家知识产权社会法庭》，http：//www.sipo.gov.cn/dtxx/gn/2013/201304/t20130426_795356.html，最后访问日期：2015 年 8 月 28 日）河南省"社会法庭"的设立及其运行效果，为我国将来建立知识产权法院和社会法院等专门法院提供了经验和借鉴。

级确定、职务提升、岗位交流方面可以考虑适当高配、优先晋升、拓宽渠道，① 充分调动并激发直管试点县司法人员工作的积极性，提高其参与司法体制改革的主动性，自觉维护司法的权威和公信力，让人民群众在每一个司法案件中都感受到公平和正义。

---

① 陈国权、黄振威：《省管县改革中的党政领导干部管理问题》，《探索与争鸣》2011 年第 1 期。

第五章
河南法治建设实例（一）

——河南省自贸区贸易便利化制度建设

自 2013 年 9 月上海自贸区挂牌成立至 2014 年 12 月短短一年多的时间，自贸区已扩容至广东、天津、福建。经过多方讨论，2015 年 2 月 28 日，河南省政府向国务院上报了《河南省人民政府关于设立中国（河南）自由贸易试验区的请示》，并随文上报了《中国（河南）自由贸易试验区总体方案（草案）》。3 月 4 日，国务院已将两个文件批转至商务部。此次申报由河南省商务厅牵头，将郑州、开封、洛阳及郑州航空港经济综合实验区"打捆"申报，河南省人民政府省长谢伏瞻任河南自由贸易试验区（以下简称河南自贸区）工作领导小组组长，常务副省长李克、副省长赵建才任副组长。7月 29 日，河南省十二届人大常委会第十五次会议上，河南省发改委主任孙廷喜做《关于 2015 年上半年国民经济和社会发展计划执行情况的报告》，描绘了河南省下半年的经济发展目标和"线路图"，将全力申建河南自贸区作为下半年的重要工作目标。基于河南独特的区位优势以及国家深化改革的大政方针，河南自贸区设立只是时间问题。根据国际通行规则，借鉴上海自贸区、天津自贸区、福建自贸区和广东自贸区的申建经验，结合河南自身的实际情况，对河南自贸区的相关制度建设进行前瞻性研究具有非常重要的现实意义。

自由贸易试验区的制度建设是一个复杂的系统工程，而自贸区制度建设的核心是保障和促进贸易投资便利化，最大限度地促进自由竞争、公平竞争。抓住贸易投资便利化这一重点，也就把握住了自贸区制度建设的核心。本章将围绕贸易便利化制度建设对河南自贸区贸易便利化制度建设的意义、贸易便利化可借鉴的国际标准和国内国际经验、自贸区贸易便利化建设的优势和不足、贸易便利化制度建设的构想等问题进行探析，以期对未来的河南自贸区以及正在进行的中原经济区、郑州航空港经济综合实验区的建设有所裨益。

第一节　河南省自贸区贸易便利化建设的作用

一　贸易便利化的概念与源起

"贸易便利化"（trade facilitation）并非新生事物，早在 20 世纪 20 年代初，国际联盟便提出了贸易便利化的议题。时至今日，贸易便利化仍一直是国际组织和全球主要经济体持续和广泛关注的议题。然而，当今世界对"贸易便利化"的内涵并没有统一的结论。欧盟委员会认为贸易便利化是国际贸易进出口程序的简化和协调。[①] 经济合作与发展组织（OECD）认为贸易便利化是国际贸易程序的简化和高效化，[②] 即国际货物从卖方流动到买方并向另一方支付所需要的程序及相关信息流动的简化和标准化。世界银行则认为贸易便利化主要包括减少货物贸易边境限制和外汇市场的自由化。世界贸易组织（WTO）认为贸易便利化是指对国际贸易程序的简化和协调，具体包括国际货物贸易流动所需的收集、提供、沟通及处理数据的活动、做法和手续等。[③] 在实践中，各种促进贸易便利化的措施大都体现为通过贸易程序和手段的简化、适用法律和规定的协调、基础设施的标准化和改善等，为国际贸易活动创造一个简化的、协调的、透明的和可预见的环境。近年来，人们更多地从广义的范围内（即影响贸易交易的整个环境）来考虑贸易便利化问题，其内容几乎包括了贸易过程的所有环节，其中海关和跨境制度是其核心，此外还包括运输、许可、检验、检疫、电子数据传输、支付、保险及其他金融要求、企业信息等方面。联合国贸易便利化和电子商务中心（UN/CEFACT）与联合国贸易和发展会议（UNCTAD）编制的《贸易便利化建议纲要》罗列了 237 个贸易便利化的建议，其涵盖了以下九个方面：

---

① Trade Facilitation, http：//ec. europa. eu/taxation＿ customs/customs/policy＿ issues/trade＿ facilitation/index＿ en. htm, 2015－08－06.

② Trade Facilitation, http：//www. oecd. org/trade/facilitation/, 2015－08－06.

③ Andrew Grainger, "Trade Facilitation：A Conceptual Review," *Journal of World Trade*, 45 (2011)：39, 41.

①贸易便利化的一般规定；②有关正式程序和管制的规定；③有关运输和运输设备的规定；④有关人员流动的规定；⑤危险品和有害物质管理的规定；⑥有关付款程序的规定；⑦关于信息和通信技术使用的规定；⑧有关商业惯例和国际标准使用的规定；⑨贸易便利化法律方面的规定。① 狭义的贸易便利化，则体现在《关税及贸易总协定》第5、第8、第10条，分别为"过境自由""规费和输出入手续""贸易案例的公布和实施"。多哈回合的贸易便利化议题的谈判，主要集中在澄清和改进《1994年关税与贸易总协定》（GATT1994）第5、第8、第10条以及建立海关和过境手续等法律的协调制度上，通过法律的协调制度，简化和协调贸易程序，加速要素的跨境流通，达到减少国际贸易活动中的交易成本，降低交易的复杂性，改善一国贸易环境的目标。无论是广义的概念还是狭义的概念，其共同的核心内容是"简化和协调贸易程序，加速要素跨境的流通"。

由于本章的研究目的是通过对全球性和区域性国际组织所制定的贸易便利化规范的研究，对具有代表性的国家和地区的贸易便利化建设经验的借鉴，以及对国内其他自贸区的贸易便利化建设经验的借鉴，为河南自贸区构建内外贸统一、各部门协调、综合性的、现代化的贸易便利化体系提供总体建设方案和路径，因而，本章中的贸易便利化是指广义的贸易便利化，即指通过简化程序、协调标准、使用新技术和其他方法来降低或减少程序和管理上阻碍贸易的各种措施，主要包括技术设施、程序性规定和政策法规等内容。技术设施是指为贸易便利化提供更先进的硬件环境，包括公路、港口、铁路、航空、电信等基础设施；程序性规定是指为跨国贸易设定的具体程序或规则，包括标准的一致化、海关程序、商务人员流动规则等；政策法规是指直接或间接影响贸易、资本或人员流动效率的政策，包括知识产权、竞争政策、政府采购、取消管制、原产地规则、争端解决等内容。贸易便利化的主要目标在于减少国际商贸活动中的交易成本，降低交易的复杂性，改善贸易环境，同时使政府的管制措施更为有效，为国际贸易活动创造一种协调、透明和可预见的环境。本书构建的内外贸统一的贸易便利化体系不仅旨在减少国际贸易中的交易成本和障碍，而且也致力于减少国内贸易的成本和障碍。

---

① Nirmal Sengupta & Moana Bhagabati, A Study of Trade Facilitation Measures: From WTO Perspective, Revised Interim Report, Madras Institute of Development Studies, 2003, p. 4.

二 贸易便利化建设助推中原经济发展

河南经济作为中国经济的一个有机组成部分，既具有经济新常态的共性又具有其个性。虽然 2014 年河南在经济新常态背景下逆势增长，[①] 然而作为地处内陆的农业大省，如何摆脱对资源和传统产业的路径依赖，实现产业结构升级换代，寻找经济发展的新动力，在提高经济发展质量的前提下，应对各种新挑战，维持经济的中高速增长，是一个不容回避的重大问题。河南自贸区的申建是河南在经济新常态下促进经济发展的重大举措。

自由贸易区（Free Trade Zone，FTZ），是一国为达到一定的经济目的、通过特殊的经济政策和手段在国内开辟的与其他地区隔离的特别经济区。[②] 国际上对自由贸易区的正式定义最早来自 1973 年的《关于简化及协调海关业务制度的国际公约》（简称《京都公约》）。该公约规定，"自由区"（Free Zone）是指一国的部分领土，在这部分领土内运入的任何货物就进口关税及其他各税而言，被认为在关境以外，并免于实施惯常的海关监管制度。[③] 自由贸易区的概念和功能设定通常与一国的政治、经济和地理环境有关，加之自由贸易区的功能不断推陈出新，国际上对于这些实施特殊经济政策的区域至今既没有统一的定义，亦缺乏统一的形式。

自由贸易区不同于自由贸易协定（Free Trade Agreement，FTA），前者是一国自主的贸易制度安排，后者则是国与国之间的一种贸易制度安排。因

---

① 地处内陆的河南省，人口过亿，经济总量居全国第五、中西部第一，其以往的发展很大程度上依赖资源和传统产业，经济效益低，增长质量差。自 2014 年以来，在全国及大部分省份经济增速放缓的背景下，河南成为为数不多的增速同比提高的省份。2014 年上半年，河南省生产总值增长 8.8%，同比提高 0.4 个百分点，在全国位次同比前移 14 位；全省高成长性制造业投资同比增长 24.1%，占全省工业投资的比重为 52.7%；全省服务业增加值同比增长 8.6%，比上年同期加快 0.3 个百分点；全省高成长性制造业投资 3501.06 亿元，同比增长 24.1%，占全省工业投资的比重为 52.7%，同比提高 2.4 个百分点，对全省工业投资增长的贡献率达到 65.7%；现代服务业投资高速增长，其中航空运输业，信息传输、软件和信息技术服务业，租赁和商业服务业投资分别增长 1156.3%、239.6%、65.8%。（参见喻新安《坚持经济"新常态"下的区域发展模式创新》，《区域经济评论》2014 年第 6 期，第 32 页）
② 张娟：《关于世界自由贸易区的若干问题研究》，《国际市场》2013 年第 4 期，第 42 页。
③ 1999 年 6 月 26 日，世界海关组织（WCO）在布鲁塞尔通过了《关于简化和协调海关制度的国际公约修正案议定书》，进一步将自由区的定义修正为"某个缔约方的部分领土，在这部分领土内运入的任何货物，就进口税及其各税而言，被视同在其关境之外"。相对于上一个版本，1999 年版的《京都公约》删去了原定义中"并免于实施惯常的海关监管制度"的内容。

而为了避免二者混淆，有人将自贸区称为"自由贸易园区"。自由贸易区也不同于传统的保税区，自由贸易区一般施行"一线放开、二线管住"①的监管服务模式，而保税区则施行传统的"一线和二线都管住"②的监管模式。传统的保税区以货物贸易为主，功能相对单一，而自由贸易区的功能通常不仅涉及货物贸易，而且涉及服务贸易、投资和金融，对周边经济发展具有巨大的辐射作用。

上海自由贸易试验区、广东自由贸易试验区、天津自由贸易试验区和福建自由贸易试验区，均是由国务院批准在境内设立的试行特殊贸易、投资与金融政策，并率先探索政府管理模式改革的指定区域，③属于一国境内的自由贸易区。因此，我国的自由贸易试验区具有以下性质：第一，试验区推行"一线放开、二线管住、区内自由"的监管服务模式。当货物从境外进入试验区时免于办理通常的报关手续，实行备案制管理；而当货物从试验区进入境内区外或货物从境内区外进入试验区时，海关再依据《中华人民共和国海关法》（以下简称《海关法》）的相关规定，征收相应的税费。第二，试验区积极推进制度创新。试验区的功能较保税区更为多元化，除了传统的货物贸易，试验区还在投资、贸易、金融、制度这四个方面积极推行市场化、法制化和国际化的制度创新。

河南自由贸易区的建设也必将具有以上特征和内容。与已设立的四个沿海省份的自贸区不同，河南自由贸易区是一个既不沿海也不沿江、地处内陆的自贸区。其成功的关键就是要结合河南实际情况，因地制宜制定切实可行的提升贸易便利的制度，扬长避短，使未来河南自贸区在国际国内竞争中处于有利的地位。

乌拉圭回合后，随着关税和其他贸易壁垒大幅度削减和消除，国际贸易迎来了"后关税时代"。在后关税时代，降低关税对贸易的作用空间日益狭

---

① "一线"是指国境线，"二线"是指试验区与非试验区（国内区外）的连接线。所谓"一线放开"，即货物从境外进入自由贸易试验区内，免于通常的报关手续，也无需缴纳关税。所谓"二线管住"，即货物从自由贸易试验区进入国内区外或货物从国内区外进入试验区时，需要依法纳税并进行严格监管。

② "一线和二线都管住"的监管模式是指海关在特殊监管区域内对货物进出均进行严格监管的通关管理模式，通常包括与境外之间货物的进出监管以及与国内其他非特殊监管区域之间货物的进出监管。

③ 参见上海市社会科学界联合会编《中国（上海）自由贸易试验区150问》，格致出版社、上海人民出版社，2013，第3页。

小，复杂的跨境手续与繁复的单证要求成为商界关注的重点，亦即作为隐形贸易壁垒的"贸易的非效率性"对贸易的阻碍日益彰显出来。根据国际商会的调查，在国际贸易中平均一票货物需要多达 60 多种单证，尽管单证的用途各异，但 80% 的单证的内容相同。由于单证内容要求缺乏国际协调，数量控制失范，处理单证的工作量增加了 4 倍，从而导致货物在边境耽搁的时间占整个运输过程的 20%，处理单证的费用占运输成本的 25%。① 据世界银行 2004 年对 75 个国家数据的统计分析报告，港口效率、海关环境、法规基础和企业电子商务的应用对一个国家的进出口具有深远的影响，贸易便利化措施在成品上的利润相当于 3770 亿美元，世界各国的进口和出口都将因贸易便利化措施大幅度增长。② 以消除"贸易的非效率"为己任的贸易便利化已成为全球性和区域性贸易组织谈判的主题之一，其亦已成为各国进行贸易竞争的主要手段。河南自贸区建设必将面临来自国内和国外的双重竞争，只有将贸易便利化建设提高至经济建设的战略层面，本着内外贸统一之宗旨，整合各方力量统筹规划、超前设计、同步进行，才能使河南自贸区在未来的竞争中处于有利地位。具体讲，贸易便利化制度建设对中原经济新常态的助推作用主要体现在以下几个方面。

第一，内外贸统一的贸易便利化制度本身可以降低内外贸的成本，降低交易的复杂性，改善贸易环境，同时使政府的管制措施更为有效，为国际贸易活动创造一种协调、透明和可预见的环境，促进内外贸的快速发展，为河南经济的中高速增长提供新的动力。贸易便利化措施的实施能够直接促进供应链联合、减少非关税贸易壁垒，降低直接和间接的贸易成本，促进贸易增长。研究表明，贸易便利化措施可以节省高达 15% 的交易成本。③ 贸易流量的增长和贸易结构的改善则进一步推动产业结构的调整和升级，促进经济增长，改善该国居民福利。

第二，贸易便利化制度建设可以催生新业态。贸易便利化建设重要的内容之一是技术设施，它是贸易便利化得以实现的物质基础，其涵盖公路、港口、铁路、航空、电信、电子商务、互联网工程、金融服务设施等基础设施投入和建设，可以为中原经济新常态提供新的业态和新的经济增长点。

---

① 陈晖：《贸易便利化下国际海关立法的新特点及贡献》，《东方法学》2010 年第 4 期。

② Carolin Eve Bolhofer, "Trade Facilitation-WTO Law and Its Revision to Facilitate Global Trade in Goods," *World Custom Journal* 2 (2008).

③ 吴敏：《欧盟贸易便利化制度及其启示》，《人民论坛》2010 年第 14 期。

第三，贸易便利化建设可以为中原经济新常态提供制度创新的动力和经验。贸易便利化建设除了技术设施这一硬件条件外还包括程序性规定和政策法规等软件条件的建设和完善，其包括海关监管程序的统一化和标准化，商务人员的流动，影响贸易、资本和人员流动的法律法规和政策，如知识产权、竞争政策、政府采购、投资政策、取消管制、原产地规则、争端解决等内容，这些内容都需要根据国际通行规则以及中国和河南的实际进行规划与完善。此种规划与完善的需求必将为中原经济新常态注入制度创新的动力和经验。

第四，贸易便利化制度建设可以在促进贸易自由的同时，促进运输自由、投资自由和金融自由。根据我国业已设立四个自由贸易区的实践，我们可以发现，这些自贸区均具有贸易自由、运输自由、投资自由和金融自由四大特征，其中贸易自由是核心。贸易便利化建设对贸易自由化的推动，必然带动运输自由、投资自由和金融自由发展，运输自由、投资自由和金融自由之发展必然反过来促进贸易自由化的发展。河南自贸区建设与上海自贸区建设一样，除了促进贸易自由以外，还肩负着金融创新及"走出去"和"引进来"的使命。经济合作与发展组织（OECD）研究表明，贸易便利化对吸引投资具有积极影响。[1]

上海自由贸易试验区自 2013 年设立以来，成绩斐然，即为例证。据报道，截至 2014 年 11 月底，上海自由贸易试验区一年投资企业累计 2.2 万多家、新设企业近 1.4 万家、境外投资办结 160 个项目、中方对外投资额 38 亿美元、进口通关速度提高 41.3%、企业盈利水平增加 20%、设立自由贸易账户 6925 个、存款余额 48.9 亿元人民币。[2]

第五，贸易便利化建设为河南有效参与"一带一路"国家战略提供支撑。2015 年 3 月 28 日国家发改委、外交部、商务部联合发布了《推动共建丝绸之路经济带和 21 世纪海上丝绸之路的愿景与行动》，该文从八个方面勾勒了"一带一路"战略的目标、路径与举措，表明"一带一路"已完成战略规划，开始进入实施阶段。郑州被确定为"一带一路"的重要节点城市，通过贸易便利化建设可以加强与沿线国家的互联互通和经贸投资关系，

---

[1]　Michael Engman, The Economic Impact of Trade Facilitation, OECD Trade Policy Working Paper No. 21, 2005.

[2]　于志宏、李长海：《自贸区扩容升级：不能忘记的"责任清单"》，《WTO 经济导刊》2015 年第 4 期。

帮助河南转移过剩产能，实现产业结构的转型升级。

第二节　贸易便利化建设可参照的国际规范

一　WTO 贸易便利化规范

贸易便利化领域最早的国际法规范可以追溯到 1921 年国际联盟制定的《过境自由公约与规范》，其规定缔约国应在非歧视的基础上为过境运输提供便利。① 1923 年《关于简化关务手续的国际公约》第 3 条、第 4 条和第 11 条分别从进出口限制、贸易法规的公布、简化原产地规定等方面对成员国提出了贸易便利化要求。②

WTO 及其前身关贸总协定（GATT）作为世界上最为重要的多边贸易组织，自产生之初就相当重视贸易便利的促进。在 GATT1947 中已经包含了许多加强透明度和设定最低贸易程序标准的相关规定，如第 5 条 "过境自由"、第 8 条 "规费和输出入手续"、第 10 条 "贸易条例的公布和实施" 等。1995 年 WTO 成立，这些规则在 GATT1994 中得以继承。除此之外，WTO 一揽子涵盖协议中多有涉及贸易便利化议题的成果。如《原产地规则协定》《海关估价协定》《进口许可程序协定》《装船前检验协定》均涉及海关手续；《技术性贸易壁垒协定》和《实施动植物卫生检疫措施协定》分别涉及技术标准规则和动植物卫生检疫措施；《与贸易有关的知识产权协定》第 3 部分第 4 节 "与边境措施相关的特殊要求" 也涉及贸易便利化相关要求。

尽管上述多个 WTO 涵盖协定均涉及了贸易便利化问题，但贸易便利化谈判的最新成果和专门规则集中体现在历经 17 年和先后 18 个版本的修订，于 2013 年 12 月在印尼巴厘岛召开的 WTO 第九届部长级会议上最终通过的《贸易便利化协定》（Agreement on Trade Facilitation，TFA）中。根据授权，《贸易便利化协定》的谈判目标不仅包括澄清和改进 GATT1994 第 5、第 8、第 10 条，而且包括给予发展中国家和最不发达国家成员的特殊和差别待遇、技术援助和能力建设支持，以及海关或有关主管机关之间的有效合作等。因此，

---

① Convention and Statue on Freedom of Transit，April 20，1921，article 2.

② International Convention Relating to the Simplification of Customs Formalities，November 3，1923，article 3，4 & 11.

该协定在结构上分为以下两大部分。

第一部分规定了推进贸易便利化的具体措施，由 13 个条文构成。

首先是信息方面。第 1 条"出版和信息可用性"规定：每一成员应迅速公布以下有关信息：进口、出口和过境程序及需要的表格和单证，相关关税和国内税率，相关费用，海关产品归类或估价规定，与原产地规则相关的法规，有关限制或禁止的规定，惩罚规定，申诉程序，与他国缔结的进口、出口或过境协定，关税配额管理程序等。各成员还应酌情通过互联网提供以下信息：进口、出口和过境程序说明，需要的表格和单证，咨询点的联络信息等。第 2 条"评论机会、生效前信息及磋商"规定，每一成员应向贸易商提供机会对货物流动、放行和结关的拟议或修正法规进行评论；保证货物流动、放行和结关的新立或修正法规生效前尽早公布；酌情规定边境机构与贸易商定期磋商。

其次是程序方面。第 3 条是事先裁定的规定。[①] 成员方当局应该对申请人提交的有关事项进行事先裁定，不予裁定应该说明理由。每一成员应至少公布申请预裁定的要求、做出预裁定的时限及预裁定的有效期。第 4 条是行政复议或司法审查程序，要求立法机关保障任何人有权就相关行政决定提出行政复议，还可以进一步提出司法审查。

再次是边境机构业务的主要部分。第 5 条是增强公正性、非歧视性及透明度的其他措施，包括动植物检疫、扣押、检验程序以及公正、非歧视和透明度原则。第 6 条是进出口环节费用收取的纪律规则，包括一般纪律、[②] 特别纪律、[③] 处罚纪律[④]。第 7 条是货物的放行和清关。每一成员应允许提交包括舱单在内的进口单证和其他必要信息，以便在货物抵达前开始处理；允许电子支付关税、国内税、规费和费用；在满足提供担保等管理要求下，允许在关税、国内税、规费和费用最终确定前放行货物；每一成员应尽可能设立基于海关监管目的的风险管理制度；每一成员应设立后续稽查以保证海关

---

① 在包括中国在内的许多国家都有"海关行政裁定"制度。它是指海关在货物实际进出口前，对外贸经营者提出的申请，根据海关法规，对与实际进出口活动有关的海关事务做出的具有普遍约束力的决定。事先裁定已经超出了传统的海关行政裁定的原产地确定、商品归类、许可证件的适用和禁止进出口措施以及包括海关估价在内的其他海关事务的海关领域范围，因而采用"事先裁定"一词。

② 一般纪律指规费和费用、征收原因、主管机关及支付时间和方式应予以公布。

③ 特别纪律指海关服务的规费和费用应限定在服务成本以内且不得与特定进口或出口相关联。

④ 处罚纪律指一成员的海关针对违反其海关法律、法规或程序性要求而做出的处罚。

及其他相关法律法规得以遵守；鼓励各成员定期并以一致方式测算和公布其货物平均放行时间；每一成员应为授权经营者提供与进口、出口和过境相关的额外的贸易便利化措施；每一成员应对申请人快速放行通过航空货运设施入境的货物；为防止易腐货物损坏或变质，每一成员应规定对易腐货物在最短时间内放行并在适当的例外情况下允许在工作时间之外放行。

最后是关于各国边境机构之间合作的部分。第 8 条规定了国家边境机构之间的合作原则。第 9 条是海关监管下准备进口货物的移动。第 10 条是关于与进出口和过境相关的手续，要求简化手续、解决复印件与电子副本以及原件等产生的问题、采用国际标准、实行边境口岸单一窗口制度、装运前检验问题、海关经纪人（报关）、共同边境的程序和统一文件的要求、拒收货物问题、货物进出境加工暂准进口问题。第 11 条是自由过境的详细规定，包括海关担保制度。这两条都需要各国边境机构之间的紧密合作才能完成。第 12 条是海关合作，包括促进履约和合作措施、信息交换、验证、合作费用的分担等各方面的规定。第 13 条是机构安排，成立 WTO 贸易便利化委员会，各成员方也要有相应的国内的贸易便利化机构负责国内协调和执行本协定。

第二部分主要规定了在协定实施方面给予发展中国家和最不发达国家成员特殊和差别待遇、技术援助和能力建设支持等内容。根据协定中的特殊和差别待遇安排，发展中和最不发达成员可根据措施的难易程度及其是否需要技术和资金援助将承诺分为三类：第一类承诺为协定生效即实施的条款，或对于最不发达成员在协定生效后 1 年内实施的条款；第二类承诺为在一定过渡期后实施的措施；第三类承诺为在一定过渡期后且通过提供能力建设援助和支持以获得实施能力方予以实施的措施。

二 世界海关组织贸易便利化规范

贸易便利化最初并不属于全球多边贸易谈判的范围，其最主要的讨论场所是世界海关组织（WCO）。WCO 的前身是 1952 年成立的海关合作理事会，其主要任务是加强各成员在海关执法领域的合作，改善和协调各成员海关的运行，提高海关行政效率，促进国际贸易的发展。在其成立之前的半个世纪里，各国的海关业务制度复杂多变且差异巨大，限制了国际贸易的发展，因而国际社会一直都在为促进海关制度的标准化、协调化、便利化而不懈地努力。尽管在欧洲国际商会的倡议和国联的主持下，于 1923 年制定了

《关于简化海关手续的国际公约》，但由于参加国家不多，影响极其有限。总体来说，这段时间里，由于缺乏专门机构负责审查海关手续并对其简化和协调，在改善和统一国际海关制度方面没有重要的成果产生，同样，贸易便利化亦进展甚微。海关合作理事会成立后，在简化和协调各国海关业务制度，便利国际贸易发展方面做了大量工作。它在调查和研究的基础上，对各国海关的业务制度进行分析对比研究，然后草拟公约和建议书供各国采用。到目前为止，可供各国政府签署加入的海关公约共计 14 个，建议书 49 个。其中，《商品名称及编码协调制度的国际公约》（简称《协调制度公约》）和《关于简化及协调海关制度的国际公约》（简称《京都公约》）尤为重要。

（一）《商品名称及编码协调制度的国际公约》

科学准确的商品归类是海关各项业务的基础，也是海关有效执行国家的关税政策、合理估价和准确编制进出口统计等的前提，更是各国海关进行有效合作的前提。长期以来，国际社会因缺乏一套系统、科学且全球通用的商品归类目录而无法开展有效的合作。为此，海关合作理事会于 1970 年专门成立研究小组，组织多国和国际组织协同进行编制工作。经过 13 年的努力，一部完整、系统、通用、准确的国际贸易商品分类体系——《商品名称及编码协调制度的国际公约》及其附件《商品名称及编码协调制度》（简称《协调制度》），最终于 1983 年 6 月在海关合作理事会第 61/62 届会议上通过。该公约是国际上多个商品分类目录协调的产物，是各国专家长期努力的结晶，其最大的特点就是通过协调，满足国际贸易各个方面的需要。为适应科学技术的发展和国际贸易方式的变化，世界海关组织（WCO）每 4～6 年对《协调制度》进行一次较大范围的修改。

目前《协调制度》的最新版本是 2012 年版。2012 年版《协调制度》在 2007 年版的基础上进行了共计 221 组的修订。修订后，《协调制度》六位子目总数从 5052 个增加到 5216 个。这次修订涵盖的范围较广，涉及 54 个章节的产品，其中修改较大的产品主要集中在农业及相关产品（第一类及第二类），主要是由联合国粮农组织出于反饥饿、反贫困及对世界范围内粮农产品精确统计的需要而做的修改。另外，为了适应新技术及产品的需要，对部分章注、子目注释、品目和子目进行相应的修改和增列，如对涉及品目 30.02 的相关章注进行修订，对生物柴油新增品目 38.26。新版目录还出于环境保护及对危险化学品控制的需要，根据《鹿特丹公约》对部分目录进行增列或调整。新版目录还针对贸易便利的需求，为国际贸易量大的产品新增子目。

我国作为《协调制度公约》的缔约国，从 1992 年 1 月 1 日起采用《协调制度》。根据公约的规定，我国须根据《协调制度》的变化，对本国《进出口税则》和《统计商品目录》进行对应的转换调整。截至目前，我国海关先后组织开展了 1992 年版、1996 年版、2002 年版、2007 年版《协调制度》的修订翻译和我国《进出口税则》的转换。从 2012 年 1 月 1 日起，以新版《协调制度》为基础的《中华人民共和国进出口税则》已正式运行。

《协调制度》是目前国际上应用最为广泛的国际贸易商品分类目录。根据世界海关组织提供的数据，目前已经有 138 个国家和地区的海关正式成为《协调制度公约》的缔约方，超过 200 个国家和地区的海关将《协调制度》目录作为《进出口税则》和《海关统计商品目录》的基础目录使用，协调制度的应用涵盖了几乎 100% 的国际贸易，被称为国际贸易分类的"标准语言"。该公约是世界海关组织对国际贸易便利化做出的最大贡献之一。

（二）《关于简化及协调海关制度的国际公约》

因《关于简化及协调海关制度的国际公约》于 1973 年 5 月 18 日签署于日本京都，故称其为《京都公约》。该公约全面、系统且有重点地协调规范了海关业务的各项制度，被公认为国际海关领域的基础性公约，是当今世界唯一全面规定海关基本手续标准、集世界各国海关先进管理制度之大成的国际性法律文件。自公约诞生后，世界经济和国际贸易飞速发展，各国海关管理制度也在不断更新和变化，国际经贸界尤其是 WTO 对修订公约的呼声很高。为了充分利用新的信息技术和现代化报关通关技术设备，加快货物、人员以及运输工具的进出境过程，WCO 决定对其进行修改。经过 4 年多的努力，修改后的公约文本于 1999 年 6 月在海关合作理事会通过。这次大规模的修订，是 WCO 为在全球范围内实现各成员国海关手续简化、协调、统一和透明做出的极大努力，也是 WCO 为促进贸易便利化而进一步完善海关制度的结果。

《京都公约》的总附约和 10 个专项附约具体明确了海关的管理范围。其中，总附约分为 10 章，分别对海关机构、通关程序、关税、担保、监管、信息技术的应用、海关与第三人的关系、海关提供的信息、决定和行政裁定、海关事务申诉等制度做出了原则性规定；同时，10 个专项附约还对提供报关单之前的海关手续、货物的暂时储存、通关、相同状态复进口、进口税的免除、直接出口、海关仓库、自由区、转关、转装、沿海货物运输、进境加工、出境加工、退税、国内使用货物的加工、暂准进境、海关事务违法行为、旅客邮件运输、商业性运输工具、储存等制度做出了具体的规定，确立了海关管理的基本制度。所有这些海关制度和作业模式全面、系统且有重点地对海关事务的各个方面做出了协调性安排。修订后的公约已于 2003 年 2 月 3 日生效，并将成为 21 世纪世界各国海关共同遵守的规则。

除了以上两个公约，在 WCO 制定的公约中，与促进贸易便利化相关的还有《海关商品估价公约》、《关于货物实行国际转运或过境运输的海关公约》、《关于展览会、交易会、会议及类似事项中陈列和需用的物品进口便利的海关公约》和《关于货物暂准进口的 ATA 单证册海关公约》等 10 余个公约。这些公约的内容涉及了多个领域内和多种情形下的通关便利化，为促进贸易便利化的发展发挥了重要作用。

三　联合国贸易便利化规范

在联合国框架内以下四个机构肩负着在全球范围内促进贸易便利化的职能：联合国国际贸易法委员会（UNCITRAL）、联合国贸易和发展会议（UNCTAD，简称"贸发会议"）、联合国欧洲经济委员会及其下属的贸易便利化与电子商务中心和联合国亚洲及太平洋经济社会委员会（UNESCAP）。联合国国际贸易法委员会的宗旨是促进国际贸易规则的现代化和协调化。它在许多商法领域制定并促进法律文件和非法律文件的采用与使用。这些领域包括争端解决、国际合同法惯例、运输、破产、电子商务、国际支付、担保交易、货物采购和销售。其中与贸易便利化联系最紧密的是电子商务和电子签名，尤其是包括如单一窗口等电子商务应用在内的工程。其制定的《电子商务示范法》、《国际合同使用电子通信公约》和《电子签名示范法》为各国贸易的无纸化提供了有益的指引。

联合国贸易和发展会议成立于 1964 年，其主要任务是促进发展中国家的发展并使之友好地融入世界经济一体化中。其工作范围涵盖货物、商品、航运和运输、技术、竞争法、货物和服务贸易及外国直接投资等议题。贸发会议同时也致力于促进贸易便利化的研究和技术合作。其推行和管理海关数据自动化项目，协助贸发会议成员国改革通关流程，采用海关数据自动化系统（Automated System for Customs Data，ASYCUDA），这是一个计算机化的海关管理制度。海关数据自动化项目自 1981 年开始运作，已在全球 90 多个国家得到推广和应用。贸发会议贸易和投资部门的贸易便利化为发展中国家提供支持实施贸易便利化改革的技术援助。它是世贸组织贸易便利化谈判的所谓附件四中的五个组织观察员之一。作为附件四中的一个组织观察员，贸发会议通过举行专题研讨会和提供研究成果促进发展中国家对贸易便利化谈判的参与。在研究和分析的基础上，贸发会议在建立共识和政策建议方面也发挥了积极作用。

联合国欧洲经济委员会（UNECE）所从事的贸易工作领域包括贸易便利化、监管合作、电子商务标准、供给能力、运输和交通基础设施。其最为著名的贸易工作领域是贸易便利化和电子商务，作为联合国系统中提出和制定贸易便利化建议和电子商务标准的中心，其建议和标准涵盖可以促进国际贸易和相关服务增长的商业和政府业务流程。其早在 1960 年就成立了第四工作组在全球范围内从事促进贸易程序便利的工作。其座右铭是"简单、透明、有效的全球商业流程"。它著名的建议之一是对进出口信息提交单一窗口。联合国欧洲经济委员会也是亚太地区联合国无纸化贸易专家网络（UNNEXT）的联合创始人。为了更好地履行其职责，1996 年设立了作为其下属机构的联合国贸易便利化与电子商务中心（UN/CEFACT），作为欧洲经济委员会管辖的政府间机构，UN/CEFACT 主要负责经委托授权开发和发布：①技术标准，即建立一个或多个业务标准和/或建议的规范；②商业标准，即在贸易便利化或电子商务的背景下提供规则、指南和/或原则的规范；③UNECE 的贸易便利化建议，为政府、私营部门和企业界提供正式的指导建议。UNECE 和 UN/CEFACT 经过 50 多年的努力根据全球经济以及跨境贸易的需要制定了 35 项建议和指南、2 套标准和 5 套技术规范，内容涉及单一窗口的设立、运输标志简化、国际贸易计量单位规范、电子数据交换、标准托运、运输方式代码、国际贸易程序的简化措施等众多内容，形成了一整套全球统一的贸易便利化措施和国际贸易数据交换标准。其标准化又可分为单证格式标准化、电子数据交换（EDI）标准化以及基于可扩展置标语言（XML）的电子商务标准化。UNECE 和 UN/CEFACT 于 2012 年 10 月建立了"贸易便利化实施指南网站"并发布了《UN/CEFACT 贸易便利化实施指南》（TFIG），UNECE 将其称为"实施贸易便利化的一个创新工具"。

在贸易便利化领域，联合国亚洲及太平洋经济社会委员会（简称"亚太经社会"）协助各国：促进贸易程序的简化、统一和标准化，以降低成本和缩短交易时间；促进贸易和投资流动，特别是贸易融资和电子商务；促进亚太经社会贸易便利化框架在该地区的应用。其承担能力建设项目，从事研究，主持政府间会议，为其成员国提供咨询服务。其与欧洲经济委员会一起创设了亚太地区联合国无纸化贸易专家网络，借助该地区一流的专家促进贸易便利化和无纸化贸易的能力建设。联合国亚太经社会也通过其亚太研究和贸易培训网（Artnet）促进贸易便利化研究。其与亚洲开发银行（ADB）合作通过举办一年一度的亚太贸易便利化论坛（APTFF）为区域利益相关者之间就贸易便利化进行对话提供区域开放平台。

以上四个联合国机构制定了众多的贸易便利化的规范性文件和指南，下文主要介绍具有代表性的《国际合同使用电子通信公约》和《UN/CEFACT贸易便利化实施指南》。

（一）《国际合同使用电子通信公约》

联合国大会 2005 年 11 月通过了《国际合同使用电子通信公约》（以下简称《电子通信公约》）。《电子通信公约》是以联合国贸易法委员会起草的早期文件为基础制定的，特别是《电子商务示范法》和《电子签名示范法》。这些文件被广泛认为是标准的立法文本，其阐述了电子商务立法的三个基本原则，即被公约采用的非歧视、技术中立和功能对等三原则。公约适用于与营业地位于不同国家或至少有一方当事人的营业地位于一缔约国境内的当事人之间订立或履行合同有关的电子通信的使用。[1] 当事人选择时亦可适用。该公约规定了电子通信和纸质文件之间的功能对等的标准，以及电子认证方法和手写签名问题。[2] 同样，公约规定了电子通信的发送和接受的时间和地点，并调整这些法律概念的传统规则，以适应电子环境和《电子商务示范法》的创新条款。[3] 另外，《电子通信公约》确立了"对于一项通信或一项合同，不得仅以其为电子通信形式为由而否定其效力或可执行性"的一般原则。[4] 该公约第 12 条进一步规定："通过自动电文系统与自然人之间的交互动作或者通过若干自动电文系统之间的交互动作订立的合同，不得仅仅因为无自然人复查或干预这些系统进行的每一动作或由此产生的合同而

---

① 参见《国际合同使用电子通信公约》第 1 条。

② 参见《国际合同使用电子通信公约》第 9 条。

③ 参见《国际合同使用电子通信公约》第 10 条。

④ 参见《国际合同使用电子通信公约》第 8 条。

被否定效力或可执行性。"《电子通信公约》进一步明确通过电子手段向不特定人发出的订立合同的建议应视为要约邀请而不是要约，除非该建议明确指出提议的当事人打算在提议获承诺时受其约束。[1] 另外，该公约还确立了一自然人在与另一方当事人的自动电文系统往来的电子通信中发生输入错误时的补救方式。[2] 根据《电子通信公约》规定，当事人可以排除本公约的适用，亦可减损或更改其中任何一项规定的效力。[3]

《电子通信公约》的制定是联合国大会继 1980 年 4 月通过《联合国国际货物销售合同公约》（CISG）后在国际统一合同法领域的又一重要成果。它通过确立电子通信和纸质文件之间的功能对等的标准，克服了 CISG 和《承认及执行外国仲裁裁决公约》（简称《纽约公约》）等已被广泛接受的国际贸易条约的某些形式要求对电子通信广泛适用构成的障碍，在很大程度上弥补了 CISG 适用于电子订约问题上的不足，而且对电子商务法律规则有着诸多创新和发展，对国际贸易领域电子通信方式使用具有很大促进作用。由此可见，该公约旨在加强电子商务的规则的统一，并促进与电子商务有关的联合国国际贸易法委员会的示范法在国内立法过程中的统一性。它也根据最近的实践完善和补充了这些示范法的某些规定。它为尚未制定电子商务规则的国家提供了一套现代、统一和精心起草的电子商务规范。

（二）《UN/CEFACT 贸易便利化实施指南》

贸易便利化实施指南（TFIG）是由联合国欧洲经济委员会（UNECE）在其联合国贸易便利化与电子商务中心（UN/CEFACT）的帮助下，在瑞典国际发展合作署（SIDA）的财政支持下开发的。[4] 该指南完全是一个可以公开访问的、基于网络的交互式工具，其展示了许多能够简化贸易的概念、标准和建议书，详细阐述了实现途径和方法。它允许用户根据自己的兴趣来选择贸易便利化问题，并且探索可能的改革路径和解决方案。例如，如果你在货物通关时发生延迟，那么指南将为你提供能够帮助解决问题的各种各样的概念、标准和建议书。指南还包括了贸易便利化关键组织的工作，并且涵盖了 WTO 最新的协商进展情况。在使用指南时，它就是一个独立的"虚拟文档"集合，由贸易便利化的领域（Domain）、路径（Itineraries）、文献

---

① 参见《国际合同使用电子通信公约》第 11 条。
② 参见《国际合同使用电子通信公约》第 14 条。
③ 参见《国际合同使用电子通信公约》第 3 条。
④ See http：//tfig. unece. org. /index. html.

（Instruments）和组织（Organization）四部分构成。

1. 贸易便利化的领域。指南将贸易便利化的领域区分为"业务领域"（Business Domains）与"路径和方法领域"（Approaches and Methodologies Domains）两块

业务领域是从供应链的角度对贸易便利化的主题领域所做的划分。此种划分的灵感来自对 UN/CEFACT 的"购买－运输－支付模型"（UN/CEFACT Buy-Ship-Pay model）中的步骤和流程。根据该模型的步骤和程序将业务领域划分为采购（Purchasing）、装船和运输（Shipping and Transport）、海关和跨境管理（Customs and Cross-border Management）、支付（Payment）四个方面。指南列明业务领域每一方面的关键挑战以及可能的改革措施和适当的解决方案和文献。采购涵盖了私营企业订购、购买和销售货物等商业活动。购买者和销售者可以采用很多措施和工具来使交易更加透明、流畅和迅捷。使用框架协定、标准产品描述以及供货和发票系统都是本领域重点关注的。装船和运输关注的贸易便利化问题是货物和服务的组织和物理性移动。与不同运输方式的国际惯例一样，行业专用的贸易便利化措施同样在国际运输方面发挥了重要的作用，例如危险品规则，它在运输货物时必须要考虑。海关和跨境管理涵盖了范围广泛的贸易便利化问题，其目的是促使与进口、出口清关和跨境转口交易相关的政府服务和规则更加可预见、透明，并获得更高的效益和效率。除了海关清关等方面，本领域还包括与跨境管理和供应链安全相关的贸易便利化措施。支付是国际贸易交易中的一个关键阶段。迅捷和全额付款能够影响到企业（尤其是中小企业）在市场中竞争和存活的能力。本领域涉及许多支付环节的干预手段，包括针对逾期付款的限制进行立法，支付规程和单证的简化和标准化，以及使用贸易融资工具。

路径和方法领域介绍了支持贸易便利化努力的概念和解决方案，由实施贸易便利化的一般方法（The generic approach to TF Implementation）、电子商务解决方案（E-business solutions）、业务流程分析（Business Process Analysis）和协商与合作（Consultation and Cooperation）等四部分构成。实施贸易便利化的一般方法对于如何制定贸易便利化改革计划以及如何监督改革带来的问题和挑战，实施贸易便利化的通用模式提供了一个简化的筹划和描述。它由一系列的步骤组成，从对跨境货物和服务交易的评估，直到追踪改革及其目标完成情况和带来的影响。电子商务解决方案涵盖了与跨境贸易

交易所需的单证及信息之电子交换相关的各个方面，包括单证简化标准的使用，数据的统一化，以及企业、政府机构和其他相关贸易伙伴之间的协同能力等。业务流程分析通过提供方法对涉及的流程、参与方、交换的信息以及管理业务流程执行的规则进行分析，有助于实现贸易便利化项目的目标。其结果是以提高业务操作的效益和效率为目的，对相关业务的总结分析。协商与合作专注面向与贸易便利化相关的政策、举措和项目，搭建公共合作（public-public cooperation）和政府贸易协商（trade-government consultation）需要的框架。它阐释了这样的一个参与程序能够产生的效益和作用，探析了组织该程序时必须考虑的组织和管理方面的事务，并且详细说明了如何进行利益相关方的分析。

2. 推荐路径（Suggested Itineraries）

推荐路径回答了许多贸易便利化的常见问题，并且通过路线图探索了指南中的具体内容。其推荐的实现贸易便利化的路径包括：a. 世界贸易组织贸易便利化协定（TFA）；b. 构建单一窗口；c. 减少过境迟延；d. 使用信息与通信技术促进贸易便利化；e. 识别瓶颈和机会；f. 信息和通信技术应用实例；g. 规范贸易单证和数据；h. 创造可信赖的合作伙伴关系；j. 平衡监管和便利化。

3. 贸易便利化文献（Trade Facilitation Instruments）

在推进贸易便利化时，各个国家可以使用并参考国际文献或者最佳范例作为指导和灵感的来源。这些文献在法律性质和成员构成方面各不相同。为实现指南的目的，它们被划分为以下四类：a. 国际公约（Conventions），其具有法律拘束力；b. 建议和标准（Recommendations and Standards），其不具有法律拘束力。c. 指导方针和指南（Guidelines and Guides）；d. 汇编、案例研究和最佳范例（Compilations，Case studies and Best Practices）。每一项下都罗列与贸易便利化直接相关的各种文献，供各国采用。

4. 贸易便利化组织（Trade Facilitation Organizations）

许多政府间国际组织都参与到与贸易便利化相关的工作中。它们制定并实施贸易便利化方面的国际公约和协议，制定相关的标准、建议、指南和其他文件，向发展中国家和转型经济体提供相关的技术援助和能力建设，举办贸易便利化方面的论坛等。指南罗列了与贸易便利化具有密切联系的国际组织，供各国查询。

四 其他国际组织的贸易便利化规范

（一）国际民用航空组织（ICAO）的贸易便利化规范

国际民航组织是联合国的一个专门机构，成立于1944年，旨在促进全球国际民用航空的安全和有序发展。它规定了航空安全、保卫、效率和规律性所需的标准和规则，以及航空环境保护的标准和规则。该组织是其191个成员方之间民用航空领域合作的论坛。其与贸易便利化有关的文件是《国际民用航空公约》（以下简称《芝加哥公约》），尤其是该公约的两个附件：附件9 – 便利化和附件17 – 安全。[①]

国际民航组织根据《芝加哥公约》10个条款[②]的规定设立了国际民航组织便利化项目［ICAO Facilitation（FAL）Programme］。这些条款要求民航界遵守与海关、移民、农业和公共卫生机构检验检查航空器、货物和乘客有关的法律法规。根据公约的规定，各国有义务采取相关标准和加快办理必要的手续，以尽量减少业务延误。作为执行这项任务的手段，FAL项目旨在帮助国家实现通关业务效率的最大化，同时实现和保持高质量的安全和法律的有效实施。国际民航组织为了实现这些目标而设计和编制的"标准和推荐的做法"（SARPs）就规定在公约的附件9中，并且这些"标准和推荐做法"持续地得到升级和更新。

（二）国际海事组织（IMO）的贸易便利化规范

国际海事组织是联合国的一个专门机构，成立于1959年，其主要任务是发展和维护国际航运规则，其中包括安全、环境问题、法律问题、技术合作和航运效率。国际海事组织处理各种影响航运的技术问题，包括海上安全、航行效率及船舶污染预防和控制。贸易便利化和安全是国际海事组织与国际贸易有关的工作领域。《国际便利海上运输公约》是其制定的对贸易便利化影响最大的公约。其旨在通过简化和尽量减少与国际航行船舶的到达、

---

① See ICAO Chicago Convention, http：//tfig. unece. org. /contents/chicago-convention. htm. 2015 – 08 – 12.

② 《芝加哥公约》第10条"在设关机场降落"、第13条"入境及放行规章"、第14条"防止疾病传播"、第22条"简化手续"、第23条"海关和移民程序"、第24条"关税"、第29条"航空器应备文件"、第35条"货物限制"、第37条"国际标准及程序的采用"、第38条"背离国际标准和程序"。

停留和离开有关的手续、数据要求和程序，以便利海上运输。公约包含了与此目的相关的标准和推荐做法。其主要贡献是采纳了一套标准的便利化表格，以使船舶能够尽快地办理到港和离港的报告手续。这套标准表格包括国际海事组织一般申报单、货物申报单、船员和旅客名单以及危险货物申报单。

国际海事组织《国际海上人命安全公约》（SOLAS）旨在制定统一原则和有关规则，以增进海上人命安全。美国"9.11"恐怖袭击事件发生后，各成员方一致同意对公约进行修改以提升船舶和港口的安全水平。其成果就是《国际船舶和港口设施法典》（International Ship and Port Facility Code, ISPS Code）。ISPS Code 规定了保障海上安全的要求和条件，以及实现和满足这些条件的建议。①

除上述国际组织外，国际贸易中心（ITC）、国际伊斯兰贸易金融公司（ITFC）、经济合作与发展组织（OECD）、世界银行（WB）、国际商会（ICC）、全球运输和贸易促进伙伴关系（GFPTT）、联合国亚洲和太平洋无纸贸易专家网（UNNEXT）等政府国际组织和非政府间国际组织以及网站也参与贸易便利化工作，并从不同方面制定了与贸易便利化相关的规则、标准和指南。例如，国际商会制定的许多规则、标准和指南都具有贸易便利化作用，如《国际贸易术语解释通则》《海关指南》《跟单信用证统一惯例》等。国际商会设立的"关税和贸易管制委员会"、"银行技术与实务委员会"和"商业法律和事务委员会"等三个委员会的工作对贸易便利化工作具有重要影响。再如，联合国亚洲和太平洋无纸贸易专家网，该网站由联合国亚洲及太平洋经济社会委员会和欧洲经济委员会共同创立，它支持在国家层面、区域层面和洲际层面实施贸易便利化、单一窗口和无纸化贸易的努力。它强调人员培训、知识分享和经验推广，同时致力于推广 UN/CEFACT、WCO 以及其他相关组织制定的贸易程序简化和自动化的国际标准。其所制定的具有代表性的指南有《UNNEXT 数据统一及模式化指南》《UNNEXT 业务流程分析指南》《UNNEXT 电子单一窗口法律问题：能力建设指南》《UNNEXT 单证合规指南》等。

---

① See International Ship and Port Facility Code（ISPS Code），http：//www.imo.org/en/OurWork/security/instruments/pages/ispscode.aspx. 2015 – 08 – 13.

第三节　贸易便利化建设可借鉴的经验

一　贸易便利化建设可借鉴的国外经验

（一）欧盟贸易便利化的经验

为了促进贸易便利化，欧盟对 1992 年制定的《欧洲共同体海关法典》（CCC）进行了修订，并于 2008 年通过了《欧盟现代化海关法典》（MCC），为贸易便利化的实施提供了法制保障。实践表明，欧盟贸易便利化制度的实施，对增强欧洲商业竞争力起到了非常大的促进作用。与旧法典相比，新海关法典大大简化了原先的海关程序，并为进出口商追踪货物的运送情况提供了便利。其实施的最典型的贸易便利化措施主要有四项，第一项是 AEO 制度[①]。AEO 是世界海关组织《全球贸易安全与便利化标准框架》的核心内容之一。根据欧盟 EC648/2005 号条例，欧盟授权各成员国政府，可以向符合欧盟统一标准的经营者颁发"经认证的经营者"资格证书，在欧盟关境内适用。这些经营者在欧盟海关清关时可以获得更为便捷的海关待遇，即在通关时可以减少对货物和文件的检查。即使在受控的情况下经认证的经营者也会得到优先的处理，从而达到节约时间和费用的效果。第二项是"统一清关"制度。2007 年下半年欧盟正式颁布了协调规则下的进出口报关单，贸易商可使用 SAD-H 单一行政文件，并采用电子方式报关；进出口办事处根据进出口商提供的文件进行风险分析，并将分析结果转交货物实际过境的成员国的边境海关办事处。经认证的经营者只要提交报关单，其货物便可以获得放行，并可直接在欧盟市场内自由流通。第三项是"单一窗口"即"一站式平台"制度。根据"单一窗口"的规定，经营者可采用电子方式将海关及负责边境管理事务的其他部门要求的资料递交给一个单一联络点。基于"一站式平台"，针对不同用途而进行的检验将由所有部门同时同地进行。这样可以极大地简化通关程序，便利合法经营者。第四项是"电子海

---

① AEO 即"经认证的经营者（Authorized Economic Operator）"，在世界海关组织制定的《全球贸易安全与便利化标准框架》中被定义为："以任何一种方式参与货物国际流通，并被海关当局认定符合世界海关组织或相应供应链安全标准的一方，包括生产商、进口商、出口商、报关行、承运商、理货人、中间商、口岸和机场、货站经营者、综合经营者、仓储业经营者和分销商。"

关系统"制度。2007 年，欧盟开始引入统一的风险评估和控制标准，并着手对电子海关系统和工程框架下的一系列法律法规进行改革，以便在各成员国海关间建立计算机互联系统。《欧盟现代化海关法典》明确了电子化通关的要求，即所有欧盟进出境货物、人员和信息，除特殊情况外，都必须在进出境前通过海关电子计算机网络系统进行预先申报；贸易商与海关部门之间的所有数据、随附文件、决议及通告均须采用电子数据处理技术；要求所有进出欧盟关境的货物的有关信息都从原先的纸质单证报关改为通过电子数据报关。

《欧盟现代化海关法典》旨在调整海关立法和实践，使其更适应电子海关的需要，同时简化和重构海关规则。其本打算在实施细则生效后可以完全实施，然而由于种种原因原来的立法计划受阻，[①] 欧盟委员会决定在其计划实施日之前"重铸"《欧盟现代化海关法典》。2013 年 10 月 9 日，欧盟通过了《欧盟海关法典》（UCC），UCC 将于 2016 年 6 月 1 日取代现行的《欧洲共同体海关法典》，成为 28 个欧盟成员国必须采用的海关领域新立法框架。新的《欧盟海关法典》旨在推动贸易法规更大程度的确定性，提升欧盟境内海关组织的透明度，同时寻求进一步改进和简化海关规则程序、协调决策议程、提高海关事务效率。新法典整合了多项截至目前已有个案基础应用和代表性的重要规则和惯例。其主要内容有：a.《欧盟海关法典》预计 2020年底将完全实现无纸化环境的转变。届时，海关将完全依赖可以实现企业与海关信息交换的电子化数据处理技术。为了实现这一重大目标，欧盟已经制定了多项年度战略计划，其中确定了实现完全计算机化的日期。b. 新的《欧盟海关法典》也将给经授权经营者带来利益。例如，经授权经营者可以适用集中清关程序，其可以在企业所在地，而无须到货物进口地或消费地的欧盟成员国报关交税。经授权经营者也可以将处于暂时存储状态下的货物运输到其他成员国。除此之外，经授权经营者还可以从某些关税减免以及提供较少数量担保后延迟交税中获益。对于经授权经营者而言另一个重大变化就是货物放行后自由流通的时间。只要经授权经营者报关后货物就被认为是已经放行可以自由流通了，而不需要向海关提交货物。然而，海关仍保留要求企业递交纸质单证以及在货物或单证存放地实施查验的权力。c.《欧盟海

---

① 例如，作为《欧盟现代化海关法典》（MCC）关键因素的新海关 IT 系统的引进遇到问题，《里斯本条约》的额外规定导致实施细则的通过将需要不同的程序等。

关法典》进一步对进料加工、海关监管下加工及销毁做出统一规定。在新海关法典下，经授权经营者有更充裕的时间决定是将最终产品复出口、销毁还是内销。现行的进料加工退税系统将不复存在。d.《欧盟海关法典》对成员国决策做出统一规定，并规定应在做出对企业不利的行政决定之前进行听证（但不是所有类型的决定都适用，例如强制关税信息和原产地决定等不能适用）。e.《欧盟海关法典》预期暂时存储规定将有改变，包括将存储时间延长至 90 天①，以及将来可能不需要转运程序就可以在不同海关间将暂时存储货物进行转移。《欧盟海关法典》立法和程序的简化有望为经营者降低成本，增加法律的确定性。从长远来看，《欧盟海关法典》还有望让经营者从信息技术中获益，这样在提高海关监管成效的同时，也降低了成本负担。

2015 年 7 月 28 日，欧盟委员会通过了推动欧盟海关体系现代化和一体化的实施细则，旨在进一步支持跨境贸易、提高各成员国海关合作水平。其主要包括以下内容：一是简化进口货物通关程序；二是明确对欧盟经济实体的同等待遇；三是确保海关决定和授权在欧盟全境内有效；四是为新的 IT 系统建立统一数据规范，确保各国数据无缝交换；五是加强风险管理，加强打击违法、违禁货物贸易、恐怖主义和其他犯罪行为。② 现代、高效的海关体系有利于国际贸易和经济增长，对于保护欧盟公民安全和成员国利益也至关重要。

（二）美国对外贸易区的贸易便利化经验

1934 年 5 月 29 日，美国国会制定了《对外贸易区法案》，旨在于靠近海关口岸的地区，建立特别封闭区，进入该区域的外国或美国产品享有"境内关外"的法律地位，不受美国海关法的约束，无须申报，也不必缴纳关税和从价税。美国的"对外贸易区"是中国正在建设的自由贸易区的另一种称谓。近年来，美国在对外贸易区推行了一系列贸易便利化方面的改革措施。这些改革是建立在对外贸易区使用者知法自律和美国政府为其提供服务的理念之上的。第一，海关推进区内贸易便利化的改革以使用者知法自律为前提。美国在对外贸易区内实行的是公司主导型管理体制，海关一般不在对外贸易区派驻机构，没有特殊情况，海关人员不会进入对外贸易区。货物

---

① 现在是 20 天或 45 天，取决于是否为海运。

② 参见《欧盟通过海关现代化实施细则》，http://www.leisure-cn.com/news/industry/20150811/12038.html，最后访问日期：2015 年 8 月 17 日。

入区备案、区内自由储存流动、出区核销均由企业自行管理。海关将监管的重点放在货物进入国内市场的卡口上，对区内则实行委托管理和自主管理制度。第二，海关监管的指导思想是提供服务。虽然美国《对外贸易区法案》几经修改，但其为区内使用者提供服务的宗旨始终未变。美国的《对外贸易区法案》规定，对对外贸易区进行检查，必须集中在有问题的地区，并且不能妨碍日常工作。提请对外贸易区委员会进行检查，必须是直接受到影响的公司，而且必须具备充分的理由。

美国对外贸易区推进贸易便利化的具体制度有以下几方面。

1. 直通程序和周报关制度

美国海关对对外贸易区企业实行两大物流便利政策：一是直通程序，即由区内进口货物的企业以自己的名义向所在地口岸海关关长提出申请，获准直通程序的货物不论在哪个口岸抵达，都可以直接按保税方式运入对外贸易区，其平均运输时间有效缩短一至两天；二是由 2000 年修改的《贸易发展法案》所确立的周报关制度。对外贸易区使用者对于运往区外需要报关的货物，可以申请为一周集中申报一次。从而使企业减少了繁杂的申报手续，并节约了相当于货值 0.21% 的报关费用。

2. 海关审计核查便利化制度

美国海关对区内货物的监管方式，已经从传统的逐票逐单核查转变为审计核查。在该制度下，海关不再保存库存记录，海关人员也不再定期到区内仓库检查，而是由承担区域管理之责的对外贸易区营运商实施必要的监管责任，具体负责对区内货物的票据、样本、造册、生产、安全及存储情况等进行监管，海关则通过审计和核查方式进行后续监管。海关监管方法包括审计检查和现场查验。审计检查由海关监理审计师负责，对区域内当年或过去几年的所有交易记录等进行审查。海关也可以不经事先通知就对区域内实施现场查验，其内容包括交易情况、库存货物分类、登记及交接手续等。海关审计核查便利化制度极大地减少了海关的日常监管工作量，提高了货物出入对外贸易区的便捷度。同区外进口集装箱货物 3% ～5% 的海关现场查验率相比，对外贸易区的物流优势十分明显。

3. 货物分类监管的便利化制度

为满足当前货物无国界生产和全球分销运作的需求，在严密监管的同时，降低企业的物流成本，美国对外贸易区对进入区内的货物设定了四类货物地位，分别给予其不同的通关待遇。第一类是优惠的国外状态，国外货物入区后，在未经任何加工前，货主可以向海关申请其为"优惠的国外状态"，由此，该货物的海关进口税号和税率，就按申请日的税则号和税率被评估确定下来。第二类是对外贸易区受制状态，对从美国关境入区只以出口、销毁或储存为目的的货物，可以申请为该状态。一旦设定为该状态，非经特殊批准程序，不可以改变此状态或返回美国国内，也不得对其进行加工、制造或组装等处理。第三类是非优惠的国外状态，即没有申请为优惠的国外状态的货主可以选其为"非优惠的国外状态"。当该状态的货物进入美国关境时，对其按照入境时的税则号和税率向海关纳税。第四类是国内状态，即美国国内生产制造的已缴纳所有税项的商品，或国外进口已完税的商品。国内状态的货物包括用于维修和包装的材料，无须申请和批准可以自由进出对外贸易区。

4. 全面实施信息化管理制度

在监管手段上，美国对外贸易区海关注重运用计算机技术，对货物入区出区及区内流动，实施动态监管，从而将繁杂的进出区海关手续降低到最低限度。例如，美国迈阿密第 32 号对外贸易区 1994 年货物进出区总值达 12 亿美元，而办理海关手续的海关人员仅为 2 人。

（三）APEC（亚太经济合作组织）贸易便利化经验

APEC 贸易便利化行动和措施涉及货物流动、标准、商务人员流动和电子商务等四个领域，共包括 24 个方面的内容和 96 项行动措施。

1. 标准

标准问题是 APEC 贸易便利化的一个重要领域，涉及以下四个方面的内容：a. 使各成员的国内标准与国际标准保持一致，技术性规章的开发和执行遵循最佳惯例原则。各成员首先在优先领域使其国内标准与国际标准相一致；参照国际标准，调整妨碍成员间货物相互认可的规章制度和程序；执行世贸组织技术性贸易壁垒委员会关于开发国际标准、指南和建议原则的决定，使涉及国际标准的贸易协定、国内法律和规章在术语使用上与世贸组织技术性贸易壁垒委员会的决定相一致。b. 在受管理的部门和自愿的部门之间实现一致化评估认可。在一致化评估认可涉及的行业中，电子和电气设备、食品、电话等产品的一致化评估相互认定安排是各成员采取行动的重点领域。c. 技术基础设施的建设。主要是鼓励各成员参与技术基础设施中期发展计划。d. 确保各成员标准和一致化评估的透明度。

2. 货物流动

在 APEC 贸易便利化领域中，货物流动涵盖的内容最为广泛，各成员和工作组的行动主要集中在以下方面：海关和其他与贸易有关的法律和规章信息的公共使用性；恰当的、透明的和可预测的与贸易有关的程序；《京都公约》基础上的简化和协调；遵照协调关税制度，协调关税结构；采用 WTO 估价协议的原则；与贸易有关的程序的无纸化、自动化；采取标准电子格式和一致化数据要素快件物品清关指南；风险管理；临时进口条款；清晰申诉条款等 11 个方面。

3. 电子商务

APEC 要求各成员要减少电子商务壁垒并加速电子商务的普及使用。就电子商务壁垒的减少而言，各成员可以通过内容广泛的范例交换，确定电子商务壁垒的种类和内容，然后找出最佳的解决方法，并且以高层次承诺的方式切实克服这些障碍。在加速电子商务的使用方面，要求各成员为使用安全的电子支付方式提供便利，对消费者和企业进行电子商务法律教育，通过提高透明度减少商业成本。

4. 商务人员流动

影响商务人员流动便利化的主要因素是程序性规定和技术性要求。各成员围绕促进人员流动和信息、交通技术使用两方面采取了以下措施：开发和制定旅行文件检查、专业服务、旅行文件安全性以及移民立法等方面的标准；根据 APEC 已达成的 30 天标准简化公司内部人员的跨境流动程序，缩短时间，提高效率；继续实施和促进 APEC 商务旅行卡计划，对出于商业目的的跨境商务活动，给予签证上的便利；在技术上采用先进的旅客信息系统，实现通过网上获得签证信息和申请表等内容。

从 2001 年开始，APEC 在贸易便利化措施方面先后实施了 4 个总体原则或行动计划，[①] 以循序渐进地实现贸易便利化目标。另外，新加坡和中国香港在电子商务和电子政务建设方面的经验亦值得借鉴。

---

① 其具体包括：在 2001 年提出了贸易便利化具体原则；在 2002—2006 年，执行贸易便利化行动计划的第一阶段，总体目标是贸易交易成本降低 5%；在 2007—2010 年，执行贸易便利化的第二阶段，目标是贸易交易成本在第一阶段基础上再降低 5%；在 2010—2015 年，贸易便利化的主要措施是供应链连接性框架行动计划，其目标是，到 2015 年使整个供应链内的货物和服务流动在所需的时间、成本和不确定性方面的总体绩效提升 10%。（参见刘重力、杨宏《APEC 贸易投资便利化最新进展及中国的策略选择》，《亚太经济》2014 年第 2 期，第 26 页）

二 贸易便利化建设可借鉴的国内经验

中国（上海）自由贸易试验区自 2013 年 9 月 29 日正式成立以来，作为货物贸易领域的一项改革措施，其在贸易便利化领域开展了一系列富有建设性的制度创新。尤其值得关注的是，上海海关提前推出的 14 项"可复制、可推广"的自贸区贸易监管制度。这 14 项海关制度已分为两个阶段实施：第一批 7 个项目在 2014 年 5 月 1 日之前和 5 月 1 日起推广实施；第二批 7 个项目于 5 月 1 日后至 6 月 3 日前推广并实施。第一批项目包括：先进区、后报关制度；加工贸易工单核销制度；区内自行运输制度；保税展示交易制度；境内外维修制度；期货保税交割制度；融资租赁制度。第二批项目包括：批次进出、集中申报制度；简化通关作业随附单证制度；统一备案清单制度；内销选择性征税制度；集中汇总纳税制度；保税物流网络监管制度；智能卡口验放管理制度。

"先进区、后报关制度"调整了原来一线进境货物先报关再进区的通关作业流程，其允许企业先凭借货物舱单信息提货进区，再在规定的时限内办理海关申报手续。这样安排的好处是可以降低通关的时间成本，大大提高通关效率。"加工贸易工单核销制度"的核心在于依托对使用企业资源计划系统（ERP）的加工制造企业实施联网管理，从而取消单耗审核与备案，并以企业每日自动发送的工单数据为基础进行核销。该措施有助于解决海关法定的计算库存和企业实际库存不一致的问题，从而减少企业很多不必要的释明。"区内自行运输制度"是指符合条件的区内企业可以在自贸区的 4 个海关特殊监管区域间通过信息化系统数据对比，实行自行运输，可不再使用海关的监管车辆。这样可以克服过去必须使用海关监管车辆所造成的成本高、效率低的弊端。"保税展示交易制度"允许符合条件的区内企业向海关提供足额税款担保（保证金或保函）后，在区外或者区内指定的场所开展保税展示交易，对展示期间发生的内销货物实施先销后税、集中申报。相比传统做法，新措施不仅有利于缓解企业的资金压力，而且为企业提供了更大的灵活性。如果商品的市场反应不佳，其可以选择在保税状态下退货。这样可消除企业引进海外产品时的担忧。"境内外维修制度"的出台是为了促进传统加工贸易①转型

---

① 传统加工贸易主要集中在劳动密集型产业，通常产品附加值低且伴随着较严重的污染等不利因素。

升级。该制度鼓励、推动加工制造业向研发、检测及维修等高附加值的前后两端延伸。其具体操作是，允许符合条件的区内企业开展高技术、高附加值、无污染的境内外维修业务，海关参照保税加工监管模式，依托信息化系统实施管理。"期货保税交割制度"则是为期货的实物交割提供一个特殊场所。区内企业在自贸区内可以保税监管状态的货物为标的物，从而展开期货的实物交割。"融资租赁制度"是为了促进区内融资租赁业的发展而出台的。在自贸区内海关对融资租赁货物按照审查确定的分期缴纳的租金分期征收关税和增值税。同时允许符合规定条件的企业，以保税的方式对纳税提供担保。这样可以降低企业成本，缓解现金压力，吸引融资企业入区经营。

"批次进出、集中申报制度"旨在简化通关手续、扩大企业申报自主权，从而降低企业资金占用成本。与传统的"一票一报"方式不同，该制度采取"多票一报"的方式，允许企业货物分批次进出，并在规定期限内集中办理报关手续，以提高企业的报关效率。"简化通关作业随附单证制度"取消了对一线进出境备案清单以及二线不涉税的进出口报关单随附单证的要求，以提高通关效率。上海海关已会同上海出入境检验检疫局决定取消一线进境环节的通关单的验核，目前正不断扩大随附单证的取消范围。"统一备案清单制度"将自贸区内不同海关特殊监管区域的两种备案清单格式统一为三十项申报要素。其旨在实现规范简捷申报，减轻企业负担，推进自贸区一体化运作，对其企业和海关当局均有益处。"内销选择性征税制度"是指对区内企业生产、加工并经"二线"销往国内市场的货物，企业可根据其对应进口料件或实际报验状态，选择缴纳进口关税。这样企业就可以选择更为优惠的税率，不仅能够帮助企业减低成本，扩大内销，而且可以提升区内企业的竞争力，吸引更多企业进入自贸区。"集中汇总纳税制度"旨在将传统的海关主导型税收征管模式转变为企业主动型的征管模式。在企业提供有效担保的前提下，其允许企业在规定的纳税周期内，对已放行货物向海关自主集中缴付税款。海关由实时性审核转为集约化后续审核和税收稽核。与传统的"一单一缴"相比，征管手续得到简化，通关效率得到提升，企业成本得以降低。"保税物流网络监管制度"旨在改革现行的仓储备案、盘库、核销等传统模式，对使用仓储管理系统（WMS）的企业，实施"系统联网＋库位管理＋实时核销"的管理模式，对货物进、出、转、存情况进行实时、动态管理，提升物流运作的效率。"智能卡口验放管理制度"是指海关依据卡口核放单，运用智能化设备自动读取电子车牌号码、集装箱号、车载重量（电子地磅数据）、安全智能锁等监管数据，进行海关监管信息的自动比对、风险判别，完成车辆 GPS（全球定位系统）运行轨迹自动核销、货物查验或者放行指令处置等卡口智能化管理作业，实现车辆分流、自动验放。① 与过去车、货物的进出由人工办理手续相比，其大大缩短了车辆过卡时间，提高了通关效率。由于不再需要更多人工干涉，更加安全高效。

2014 年 12 月 21 日国务院发布了《国务院关于推广中国（上海）自由贸易试验区可复制改革试点经验的通知》（国发〔2014〕65 号），经党中央、国务院批准，上海自贸区的可复制改革试点经验将在全国范围内推广。这些经验被简称为"29＋6"。② 这些经验除与上述 14 条经验重叠之外的经验也都与贸易便利化建设具有直接和间接的联系。2015 年 6 月 25 日上海自贸区又发布了《上海海关深化自贸区改革 8 项制度情况一览表》，③ 进一步推动贸易便利化的纵深发展。

上海市在自贸区成立之前就非常重视贸易便利化的制度建设。2013 年 1 月 1 日生效的《上海市推进国际贸易中心建设条例》第五章专门对贸易便利化进行规定，该条例开了国内贸易便利化地方立法的先河。2014 年 8 月 1

---

① 参见《上海海关关于中国（上海）自由贸易试验区海关智能化卡口管理的公告》（2014 年第 25 号），http://www.customs.gov.cn/publish/portal27/tab61724/info710338.htm. 最后访问日期：2015 年 8 月 14 日。

② "29"指投资管理领域：外商投资广告企业项目备案制、涉税事项网上审批备案、税务登记号码网上自动赋码、网上自主纳税、纳税信用管理的网上信用评级、组织机构代码实时赋码、企业标准备案管理制度创新、取消生产许可证委托加工备案、企业设立实行"单一窗口"等；贸易便利化领域：全球维修产业检验检疫监管、中转货物产地来源证管理、检验检疫通关无纸化、第三方检验结果采信、出入境生物材料制品风险管理等；金融领域：个人其他经常项下人民币结算业务、外商投资企业外汇资本金意愿结汇、银行办理大宗商品衍生品柜台交易涉及的结售汇业务、直接投资项下外汇登记及变更登记下放银行办理等；服务业开放领域：允许融资租赁公司兼营与主营业务有关的商业保理业务、允许设立外商投资资信调查公司、允许设立股份制外资投资性公司、融资租赁公司设立子公司不设最低注册资本限制、允许内外资企业从事游戏游艺设备生产和销售等；事中事后监管措施：社会信用体系、信息共享和综合执法制度、企业年度报告公示和经营异常名录制度、社会力量参与市场监督制度，以及各部门的专业监管制度；海关监管制度创新：期货保税交割海关监管制度、境内外维修海关监管制度、融资租赁海关监管制度等措施；检验检疫制度创新：进口货物预检验、分线监督管理制度、动植物及其产品检疫审批负面清单管理等措施。"6"指企业设立实行"单一窗口"、社会信用体系、信息共享和综合执法制度、企业年度报告公示和经营异常名录制度、社会力量参与市场监督制度、完善专业监管制度。

③ 这 8 项制度分别为：海关执法清单式管理制度、离岸服务外包全程保税监管制度、大宗商品现货市场保税交易制度、"一站式"申报查验作业制度、"一区注册、四区经营"制度、美术品便利通关制度、归类行政裁定全国适用制度、商品易归类服务制度。

日生效的《中国（上海）自由贸易试验区条例》亦在第四章对贸易便利化进行了专章的规定。更应引起重视的是，上海市早在2009年8月就制定了《上海市贸易便利化工作规程》（沪府办发〔2009〕27号），根据该规程成立了上海市贸易便利化联席会议（以下简称"联席会议"），负责协调解决上海市贸易便利化工作中的重要问题。联席会议成员单位由上海市商务委、市发展改革委、市国税局、市地税局、市口岸办、市金融办、市工商局、上海海关、上海出入境检验检疫局、外汇管理局上海市分局等部门组成。市政府副秘书长、市商务委主任任召集人，联席会议各成员单位分管领导为成员。联席会议下设工作小组，负责协调处理本市贸易便利化工作中的日常事务和一般性问题。工作小组由市商务委牵头，组长由市商务委分管副主任担任，相关业务处长担任执行副组长，联席会议各成员单位联络员为工作小组成员。联席会议成员单位议事由三个层面组成：①联席会议成员会议。充分发挥联席会议各成员单位的作用，按各自职责分工，各司其职，形成合力。联席会议成员会议每半年召开一次，每次选取一个专题进行重点研究。②工作小组成员会议。在联席会议的领导下，工作小组按照各自的业务范围和职能，每月召开会议，通报贸易便利化工作情况，协调处理贸易便利化工作中的日常事务和一般性问题。③专项问题工作会议。对企业反映集中、涉及联席会议成员单位不多的问题，工作小组及组成部门根据问题涉及的范围和紧迫性，及时召开专项问题工作会议，快速协调处理这类问题。其贸易便利化日常工作机制包括：①企业反映及要求的收集；②对企业反映的整理归类；③对企业反映的办理；④及时反馈；⑤年终小结。为了使联席会议能卓有成效地工作还制定了两个附件，其中附件一《上海市贸易便利化联席会议各成员单位职责》明确规定了各成员单位促进贸易便利化的职责，并要求各成员单位在联席会议的领导下，依据国家和市政府赋予的职责，以"行政效率最高、行政透明度最高、行政收费最少"为目标，支持和促进上海货物进出口贸易便利化工作。附件二《上海市贸易便利化指标框架》确立了适用于进出口货物贸易的贸易便利化的指标体系，以衡量各部门的工作效率。贸易便利化的指标体系主要分三类，包括9个服务管理指标、3个效率指标和1个成本指标，共13个。这13个指标根据贸易开展顺序，分别归入贸易开展前、贸易开展中、贸易开展后三个阶段。贸易开展前的指标包括工商注册登记、外贸经营权备案登记、报关单位注册登记和报检单位备案等四项；贸易开展中的指标包括电子申报率、海关报关单企业规范申报率、海关税费电子支付率、海关证明联签发、检验检疫业务、许可证业务等六项；贸易开展后的指标包括外汇管理业务、出口退税业务、进出口行政收费增减率等三项。每一项指标都有具体的要求，例如贸易开展前对申请自理报关单位（进出口收发货人）注册登记的企业，材料齐全的，海关要在 7 个工作日内完成审核，并办理注册登记证书；贸易开展中，企业办理出口许可证一般情况下要在 3 个工作日内完成；而在贸易开展后的出口核销阶段，绝大部分企业可现场办理，对少部分报送量大、一时无法当场办结的企业，则采取预约核销方式，一般在 3 天内办结，至于出口退税，从受理正式申报到单证审核、机审、签批，完成上述四个环节最长不能超过 20 个工作日。此外，有关进出口管理部门在办理进出口业务过程中收取的行政性费用占年度进出口额的比重，也要被纳入衡量指标之列。

第四节　河南省自贸区贸易便利化建设的优势和不足

一　河南省自贸区贸易便利化建设的优势

（一）区位条件优越

河南省自贸区地处内陆腹地，是丝绸之路经济带西向、南向和连接 21 世纪海上丝绸之路的交汇点，具有独特的区位条件，市场辐射带动潜力巨大。郑州航空港经济综合实验区空域条件较好，便于接入主要航路航线，适宜衔接东西南北航线，开展联程联运，有利于辐射京津冀、长三角、珠三角、成渝等主要经济区，具有发展陆空运输的独特优势；中原国际陆港核心区位于郑州经济技术开发区北部、中心城区东部。该项目选址在郑州铁路集装箱中心站附近，其功能定位为铁路一类口岸、多式联运中心、城市配送中心、区域分拨中心、国际物流中心、综合保税区。未来，这里将依托航空、铁路、公路"三大口岸"的作用，成为具有货物集散和商贸服务功能的现代物流中心，构建"内集外输、外进内疏"的综合物流平台，逐步建设沿海基本港的内陆港和辐射中亚、欧洲的"东方陆港"。①

---

① 徐智慧：《中原国际陆港城市设计公示定位六大功能（图）》，http://hn.ifeng.com/
hnzhuanti/xinsilu/baodao/detail_2014_06/03/2371140_1.shtml. 最后访问日期：2015 年 8
月 22 日。

（二） 陆空衔接高效

郑州市为河南自贸区的主体城市、"一带一路"重要节点城市和国家重要的综合交通枢纽，1.5 小时车程可以覆盖中国 2/3 的主要城市和 3/5 的人口。① 郑州机场是国内大型航空枢纽，规划建设 4 条跑道，发展空间大；郑州市是全国铁路网、高速公路网的重要枢纽，以郑州为中心的"米"字形高铁网正在加快建设，河南所有县城均可实现 20 分钟之内车上高速。陆空对接、多式联运、内捷外畅的现代交通运输体系日益完善，综合交通枢纽地位持续提升。业内人士分析，和其他城市相比，郑州也是中部地区物流最快捷、成本低廉的城市。

（三） 对外贸易发展势头良好

郑州机场货邮吞吐量增速居全国重要机场前列，智能手机生产基地初步形成，一批电子信息、生物制药、血液制品、生物能源、生物育种、新型合金材料、航空运输等企业加快集聚，对外贸易量连年攀升。郑欧班列常态化运营，班次密度、货值货重均居中欧班列首位；国际陆港累计实现集装箱吞吐量 12.5 万标准箱；汽车整车进口口岸正式运营，成为全国首家陆港汽车口岸；肉类口岸、食品药品口岸、粮食口岸加快建设，已形成集聚效应。②

（四） 跨境贸易电子商务综合改革试点建设，为河南自贸区电子商务建设奠定基础

2012 年 9 月 12 日，国家电子商务示范城市郑州市跨境贸易电子商务服务（简称 E 贸易）试点项目正式启动。2015 年上半年河南电子商务交易额 3860 亿元，同比增长 36.4%，其中网络零售交易额 660 亿元，增长 52.6%。截至 2015 年 7 月 22 日，河南获批国家级电子商务示范基地达到 3 家、示范企业 7 家，省级电子商务示范基地 11 家、示范企业 56 家；已建成省级电子商务园区 12 家。国内外知名电商企业纷纷落户河南。③ 将在河南建设的中国（中部）国际电子商务港已完成项目总体规划，建成后将成为仅次于天

---

① 徐智慧：《中原国际陆港城市设计公示定位六大功能（图）》，http://hn.ifeng.com/hnzhuanti/xinsilu/baodao/detail_ 2014_ 06/03/2371140_ 1.shtml. 最后访问日期：2015 年 8 月 22 日。

② 朱琨、田园等：《融入"一带一路"河南在路上》，《大河报》2015 年 1 月 31 日，第 A21 版。

③ 甲骨文、微软、阿里巴巴、百度等均在河南电子商务产业园落户；谷歌全球首个关键词体验中心已在郑州高新区落地。

津和温州的全国第三大电子商务港。①

（五）　具有较好的体制创新和先行先试的经验基础

郑州航空港经济综合实验区着力在航空管理、创新海关监管制度、服务外包政策、财税政策等方面开展先行先试，批次进出集中申报、保税展示交易、区内自行运输、境内外维修、统一备案清单、简化通关随附单证、集中汇总纳税等多项上海自贸区监管创新制度落地运行。金融集聚功能不断提升，涵盖银行、证券、保险、期货、信托、财务公司、基金等业态的郑东新区金融集聚核心功能区初步形成。航空港、铁路港、公路港和各类海关特殊监管区初步实现与国际化现代管理模式接轨。依托河南电子口岸平台的大通关机制基本设立。郑州率先获批国际快件出口总包直封权，郑州新郑国际机场成为中部地区唯一获批开展国际快件业务的机场。

（六）　具有后发优势

上海自贸区、福建自贸区、天津自贸区和广东自贸区成功的贸易便利化建设经验和制度创新为未来河南自贸区贸易便利化建设提供了宝贵的经验财富。未来河南自贸区的贸易便利化建设对这些经验和创新可以直接借鉴和实施，进而实现高起点跨越式发展。

总之，随着中原经济区和郑州航空港经济综合实验区的建设，郑州新郑综合保税区、郑州出口加工区、河南保税物流中心、中原国际陆港、郑州跨境贸易电子商务试点等功能的拓展和建设的加速推进，郑欧国际货运班列实现常态化运营，航空、铁路、公路口岸功能不断完善，各类园区与航空港联动机制初步建立，开放型经济发展势头强劲，这些均为未来自贸区贸易便利化创造了有利的条件。

二　河南省自贸区贸易便利化建设的不足

（1）对贸易便利化建设重视不足，缺乏顶层设计。虽然在《中国（河南）自由贸易试验区总体方案（草案）》中将投资贸易便利化列为未来自贸区的四大功能之一，然而正在落实的《中原经济区规划》和《郑州航空港经济综合实验区发展规划》（尤其是后者）尽管有大量涉及贸易便利化建设的内容，但"贸易便利化"在这两个重要文件中没有出现一次，且目前没

---

① 赵振杰：《全省电子商务交易额3860亿》，http：//www. hncom. gov. cn/market/show/86372. aspx，最后访问日期：2015年8月22日。

有一个文件对该问题进行总体布局和规划，更没有相应机构或机制对该问题进行专门的协调和处理。由于对贸易便利化建设的重要性认知不足，各相关部门缺乏积极主动推动贸易便利化建设的动力和压力。这对未来自贸区贸易便利化建设极为不利。

（2）尽管具有公路、铁路和航空运输高效衔接的客观条件，其高效衔接仍缺乏实体和制度保障。

郑州新郑综合保税区的引领和辐射作用并没有充分发挥出来。尤其是河南自贸区是将郑州、开封、洛阳及郑州航空港经济综合实验区"打捆"申报，如何保障各区块之间的有效衔接亦是一个需要重视的问题。

（3）货物的稳定、高效、快速出境通道急需完善，尤其是要打通出海大通道，降低物流成本。

（4）尽管各监管区正在推广学习上海自贸区的经验，但海关通关效率仍有待提高，监管模式仍有待完善，另外电子报关使用率不高，尤其是中小企业。

（5）电子商务和电子政务建设滞后，普及程度低。正如 2014 年制定的《河南省人民政府关于加快电子商务发展的若干意见》（豫政〔2014〕11号）指出的，虽然河南省近年电子商务发展环境和基础设施不断完善，发展势头较好，但总体上，河南省"电子商务处于发展的初期阶段，基础较弱，应用意识不强，推广范围不广，质量和水平有待提高"。同样，河南的电子政务建设已处于初期阶段，亟待完善和提高。

（6）贸易的制度环境有待提高，尤其是涉外民商事务争端解决机制、贸易救济及预警机制需要完善和提高。

（7）贸易便利化建设所需的高层次人才缺乏。

第五节　保障中原新常态的自贸区贸易便利化制度构建

一　宏观制度构建

（一）确立贸易便利化建设的总体指导思想

针对河南省独特的区位优势和经济发展状况，河南省将自贸区的功能定位设定为多式联运的国际物流中心、引领流通消费国际化的创新发展示范区、投资贸易便利的内陆开放高地、监管服务模式创新先行区等四个方面。① 贸易便利化被设定为未来自贸区的四大功能之一。自贸区的四大功能定位之贸易便利化乃狭义的贸易便利化。《UN/CEFACT 贸易便利化实施指南》根据 UN/CEFACT 的"购买－运输－支付模型"的步骤和程序将贸易便利化的业务领域划分为购买、装船和运输、海关和跨境管理以及支付四个方面。而自贸区四大功能定位之"多式联运的国际物流中心"涉及装船和运输环节；"引领流通消费国际化的创新发展示范区"涉及购买环节；"监管服务模式创新先行区"涉及海关和跨境管理环节。由此可见，自贸区之四大功能定位均被本书所持的广义的贸易便利化观点所涵盖，而作为未来自贸区郑州区块的"郑东新区金融集聚核心功能区"的打造正好涉及贸易便利化的支付环节。正如前面所述抓住贸易投资便利化这一核心，也就把握住了自贸区制度建设的核心。因而，河南自贸区建设应给予贸易便利化建设应有的战略地位，本着内外贸易统一的理念，借鉴国内外成功经验，采用国际通行的标准，以贸易便利化建设统领未来自贸区建设以及现在中原经济区和郑州航空港经济综合实验区的建设，使各部分建设能够统筹安排有机结合，加快转变政府职能，建立与国际投资、贸易通行规则相衔接的基本制度体系和监管模式，培育国际化、市场化、法治化的营商环境，建设具有国际水准的投资贸易便利、监管高效便捷、法治环境规范的自由贸易试验区。

（二）设立贸易便利化建设指导委员会

指导委员会的组成人员应具有广泛代表性，既要吸纳相关政府行政管理人员，也要涵盖便利化的各利益攸关方，如物流、贸易、生产、电信、金融企业等的代表，并吸纳国务院、商务部、国家海关总署、国家质检总局以及各知名高校的专家学者。该委员会负责贸易便利化的顶层设计。该委员会的设立不仅是自贸区建设以及中原经济区和郑州航空港经济综合实验区建设的实际需要，而且符合《贸易便利化协定》规定的精神。该协定第 13 条"机构安排"，要求 WTO 成立贸易便利化委员会负责该协定的执行，各成员方也要有相应的国内的贸易便利化机构负责国内协调和执行本协定。

（三）制定《中国（河南）自由贸易试验区贸易便利化建设条例》

2013 年 1 月 1 日生效的《上海市推进国际贸易中心建设条例》第一条

---

① 岳秀山：《河南加速申建自贸区，三大片区功能定位首曝光》，http://hn.ifeng.com/jingji/zhongyuanjingji/detail_ 2015_ 04/29/3844831_ 0.shtml，最后访问日期：2015 年 8 月 24 日。

明确规定"提高市场开放程度和贸易便利化水平，加快建设现代市场体系，营造良好的贸易发展环境"是其立法目的，并在第五章专门对贸易便利化进行规定，该条例开了国内贸易便利化地方立法的先河。2014 年 8 月 1 日生效的《中国（上海）自由贸易试验区条例》亦在第四章对贸易便利化进行了专门的规定。这些彰显了上海市和上海自贸区对贸易便利化建设的重视。然而，《上海市推进国际贸易中心建设条例》对贸易便利化建设的相关规定只是原则性的框架，《中国（上海）自由贸易试验区条例》第18—21条对海关监管的原则进行了具体的规定，第 22 条对自贸区内实行内外贸一体化发展做了原则规定，第 23 条规定应加强自贸试验区与海港、空港枢纽的联动，第 24 条对自贸区人员的出入境便利化做出了原则规定。这些规定虽然比《上海市推进国际贸易中心建设条例》的规定更为具体，然而，区区 7 个条款仍显得过于简单，且没能涵盖贸易便利化所涉及的其他内容。此种立法模式笔者认为无法满足未来河南自贸区贸易便利化建设的需要。因而，未来河南自贸区应当借鉴上海自贸区的经验，在将要出台的《中国（河南）自由贸易试验区条例》中对贸易便利做出原则规定，然后制定《中国（河南）自由贸易试验区贸易便利化建设条例》对贸易便利制度建设做出全面、科学、具体的规划和规定。《中国（河南）自由贸易试验区贸易便利化建设条例》如能顺利制定，必将成为国内第一个有关贸易便利化建设的专门立法，为自贸区贸易便利化建设提供有力的法制保障。

二　具体建设措施

（一）借鉴美国对外贸易区贸易便利化建设的成功经验，确立自贸区贸易便利化建设的基本理念

应该确立的自贸区贸易便利化建设的基本理念有两个。一是自贸区内的贸易便利化建设以区内企业守法自律为前提，即自贸区建设首先要完善各类法律法规，使区内企业有法可依。在有法可依的前提下在自贸区内实行公司主导型管理体制，海关一般不在自贸区派驻机构，没有特殊情况，海关人员不进入自贸区。货物入区备案、区内自由储存流动、出区核销均由企业自行管理。海关将监管的重点放在货物进入国内市场的卡口上，对区内则实行委托管理和自主管理制度。二是包括海关监管在内的各类政府管理机构确立提供公共服务的理念。在未来的自贸区立法中明确确立海关等监管机构的公共服务职能，对自贸区进行检查必须有充分的理由，必须集中在有问题的地

区，必须针对有问题的企业，且不能妨碍日常工作。

（二）借鉴上海经验成立并完善贸易便利化联席会议制度，推动建立贸易便利化的效率指标体系，规范贸易便利化工作流程

联席会议召集人至少应由商务厅厅长担任，由省商务厅、省发展改革委、省国税局、省口岸办、省金融办、省工商局、郑州海关、河南出入境检验检疫局、国家外汇管理局河南省分局等会员单位组成，同时吸纳各区县政府代表参加会议，邀请重点企业和行业组织代表列席会议。为了保障联席会议的高效运转，应制定《河南省贸易便利化工作规程》、《河南省贸易便利化联席会议各成员单位职责》和《河南省贸易便利化指标框架》。《河南省贸易便利化指标框架》的制定建议借鉴《上海市贸易便利化指标框架》和世界银行①等相关国际组织的指标体系进行制定。

（三）加强交通基础设施建设，构建现代交通网络

首先有序推进《郑州新郑国际机场总体规划（2009—2040）》的实施，建成第二跑道、第二航站楼，适时研究建设货运专用跑道、第三航站楼；建成郑州机场综合交通中心，实现客运零距离换乘。加快航空货运仓储设施建设，完善快件集中监管中心、海关监管仓库等设施，全面提升郑州机场航空货运保障能力。强化与国内外大型枢纽机场的合作，发展货运中转、集散业务，同时推进洛阳机场的改扩建。其次加快推进连通外部的公路、铁路建设，构建以空港和中原陆港为中心的放射状陆路交通网络。建成登封至商丘、新郑机场至周口等地方高速公路，与京港澳高速、机场高速和郑（州）民（权）高速共同构成"三纵两横"高速公路网。升级改造G107相关路段和S102、S223、S221线，形成"五纵六横"干线公路网。建成郑州东站至郑州机场至许昌、郑州机场至登封至洛阳、郑州至焦作、郑州至开封等城际铁路。加快建设以郑州为中心的"米"字形铁路网，更好地服务于未来自由贸易区的建设。

---

① 世界银行在2010年对东南亚贸易便利化影响所做的研究中，其采用两个维度来衡量贸易便利化，即硬件设施（有形的基础设施，如公路、港口、铁路、电信等）和软件设施（政策透明度、海关管理、贸易环境，以及其他一些有关机构无形的东西）。具体模型中采用了四个指标。其中包括两个硬性指标：基础设施（测量海港、空港、公路、铁路的发展水平和数量）与信息和通信技术（ICT）；两个软性指标：边境和运输效率（海关和国内交通反映在时间、费用、出口和进口所需文件数上的效率水平）与贸易和制度环境（测量制度和透明度的发展水平，建立在非常规费用、政府透明度、反对腐败的措施等数据上）。

（四） 实现"区域整合、功能叠加"

以郑州航空港经济综合实验区建设为契机，将郑州机场海关和郑州综合保税区海关合二为一，真正实现空港与综合保税区的无缝对接，打造内陆无水港；加快中原陆港建设，实现河南保税物流中心与铁路集装箱中心站和公路集装箱中心站的无缝对接；通过郑州综合保税区与河南保税物流中心的联通联动，构建一个以郑州航空港经济综合实验区和中原陆港为中心的，航空、铁路、公路口岸无缝对接联通联动的集物流、商流及海关监管于一体的高效运转的网络，凸显郑州全国性综合交通枢纽的地位。

（五） 打通出海大通道，降低出项物流成本

一是发展航空物流，以联通国际枢纽机场为重点，开辟航线、加密航班，打造轮辐式航线网络，积极发展全货机航班，构建联系全球的空中通道。二是开通铁海联运，打造内陆无水港。推广天津港和郑州合作开通郑州至天津港铁海联运的经验，利用郑州铁路交通枢纽的地位，协调各方力量开通郑州至连云港、上海、厦门、广州的"定点、定线、定车次、定时、定价"的"五定班列"。三是打通欧亚大陆桥北中南三线。在郑欧班列成功运行的基础上，争取交通部国家铁路局和海关总署的支持，与中铁集装箱运输有限责任公司合作，打通欧亚大陆桥北中南三线。"一带一路"国家战略提出并实施后，打通欧亚大陆桥更显得意义非凡。

（六） 搭建加工贸易发展平台，创新自贸区监管模式

借鉴上海自贸区和天津、福建、广东自贸区贸易便利化建设的成功经验，确立"一线放开、二线安全高效管住、区内流转自由"的原则，在自贸试验区建立与国际贸易等业务发展需求相适应的监管模式。按照通关便利、安全高效的要求，海关在自贸试验区建立货物状态分类监管制度，实行电子围网管理，推行通关无纸化、低风险快速放行。按照进境检疫、适当放宽进出口检验，方便进出、严密防范质量安全风险的原则，检验检疫部门在自贸试验区运用信息化手段，建立出入境质量安全和疫病疫情风险管理机制，实施无纸化申报、签证、放行，实现风险信息的收集、分析、通报和运用，提供出入境货物检验检疫信息查询服务。在自贸试验区建立国际贸易单一窗口，形成区内跨部门的贸易、运输、加工、仓储等业务的综合管理服务平台，实现部门之间信息互换、监管互认、执法互助。加强海关与海关的合作以及海关和商界伙伴关系，推行 AEO 制度。结合实际情况切实推广上海

自贸区可复制、可推广的监管经验。

（七）根据国际标准构建电子政务、电子商务共享的信息平台

借鉴香港经验，采用"政府引导的模式"，与中国国际电子商务中心合作，引进"诚商网"，构建由电子贸易专网、电子核证方案（主要提供政府方面的电子服务）和数码贸易与运输网络（贸易物流电子平台）三部分构成的内部电子商务平台。通过全方位的数字化服务，为企业提供涵盖在线交易、电子支付、安全认证、贸易金融、贸易管理、跨境征信、物流跟踪、单证传输等内容的全流程贸易电子商务平台，促进无纸贸易的实现。

（八）完善相关立法，维护公平贸易环境

定期开展公平贸易情况通报及相关政策措施的审查，加强进出口公平贸易公共服务，支持行业协会、商会、企业和专业服务机构开展贸易摩擦协调、贸易调整援助、产业损害预警等公平贸易工作；完善与贸易有关的知识产权保护长效机制，建立公共知识产权援助服务平台，依法查处侵犯知识产权的违法行为；支持企业开展海外知识产权注册登记，建立企业海外知识产权维权援助工作机制，加强对企业海外维权的指导和帮助；鼓励信用服务机构开发信用产品，支持信用服务机构的合法经营活动，促进信用服务市场发展。

（九）构建完善的涉外民商事争端解决机制，打造内陆地区国际民商事解决中心

各级人民法院应当依法完善贸易纠纷审判机制，加大对贸易纠纷案件的执行力度；仲裁机构应当依据法律、法规和国际惯例，完善仲裁规则，提高贸易纠纷仲裁专业水平和国际化程度。参照上海经验，在自贸区内设立河南自贸区法庭、郑州仲裁委河南自贸区仲裁院和国际商事调解中心，鼓励国际商会国际仲裁院等著名的国际仲裁机构在园区内设立分支机构，为区内企业提供争端解决的便利，降低争端解决的成本，同时亦为周边省份的企业解决国际民商事纠纷提供便利。

（十）创新人员出入境管理制度，便利工商企业人员的跨境流动

自贸试验区应简化区内企业外籍员工就业许可审批手续，放宽签证、居留许可有效期限，提供入境、出境和居留的便利。对接受区内企业邀请开展商务贸易的外籍人员，出入境管理部门应当按照规定给予过境免签和临时入境便利。对区内企业因业务需要多次出国、出境的中国籍员工，出入境管理部门应当提供办理出国出境证件的便利。鼓励商务人员申请

APEC 商务旅行卡①，促进商务人员的流动。

（十一） 加大贸易便利化建设所需高层次人才的引进和培养力度

建议在郑州大学、河南大学和河南财经政法大学，开展贸易便利化人才培养的试点工作，培养自贸区、中原经济区、郑州航空港经济综合实验区以及中原陆港建设所需的外贸、法律、物流、海关监管、检验检疫、金融、航空、电子商务、信息技术等各类高层次人才，为满足目前贸易便利化建设的需要可以从国内外引进所需的具有国际视野的高层次人才，形成科学合理的贸易便利化人才梯队。

最后需要指出的是，贸易便利化建设是一个系统工程，涉及政策环境、海关边境管理、物流和通信设施以及商业环境等众多方面，其建设是一个渐进过程，不可能依靠单方面的力量一蹴而就。因而，自贸区的贸易便利化建设应当调动政府、商界、科研院所、非政府组织等众多利益攸关方的积极性，参照世界贸易组织、世界海关组织、联合国国际贸易法委员会、联合国贸易和发展会议、联合国欧洲经济委员及其下属的联合国贸易便利化与电子商务中心、联合国亚洲及太平洋经济社会委员会、国际民用航空组织、国际海事组织、世界银行、国际商会等国际组织制定的原则、标准、建议和指南，借鉴国内外贸易便利化建设的成功经验，高规格、高标准地制定贸易便利化建设的总体规划以及科学合理的实施方案，设立专门的机构或机制负责协调、执行和落实。

另外，尽管本章是在论述自贸区的贸易便利化建设，然而贸易便利化建设具有独立于或超于自贸区建设的独立价值，无论是正在建设的中原经济区还是郑州航空港经济综合实验区，乃至全省或全国的日常经济建设，都应当将贸易便利化建设作为其应有的内容之一，这也是本章提出构建内外贸统一的贸易便利化建设理念的真意所在。

---

① APEC 商务旅行卡（APEC Business Travel Card，ABTC），该计划系 APEC 工商理事会（ABAC）于 1996 年向亚太经合组织领导人会议提出的一项重要建议，该计划旨在便利亚太经合组织范围内各经济体的商务人员往来。APEC 商务旅行卡持卡人凭有效护照和旅行卡在三年内无须办理入境签证，可自由往来于已批准入境的亚太经合组织各经济体之间，并在主要机场出入境时享有使用 APEC 商务旅行卡专用通道的便利。

第六章
河南法治建设实例（二）

—— 河南农村生态环境治理制度建设

目前，河南省农村生态环境危机已成为制约中原新常态发展的瓶颈。尽管国家相关法律法规及河南省有关地方性法规和规章确立了农村生态环境治理的制度框架，但仍然存在着一系列制度缺陷。在中原新常态的背景下，河南农村生态环境治理制度建设可借鉴日本循环型农业和农村法治建设路径，树立区域生态系统整体管理的理念，健全和完善农村生态环境治理制度体系，确立多元化和互动性的农村生态环境治理手段，并加强相对应的农村环境教育和文化制度建设。

第一节　河南农村生态环境治理制度建设的作用

习近平同志指出，"良好生态环境是最公平的公共产品，是最普惠的民生福祉"，"只有实行最严格的制度、最严密的法治，才能为生态文明建设提供可靠保障。"作为一个农业大省，河南省农村生态环境治理在中原新常态中意义重大，建立系统完整的农村生态环境治理制度体系，用制度保护农村生态环境，关系到最广大人民的根本利益，是河南省经济社会可持续发展的不二选择。

一　农村生态环境问题已成为制约中原经济发展的瓶颈

有着悠久历史的中原大地，其农业文明正是傍依着水草丰美、有着良好生态环境的黄河流域而发展起来的；同时也正是由于滥垦滥伐、水土流失，黄河流域生态环境被破坏，从而导致古黄河流域文明的发展受到阻碍。

河南地处中原，地域辽阔、地形复杂、物产丰富、气候适宜，有天然的地理位置优势及生态环境优势。经过改革开放后 30 多年的高速发展，河南经济社会面貌焕然一新，人民生活基本进入小康。目前，随着国家经济转型，河南也进入了攻坚转型的关键时期，面临着机遇和挑战并存的局面。一方面，随着粮食生产核心区、中原经济区、郑州航空港经济综合实验区建设相继上升为国家发展战略规划，河南形成了"三箭齐发"的良好发展势头，在国家发展大局中占据重要地位。另一方面，30 多年的高速发展带来经济迅猛增长、人民生活水平提高的同时，也导致河南生态环境的破坏和资源能源的匮乏。目前河南省内许多河道已丧失生态功能，部分湿地面积萎缩，土壤污染的影响日渐严重，农村的污水、垃圾及废弃物排放量逐年增大。① 河南省人民政府于 2010 年 7 月 5 日颁布的《河南省人民政府关于加强农村环境保护工作的意见》（豫政〔2010〕64 号）指出，目前河南省有 6000 多万人口生活在农村，随着工业化、城镇化进程的加快和农村经济社会的快速发展，部分城市污染工业项目特别是重污染工业项目逐渐向农村转移，"十五小"和"新五小"企业②在个别地方死灰复燃；农村经济结构调整带动农副产品加工业快速发展，由此造成新的污染日益突出；在提高农业综合生产能力和粮食生产核心区建设中化肥、农药以及新的化学品用量居高不下，直接危及农产品安全；农村环境基础设施建设滞后，人居环境"脏、乱、差"现象还比较普遍，农村生活污水、垃圾排放增多，畜禽粪污以及秸秆等处理率低，农村面源污染加剧。同时，由于自然和人为两方面因素的影响，河南省广大农村生态平衡遭到部分破坏，生态功能失调的现象比较突出，自然灾害频繁发生，经济损失严重。③ 另外，农村环境保护政策不尽完善、环境治理制度体系相对缺失、资金投入不足的问题也普遍存在。目前河南省资源环境瓶颈制约加剧，农村生态环境呈现点源污染与面源污染共存、生活污染和工业污染叠加的局面，形势十分严峻。④

---

① 吴海峰：《区域主体功能定位与农村生态环境保护——以河南社会主义新农村建设为例》，《经济研究参考》2007 年第 63 期。

② 指国家明令取缔关停的十五种重污染小企业，以及限期淘汰和关闭的破坏资源、污染环境、产品质量低劣、技术装备落后、不符合安全生产条件的企业。

③ 杨均：《河南农村生态环境存在的问题及原因分析》，《华北水利水电学院学报》（社会科学版）2013 年第 4 期。

④ 财政部财政科学研究所课题组：《中央支持中原经济区建设的财税政策研究》，《经济研究参考》2011 年第 43 期。

同时，河南与农业生态紧密相关的淡水资源、土地资源、森林资源等总体紧缺，其所面临的资源瓶颈严重制约着农村生态环境的治理和保护。首先，农业属于高耗水产业，目前河南整体缺水严重，尤其在秋冬季节，干旱问题严重影响了河南农业和农村的发展；其次，河南耕地资源紧缺，目前土地后备资源已经亮起红灯；最后，河南森林覆盖率低，2012年河南省的森林覆盖率只有22.98%，在全国排名比较靠后。

二 农村生态环境治理法治建设——中原经济发展的制度保证

马克思曾指出，文明如果是自发地发展，而不是自觉地发展，则留给自己的是荒漠。[①] 生态环境是人类社会的物质基础，因此人类文明的发展必须奠基于自觉地保护生态环境。制度是人类文明发展的结果，是人类社会文化的主要载体，人类社会正是通过制度来保障社会运作畅通和文明的进步，对人们的行为进行规范和引导，为人类社会发展提供方向和保证。因此，社会制度的进步直接反映着人类文明的进步，而这种文明的进步又通过社会制度的形式凝固下来，为人类未来发展进一步奠定基础。

生态环境问题产生的原因不是单一的，而是复杂多变的，既有科技进步不足的问题，也有人与自然关系的对立和断裂，更有其深刻的制度根源。在人类社会的发展进程中，尤其是工业革命开始后，人们为了追求经济增长而疯狂掠夺自然资源、破坏生态环境，最终导致世界性的生态环境危机。然而，仔细探究生态环境问题的根源，正是制度的滞后导致人们行为的失范。因此，必须通过制度安排去规范人的行为。制度分为正式制度和非正式制度，好的制度可以促进一国社会经济的发展，坏的制度不仅不会促进社会进步，而且会使人类社会的发展走向反面。目前，河南农村生态环境问题的产生正是相关制度不健全不完善导致的，必须通过重视和强化相关生态环境治理制度，发挥其对农村生态环境治理的引导和指引作用，制定健全的、可操作性强的制度规范相关利益主体的行为。

农村生态环境治理制度建设是中原新常态发展的重要内容、制度基础和有力保障，同时也是中原经济新常态的内在需求。在当前经济转型升级的关键时期，中原经济新常态的深入发展需要农村生态环境治理的纵深推进，而农村生态环境治理的纵深推进需要制度创新来提供动力支撑和保障。目前，

① 《马克思恩格斯选集》第一卷，人民出版社，1995，第256页。

尽管河南农村生态环境治理方面已经基本建立起了相对完善的环境保护制度体系，但仍然需要确立有效的环境与发展综合决策机制以及激励机制；加强农村生态环境监管，建立健全农村生态环境治理责任追究制度。同时鼓励和引导社会公众积极参与环境保护，形成符合河南省实际的生态文明道德文化制度。而且，也只有依靠制度和法治，才能真正解决目前农村生态环境治理守法成本高、违法成本低的问题，切实提高农村生态环境执法的刚性和权威。习近平同志说，只有实行最严格的制度、最严密的法治，才能为生态文明建设提供可靠保障。

因此，解决农村生态环境问题，必须依靠制度和发展；必须加强农村生态环境治理法治建设，用制度来保护与人类息息相关的生态环境，只有这样才能有效推进中原经济建设的顺利发展。

第二节　河南省农村生态环境治理法治现状评析

一　国家有关农村生态环境治理的法律规范

经过改革开放后几十年的努力，目前我国已经形成了以《宪法》为基础的农业、农村生态环境治理法治体系，主要有以下方面的规定。

第一，《宪法》第 26 条明确规定了国家的环境保护职责和任务，其是国家对农村生态环境治理的总政策，也是相关农业、农村生态环境治理立法的基础。

第二，环境保护基本法，如《中华人民共和国环境保护法》（以下简称《环境保护法》）是环境保护的基本法律依据，尤其 2014 年新修订后加大了农业、农村生态环境治理的力度，分别在第 13 条、第 33 条、第 35 条、第 49 条从城乡规划、农业生态环境污染防治、农业环境综合整治、农业面源污染等方面进行了具体规定。

第三，相关农业产业发展、城乡规划及防治污染的法律法规，如《中华人民共和国农业法》（以下简称《农业法》）、《中华人民共和国城乡规划法》（以下简称《城乡规划法》）、《中华人民共和国乡镇企业法》（以下简称《乡镇企业法》）等。

第四，生态环境资源保护单行法，如针对特定的农村生态环境治理对象以及污染防治对象，先后出台了《中华人民共和国水法》《中华人民共和国水污染防治法》《中华人民共和国水土保持法》《中华人民共和国土地管理法》《中华人民共和国渔业法》《中华人民共和国森林法》《中华人民共和国草原法》《中华人民共和国野生动物保护法》《中华人民共和国大气污染防治法》《中华人民共和国固体废物污染防治法》等法律法规，这些法律法规中也规定了对农村生态环境治理和污染防治的内容。

第五，促进农村绿色能源发展的法律法规，如《中华人民共和国节约能源法》（1997）、《中华人民共和国可再生能源法》（2005）等规定了若干保障农村能源供给、发展农村绿色能源、防治农村能源污染的措施。

第六，相关农业环境资源保护的行政法规和部门规章，如《畜禽规模养殖污染防治条例》《土地管理法实施条例》《基本农田保护条例》《农业转基因生物安全管理条例》《秸秆禁烧和综合利用办法》等，以及《全国农村饮水安全工程示范县建设管理办法》《农业环境监测报告制度》《农药安全使用规定》等。

第七，有关生态农业建设及农业可持续发展的指导性文件，如《全国农村生态环境治理纲要》（2002）、国家环保总局发布的《全国农村环境污染防治规划纲要（2007—2020年）》（环发〔2007〕192号）。国务院办公厅转发的《关于加强农村环境保护工作的意见》（2007）、《全国农业可持续发展规划》（2015）、《中共中央国务院关于推进社会主义新农村建设的若干意见》（2005），这些政策性的指导文件对促进农村生态环境治理，保障农业可持续发展具有重要的作用。

第八，农业环境标准，如目前我国已先后出台了《农田灌溉水质标准》《土壤环境质量标准》《渔业水质标准》《地表水环境质量标准》《农药安全使用标准》《农用污泥中污染物控制标准》等。这些农业环境标准目前已成为我国农业和农村环境治理法律体系的重要组成部分。

第九，其他部门法的相关规定，如我国《中华人民共和国民法》（以下简称《民法》）、《中华人民共和国刑法》等相关法律中都有关于农村生态环境治理的内容，而且《刑法》对破坏生态环境资源的行为也有明确的刑罚规定。

二　河南省有关农村生态环境治理的地方性法规及规章

河南省有关农村生态环境治理的地方性法规主要是《河南省农业环境保护条例》（2010），该条例重点对河南基本农田保护，加强生态农业，草原、林地、农作物污染防治等做出了规定。其他相关的地方性法规还包括

《河南省高标准粮田保护条例》《河南省固体废物污染环境防治条例》《河南省减少污染物排放条例》等。

另外，河南省也出台了一系列有关农业、农村生态环境治理的计划、规划、意见等，如《河南省国民经济和社会发展第十二个五年规划纲要》，该规划提出了加快生态省建设的重大任务，并据此编制了《河南生态省建设规划纲要（2011—2025 年)》；河南省人民政府《贯彻国务院关于落实科学发展观加强环境保护决定的实施意见》。其他的规范性文件还包括《河南省农业环境污染突发事件应急预案》《河南省人民政府办公厅关于加强沼气建设推动生态农业发展的通知》《关于加快推进全省农垦现代农业建设实施意见的通知》《河南省农村小康环保行动计划》《河南省"以奖促治"解决农村突出环境问题实施方案》《河南省农业野生植物原生境保护点（区）管护工作规定》等。

尽管国家和河南省有关农村生态环境治理的法律规定众多，但这些法律规定仍然不能满足河南农村生态环境治理的现实需求，亟须完善立法并进行新的制度安排，从而为河南新农村生态文明建设提供制度支持。

三　现行河南省农村生态环境治理制度缺陷

有关统计分析显示，河南省尽管有丰富充足的资源能源，但环境友好度较差，资源、环境和经济发展的关系处于不协调状态。"特别是 2008 年，河南省无论是资源节约度，还是环境友好度都处于低水平，环境系统与经济系统的相协调程度越来越差了"。[①] 这充分反映了河南省生态环境脆弱的现实状况。河南省生态环境问题的解决有其历史、经济、社会与自然地理等诸多制约因素，但在一定程度上讲，制度是决定经济发展和社会进步的最重要因素。制度是为了确定人们的相互关系而人为设定的一些行为规则，这些规则规范和指引着人们的行为活动。著名经济学家诺思认为，如果制度设计和运行良好，就能使人们互相合作，从而促进社会进步和经济繁荣；如果制度软弱无力或者不合理，就将鼓励人们只图"索取"，而不是去"创造"，从而使共同的潜力遭到破坏。[②] 因此，河南农村生态环境问题的解决和弊端的消

---

① 李新杰：《河南省环境经济协调发展路径及预警研究》，博士学位论文，武汉理工大学，2014。

② 〔美〕道格拉斯·C. 诺思：《经济史中的结构与变迁》，陈郁等译，上海三联书店、上海人民出版社，1994，第 101 页。

除也首先要从制度层面寻找原因和答案。目前河南农村生态环境治理中存在着一系列制度困境。

（一）上位法的理念指引困境

我国农村生态环境治理法制的开创与发展立足于当时的中国现实社会。当前，我国呈现出多样态、多元化的改革发展局面。无论是经济形态、政治体制，还是思想文化、价值观念都发生了巨大的变化。深植于中国社会的农村生态环境治理观念也日益更新。但总体上，我国农村生态环境治理法制的指导思想与观念认识仍停留在过去的历史阶段，没有能够与时俱进。

1. 人类中心主义的自然观

我国传统自然观虽然包含了天人合一、人与自然和谐相处的思想火花，但这种火花没有成为处于主导地位的自然观。[①] 我国自开启现代化进程以来，一直秉持人类中心主义的自然观。人是宇宙的中心，是万物的主宰，人的地位高于其他任何事物。把人类作为一切事物的尺度，通过人去理解判断世界。

这一自然观建立在近代牛顿力学基础之上，是人类生产力提升，对自然的支配力增强的结果。为了生存发展，人类将自然作为索取的对象，持续不断地与自然斗，与天地斗。在人类社会不发达的历史阶段，人类中心主义自然观确实对建立人类主体性，维持人类生存繁衍具有重要意义。但近代以来，社会变革风起云涌，科技革命迅猛发展，人类改造自然的能力显著提升，对于自然不再处于绝对劣势，而人类中心主义自然观没有完全改变，人类仍贪婪地从自然中汲取营养，掠夺资源，破坏生态环境，从而引发了人与自然的对立，造成环境危机。

因此，必须更新人类中心主义的自然观，环境危机的产生正是人类社会对世界资源错误管理的结果。只有当人类社会活动与生态系统取得和谐一致时，环境危机才能够得到解决。归根结底，人与自然的和谐融通应为本质状态，而维持这种状态须秉持正确的环境资源观念，开展有效的环境治理。

2. 功利主义和实用主义的生态伦理观

功利主义伦理学不考虑行为的动机和手段，仅仅注重行为结果对最大快

---

① 关于此类自然观，主要体现在老子的哲学论著中，具体参见"老子哲学对构建我国循环经济法的启示"（陈泉生等：《循环经济法研究》，中国环境科学出版社，2009，第 145 ~ 172 页）。

乐的影响。实用主义伦理学把行为的实际效用作为善恶的标准。在人与自然关系方面，功利主义与实用主义的生态伦理观导致了人类从自利或纯粹有用性的角度思考人与自然、人类社会发展和自然环境保护之间的关系，认为凡是能够直接满足人类需求的生态环境活动都是有价值的，并用这一观念和价值标准去引导人类行为。其结果是人类为了满足当前生存发展的需要甚至为了不当的欲求，仅考虑功利和实用，不顾长远利益，抛弃代际正义，疯狂掠夺自然资源，破坏环境，使人类社会进步和经济成长以生态环境破坏为代价。这种发展模式在宏观上表现为对以 GDP 为主的经济增长和计划管制的迷恋，在微观上体现为个体或组织为了私利放任行为的负外部性溢出。

上述自然观、生态伦理观和发展观已经不适应我国社会全面、协调、可持续发展的要求，也严重滞后于国际生态环境发展的最新思潮。这些有违环境正义的农村生态环境治理法制指导思想阻碍了我国生态环境立法、执法和司法社会效果与法律效果的统一，应当在建设生态文明和发展循环经济的目标下对其予以提升转换，重塑我国农村生态环境治理法制的指导思想。

（二）相关制度安排的缺失

首先，长期以来，我国对生态环境问题的关注和立法主要集中于城市，对农村生态环境问题及其立法重视不够。虽然我国已形成了以现行《环境保护法》为主体的农村生态环境治理法律体系，但是没有综合性的农村环境资源保护法规或条例。尽管《环境保护法》对农业环境保护有所涉及，但相关条款非常原则、简单，并没有将农村环境、农业环境和农业自然资源的保护统一起来。一些单行法仅重视对某种环境因素的规制，没有从生态价值的角度考量问题，尤其是资源类法律规范强调资源的经济价值，忽视其生态功能。另外，现行法规规章仅仅针对农村农业环境的某些方面，没有从农村生态系统整体方面对农村农业环境问题进行规制，因此导致现行有关农村生态环境治理的法律规定难以有效实施，从而也达不到应有的法律效果。尽管国家环境保护总局发布的《农村小康环保行动计划》是针对农村环境综合整治的一项重要计划；《国民经济和社会发展第十一个五年规划纲要》也强调要加强农村环境保护，规定：开展全国土壤污染现状调查，综合治理土壤污染；防治农药、化肥和农膜等面源污染，加强规模化养殖场污染治理；推进农村生活垃圾和污水处理，改善环境卫生和村容村貌；禁止工业固体废物、危险废物、城镇垃圾及其他污染物向农村转移。但这些规定都是以计划、规划的形式出现，缺乏应有的法律效力。

其次，国家控制与市场调节、城市与农村尚未有机统一。我国农村生态环境治理法律虽然多为改革开放后制定的，但由于时代局限性，仍带有计划经济的色彩。国家主导环境治理，公众参与机制缺少，行政色彩浓厚，民间作用空间狭窄。自然资源的开采与分配由国家控制，并且国家严格控制开采权。市场经济发育至今，国家依然主要通过计划或行政强制方式管理自然资源，未能充分发挥市场机制在资源开发、产品定价等方面的基础作用，从而造成了资源产品市场扭曲。另外，城乡二元结构导致我国在观念和立法上偏重城市环境保护和工业污染防治等生态环境治理，对农村生态保护及立法认识不充分，措施不到位，保障无力。在历史惯性作用下，至今仍然没有把农村生态环境治理置于和城市环保同等重要的地位或优先地位。可以说，我国农村生态环境治理立法缺少农村环境问题意识和对农民的人文关怀。

河南农村生态环境治理除了受上述国家有关制度体系缺陷的影响外，其在有关农村生态环境保护相关立法中也存在着立法价值取向不明及部门利益保护的问题。目前河南有关农村生态环境的立法程序仍然是部门立法，各部门在充分考虑自身部门利益的基础上进行各种制度设计，而不是站在中立的立场上，充分考虑对农村生态环境的良性治理。另外，部门立法也导致现行有关农村生态环境治理的相关制度规范较为混乱，出台的不同法规之间时有矛盾，同一行为的法律规范不同，或者相同制度在不同法规中规定不一；而且对部门利益的追寻也导致相关法规对法律责任的规定简单、粗略，没有充分考虑各违法主体的法律责任承担问题。

（三）农村生态环境行政管制有待进一步提升

环境行政管制是农村生态环境治理的有力保障，但目前河南省农村生态环境行政管制存在着如下问题，严重制约了环境行政管制的效果。

1. 环境管制手段以强制性的为主

我国现行的环境管制主要使用行政许可、行政处罚等方式。而一些非强制性行政管制方式，如行政合同、行政指导、行政奖励等运用得较少。"从环境行政宏观管理的角度出发，运用必要的强制性管理手段是必不可少的。但具体分析不难发现，行政命令、直接干预、强制执行等管理手段往往简单、粗暴，缺乏灵活性，极易引起行政摩擦和抵触、消极行为，给环境行政管理造成一定的阻力"。[1] 上述情况导致环境行政效能低、成本高、资源浪

---

① 乌兰：《环境行政管理中政府职能的变革》，《山东社会科学》2006 年第 8 期。

费。目前，世界上许多国家的政府行政管制有着向政府规制发展的趋势。尤其对于环境保护问题来说，它不是仅靠政府单方面的力量就能解决的问题，必须依靠多方主体共同参与来加以解决。在政府强制干预和施加责任之余，应发挥市场调节的作用，鼓励企业和民众积极参与环境建设与治理。运用经济手段"鼓励通过市场信号来作出行为决策，而不是制定明确的污染控制水平或方法来规范人民的行动"。[①] 环境管制必须改变过去单一的命令控制手段，使用行政合同、行政意见等非强制性方式，通过协商、指导、帮助等引导不同主体保护环境行为的正确生成。另外也可以通过政策和税收引导，发挥价格杠杆的调节作用，通过加速环境投资融资机制建设，加速环保产业的市场化进程。

2. 缺乏专门的农村环境监管机构和协调机构

长期以来，在以城市为中心的环境治理机制下，政府习惯性地按既有的城市管理机构和治理模式来进行农村生态环境的治理。在监管机构上，各级环保局名义上是负责农村生态环境事务的政府机构。但是鉴于农村生态环境治理是一项综合性的管理工作，它涉及土地、矿产资源、河流、林地等多个方面。而在实践中，土地由土地管理部门负责；河流由水利部门负责；林地由林业部门负责，另外还有能源、城建、交通等部门分别对接管理各方面的业务。因此，农村生态环境治理事务在现阶段不可能由环保部门独力处理，必须有其他部门的协作配合。现行条块化管理的模式导致各部门对能够带来丰厚利益的事务争相管理，导致过度管理的问题；反之，没有丰厚利益的事务无人问津，出现管理缺位的问题。同时，我国现行环境管理机构体系只包括国家、省、市、县四级。最基层的、最贴近农村的乡、镇级环保机构基本缺位，实践中普遍由 1～2 名工作人员身兼数职（环保、安全、卫生等多职能集于一身），与县区级行政主管部门进行工作对应，工作内容也主要在于开会、通知、传达，其执法工作基本无法开展，必须依靠县区的支持。

另外，从政府职能来说，地市级以上环保部门应履行的职能常常是宏观上的整体指导和政策引导，以及各种必要的技术或执法联动力量支持等。而具体的环境执法任务则依靠低层级的县、乡级环境执法力量。由于区域共同体的存在，一个区域范围内的经济发展水平、人类活动方式和自然生态环境

---

① 〔美〕保罗·R. 伯特尼、罗伯特·N. 史蒂文斯：《环境保护的公共政策》，穆贤清、方志伟译，上海三联书店、上海人民出版社，2004，2 版，第 42 页。

具有高度相似性和关联性，县级以下基层政府环境执法部门具有相对稳定的治理空间和人文环境；本地区人民更愿意接受当地政府的指示、听从当地政府的决定。这种独特、稳定的治理环境给县级政府的环境治理带来天然的优势和保障。然而，在现有的环境执法职权配置中，大量的审批权乃至处罚权主要控制在省级以上环境保护机构中，导致实际实施环境执法调查的下级工作人员由于缺少决定权和执法的责任控制而失去相应执法的积极主动性。最终，相当一部分环境执法失去了科学性、及时性和现实性，执法落实的可能性也大大降低或者执法落实流于形式，更增加了腐败和各类交易寻租的机会。

同时，现有分散执法的模式也导致执法资源的浪费和流失。执法资源主要包括财物、信息、权威等资源。财务资源配置不平衡容易导致环境执法能力缺失和行动无力，制约环境执法力的提升；信息资源短缺容易导致部门在政策执行中采取正确行动和及时反应的能力不足；权威资源的流失会降低民众对相关决策的信心和认同感，使政府难以发挥凝聚人心以达到共同协作的作用，从而在政策执行中遇到较大的阻力。目前有关农村生态环境治理适用的是各部门协议或联席办公式的政策执行模式，缺乏统一管理的领导机构，导致部门组织制度安排不合理、运行机制不健全、职能交叉不清及绩效评估机制短缺等情况的存在，致使各部门执法机关在执法标准上各行其是，甚至搞歧视性执法，严重干扰和阻碍了相关政策执行活动的有效进行。

3. 农村环保执法人员和经费不足

首先，现行农村环境执法人员严重不足。由于缺少专门的农村环境执法机构，农村环境执法通常由县级环境执法队伍统一实施。在县级环境执法队伍组成中，财政支付工资的执法人员数量很少。为了满足环境执法人员的工资要求，有些基层环境执法人员以收取的排污费作为工资发放的重要来源，导致排污企业的监管机构变成收取排污费的财务机构，环境监管和执法形同虚设。其次，基层环境行政管制队伍人员普遍素质不高，严重影响着正常环境行政管制功能的发挥。工作人员少、执法工作任务繁重、专业能力差、执法工作水平欠缺，成为制约基层环保部门正常环境行政管制能力的基本因素。多数执法人员没有受过专门的法律教育，不能正确理解和运用法律法规条文，在执法时常出现违法事实与处罚依据条款不相对应、调查处理的程序不规范、不注意事实证据的收集、证据不全面及不合法或取证马虎、对违法者的违法事实掌握不准等现象，导致被处罚对象和社会对环境执法的整体评价较低；环境执法部门缺乏大量的有较高思想素质，既懂法律又懂科学技术的环境执法人员。

另外，政府在环境治理方面的财政支出长期无法获得有效的保障，环境治理部门既缺少财政资金的优质支持，又缺少人事方面的良好配置和储备；再加上经济发展的地区不平衡和市场分割，使得基层财政能力根本无法满足环境公共服务事业的现实需求。

（四）农村生态环境治理问责机制不完善

政府作为公权力机关，掌握着大部分社会资源，在生态环境治理中处于核心地位，它既是规则的制定者，又是规则的执行者。这种集多种角色于一身的功能设计，很容易导致政府在环境治理中的自我膨胀和自满，设租寻租、滥用职权、放松监管、降低环境标准等。"生态环境问题上的制度设计，最根本的是对政府的制度设计。生态环境上的一系列问题都与政府有关。政府制度设计成败与否，对于生态环境问题予以直接的和决定性的影响。"① 河南省现行农村生态环境治理制度在对政府环境监管的监督与责任追究方面存在以下问题。

1. 现有农村环境行政监督机制不到位

由于农村生态环境监管涉及多个政府部门，且没有专门的农村生态环境监管机构，相关行政部门滥用职权争取部门利益或相互推诿渎职的行为不能得到有效的监督和制约。究其原因，一是环境管理的各部门之间由于职权划分，相互没有监督；二是各部门上下级之间的监督因"层级监督的目标往往被行政管理的目标所取代，造成监督机制的扭曲，监督难以正常到位，甚至失去民主性和公正性"②；三是在政府下辖区域内，任何工作必须服务于地方经济发展大局，人大监督、司法监督、行政监督往往效果不佳；四是公众参与环保缺少畅通渠道，没有有效的公民监督机制。环境问题涉及人数众多，在法院立案难。当然，随着科技发展、网络普及，一些环境问题被暴露出来，形成舆论压力，地方政府不得不正视。这种方式多是由遭受环境问题侵害的受害人在网络提出诉求，广大网友"围观"，新闻媒体关注，地方政府受压解决。这只是非常态的监督方式，不是我国环境行政监督的主流。必

---

① 方世南、张伟平：《生态环境问题的制度根源及其出路》，《自然辩证法研究》2004年第5期。

② 应松年主编《行政法学新论》，中国方正出版社，1999，第564页。

须认识到，"在当代，生态环境问题的出现已构成对某一区域甚至全球人类生存和公共利益的威胁，因此，生态环境问题不可能不成为一个政治问题，并且生态环境问题不可能不对政治产生影响"[①]。个别地方政府和部门的行为损害了党和政府的威望，有必要理顺现有权力结构和行政体制，建立有效的行政监督机制，使政府切实肩负起生态环境治理的重大责任。

2. 农村环境管理责任追究不严格

2015 年 8 月，中央下发了《党政领导干部生态环境损害责任追究办法（试行）》。该办法规定了领导干部在生态环境领域的责任界限，构筑了领导干部在生态环境领域正确履职用权的制度屏障。但该办法目前仅仅是一个警示性的文件，而对于各类各级领导干部如何划定其生态环保职责，失责之后具体的追究程序等，目前还没有一个清晰的标准和统一的操作流程。尤其对于农村生态环境责任追究来说，具体的环境管理工作往往是基层行政部门实施的，但一些影响农村生态环境的决策活动经常是由上级领导干部做出的，因此如何划分高层领导干部与基层领导干部之间的责任是亟待解决的问题。另外，我国有关环境执法人员责任追究的法律规定往往非常抽象和概括。通常都是"滥用职权、玩忽职守、徇私舞弊的，由其所在单位或上级主管机关给予行政处分；构成犯罪的，依法追究刑事责任"。而对于如何给予行政处分，怎么判断涉嫌构成犯罪，谁来追究刑事责任，环境行政管理部门是否有义务移送案件，怎么移送等问题，都没有清晰界定。此外，责任追究对象更多限于直接责任人，而领导责任没有明确。现实是，在直接责任人承担了责任后，领导责任通常都被轻轻落下，要么没人承担，要么责任过轻，发挥不了惩戒警示教育的功能。

另外，行政行为的合法性必须建基于实体合法和程序合法之上，对任何一面的偏废都将导致行为的非法。目前农村环境行政管理部门内部责任追究偏重对执法人员实体违法的制裁，对于程序违法的责任追究不够重视。这种重实体、轻程序的责任追究不利于树立正确的行政行为导向，容易导致环境行政管制人员对程序合法性的疏忽和漠视。

3. 公众监督途径不畅，非政府组织发育不成熟

2014 年新出台的《环境保护法》的第 53 条规定，公民、法人和其他组

[①]　李泊言编著《绿色政治：环境问题对传统观念的挑战》，中国国际广播出版社，2000，第4 页。

织依法享有获取环境信息、参与和监督环境保护的权利。各级人民政府环境保护主管部门和其他负有环境保护监督管理职责的部门，应当依法公开环境信息、完善公众参与程序，为公民、法人和其他组织参与和监督环境保护提供便利。《环境保护法》第 57 条规定，公民、法人和其他组织发现任何单位和个人有污染环境和破坏生态行为的，有权向环境保护主管部门或者其他负有环境保护监督管理职责的部门举报。公民、法人和其他组织发现地方各级人民政府、县级以上人民政府环境保护主管部门和其他负有环境保护监督管理职责的部门不依法履行职责的，有权向其上级机关或者监察机关举报。由此可见，法律赋予了社会公众监督环境管理和执法的权利。但这种概括规定没有为公众打开监督的通道。面对"条块"紧守的领地，公众缺乏有力的工具刺破体制的壁垒。

公众监督和参与环境治理的必要性毋庸多言。个人原子式的生存状态导致公众自身力量弱小，面对国家公权力没有能力与之抗衡。而且解决环境问题技要求相关人员具备较强的专业知识。因此，组织团体参与环保，介入环境治理有其优势。目前，民间环保组织迅速发展，在环保领域取得了一定成绩，[①] 但也面临一系列问题。首先，在管理体制上，我国社团登记采取双重登记许可的控制性办法，既要取得登记机关的许可，也需要业务主管机关的同意。并且有关社团的大量限制性规定，导致许多环境非政府组织尤其是民间环保非政府组织无法获得合法身份。其次，政府对环境非政府组织扶持力度小，甚至一些地方政府对其抱有抵触心理；环境非政府组织经费紧张，筹资渠道有待打通。最后，环境非政府组织的组织架构、管理能力、专业性和独立性等也有待进一步提升，以便成为社会公众可以信赖的环境监督和保护组织。

4. 司法监督和追究不力

目前，农村生态环境案件进入司法领域的大多是环境污染损害民事赔偿案件，大量的行政执法案件特别是破坏环境资源的案件极少进入司法程序。究其原因，一是我国司法制度的设计主要针对单个主体的人身、财产纠纷，对于环境纠纷这类涉及众多主体的纠纷缺少相应的解决办法；二是自然资源

---

① 中华环保联合会：《2008 中国环保民间组织发展状况报告》（蓝皮书），中华环保联合会网，http：//www. acef. com. cn/news/lhhdt/2009/0526/9394. html，最后访问日期：2011 年 12 月 11 日。

属于国家所有，缺乏明确的主体来启动司法程序；三是在法律制度设计上，当此类纠纷可能构成刑事案件时，应由行政机关移送司法机关，但破坏自然资源的刑事犯罪的标准不是特别明晰，而且缺乏案件移送的操作标准。此外，我国行政处罚与刑事司法之间、行政管理与司法之间的衔接不够紧密。

除了体制性或制度性问题之外，我国农村生态环境治理司法还有一些具体法律问题。首先，环境污染事故赔偿范围问题。对于污染导致的慢性疾病、并发症等，受害人很难证明污染与健康受损之间的因果关系；赔偿限于直接的医疗费用，而对于其他损失，如营养费、长期康复费用等，考虑较少；精神损害赔偿几乎没有；对生态环境的破坏较少赔偿等。其次，环境污染事故损失评估和司法鉴定问题。我国环境污染事故没有明确的损失计算方法，缺少统一的操作规范，专门技术规范不多，认定结果差异非常大。而在鉴定方面，鉴定机构不独立，大多隶属于环保行政部门；鉴定机构不统一，职责不明，常常拒绝普通受害者的鉴定委托；鉴定程序复杂，时间长，费用高。最后，受害人众多，集团诉讼制度缺失；因环境案件的复杂性，受害人个人很难负担得起案件费用，也缺少环境公益诉讼或环境法律援助制度。

（五）农村环境文化制度欠缺

长期以来，乡村农民的科学文化水平普遍较低，环境意识不强，更不具有科学创新力和环境建设能力，农民文化的落后严重影响了包括环境治理在内的农村社会发展。其原因有以下方面。

1. 农村基础教育不力

2015 年 1 月 1 日新实施的《环境保护法》的第 9 条规定，要在中小学基础教育中加强对环境意识的培养，教育全民保护环境。由此可见，农村基础教育直接影响着农村中小学生环境文化的培育。然而，目前广大农村地区所在区县没有很强的经济实力，农村教育经费严重不足。2006 年，农村义务教育经费实行了新机制。各级政府共同承担农村义务教育经费，但大部分仍由县级政府负担。"农村中小学办学条件大为改善。在这种'优越'的发展条件下，农村义务教育质量实际上并未随之提升，甚至在某种程度上导致教学质量下滑。城乡义务教育生均经费差距没有缩小，而是扩大了。"[①] 另外，农村教育基础设施落后，教学手段单一。教育过程中需要的实验室、活

动室，课外的实践课程，科技活动或参观都无法配备实现。这令农村学生对学习内容产生认知障碍。

2. 农村环境文化活动形式单一，文化支出少

目前，政府尚未能为农民提供丰富的文化生活，农村集体组织也无暇顾及农民精神生活和文化活动。农民在农忙之余主要看电视、打牌、打麻将，甚至赌博，只有一些从事种植、养殖的农民才会购置有关图书资料进行学习。虽然政府也开展了文化下乡活动，但总体上活动少，形式单一，对农民吸引力小。农民把主要精力放到生计上，经济能力弱，文化消费支出少。在农忙和打工之余即使产生了文化需求，也没有文化活动可以参加。农村文化设施不全，文化机构难以为继。许多农村没有图书馆、图书室，也没有娱乐活动场所。

3. 农村环境文化管理不力

农村文化管理主要由乡村文化站担负。在缺少经费支持的情况下，文化站队伍建设不足，文化管理人员少，水平较差，而且许多人从事与文化工作无关的其他事务。另外，农村文化活动资金来源渠道少，因此无法有效地将文化与教育结合，通过职业教育和技能培训提升农民文化水平和职业素养，促进农民外出就业或就近工作。文化部门在未能给农民提供文化产品和制度支持的同时，也未能对农村文化市场进行良好管理。

4. 农村环境宣传教育不足

一是农村生态环境宣传教育的形式单一，内容落后。农村生态环境治理宣传难脱口号、板报、展板、广播、宣传栏等形式，没有融入农村日常生活和农村建设中，虽然有一定效果，但方式陈旧，多是运动式，频次较低，受众认可度差，宣传效果不好。在内容上，多是口号式，教条化，简单罗列法律规定，说教味浓，不能结合实际生活；宣传工作力度不够，持续性不足。

二是生态环境宣传教育法制化不足。目前我国生态环境宣传教育缺少明确的法律规制。虽然法律规定应开展法制宣传教育，但没有清晰的行为规范。法律没有建立政府环境宣传教育工作机制，没有规定城乡生态环境宣传教育的义务主体、经费保障等，有关单位在特定时间如世界水日，偶尔宣传环境保护，但持续性不够，受众较少，难以形塑人们的环境意识和行为习惯；法律没有规定各级政府、生态环境行政管理部门的环境宣传义务；环境考核机制不够健全，宣传教育没有被纳入考核范围；法律没有确立环境教育的形式，义务教育阶段没有将有关环境的知识、法律纳入课程学习。此外，

我国环境宣传教育形式落后，针对性不强，不注意环境宣传教育与农村现状的有机结合，使环境宣传教育脱离农村生产生活实际，效果不佳。

概言之，城乡文化投资失衡，农村文化发展缓慢；城乡文化发展政策失衡，农村基础设施建设严重不足，城乡居民文化社会环境差距拉大；城乡居民收入增长失衡，文化消费差距不断扩大；城乡文化体制改革失衡，农村制度供给滞后，无法适应农村文化的发展要求。[①] 农村教育的落后和文化的孱弱使农民注重在物质世界里寻找生活的来源与根基，因此顾不上保护周围的自然环境。环境破坏与恶化，只要不伤及自己，无人真正愿意付诸努力去保护环境。因此，农村生态环境治理的文化素养在农村的农民身上还没有形成。

第三节 日本农村生态环境治理制度及其启示

作为中国的近邻，日本在农业生态环境、文化传统、农业产业结构等各方面与中国有许多共同之处。第二次世界大战后，日本在农业发展及农村生态环境建设方面经历了大大小小无数次改革，最终建成了循环型农业和农村发展的框架，其先进经验值得我们重视和学习。

一 日本农村生态环境治理历史沿革

（一）战后日本农村地方自治改革

第二次世界大战后，1947 年日本制定了《地方自治法》，该法规定设立各级地方议会，并明确居民可以直接选举地方长官。总理府内专门设立了地方自治厅来管理地方选举和财政支援等事务，由此日本农村开始建立现代民主式的地方自治行政管理制度。另外，日本政府还制定法律合并町村，形成了行政村和自然村的双轨制格局。除此之外，日本还出台《农业协同组织法》。农协以行政村为基本单位，通过使 100% 的农户加入农业协同组织（以下简称"农协"），将全国农民联合成一个整体，并代表农民阶层争取政府的支持和保护，从而发挥了巨大的组织优势和农村治理作用。农协在经济方面通过村级组织扩大农民的经营规模，并且通过县级组织垄断农村商业市

---

① 何跃新：《以科学发展观统筹浙江城乡文化发展》，《中共浙江省委党校学报》2005 年第 2 期。

场，使县级经济联合会统一采购农民生活资料和生产资料，从而把农村商业利润留在了农民手里。同时，日本建立了农协银行和保险等金融业务，为农民提供金融便利，从而使农民增加了收入。农协通过一系列经济和文化活动有效弥补了农村行政村和自然村双轨制的裂缝，并配合行政系统团结和凝聚了农民。正是由于有了农协这样的农民阶层代表组织，日本农村在战后与城市同步，通过和政府沟通，农协使政府及时向农村提供了各种公共服务，促使日本在消灭城乡差别上走在了世界前列。

（二）通过农业产业调整促进农村发展

1961年，为提高农业生产率，日本制定了《农业基本法》。《农业基本法》提出的三大任务之一就是调整农业经济内部结构，主要是调整粮食种植业、果蔬种植业、畜牧业的结构比重。在该法制定之前，日本粮食种植业产值几乎占其农业总产值的一半，畜产品和果蔬种植业产值的比例较低。这种农业产业结构无法满足日益增长的城市消费需求，阻碍了农户收入的增长。《农业基本法》根据经济合理的原则，鼓励大量进口国外饲料，促进国内畜牧业的发展，同时减小粮食的种植比例，从而实现了农业内部结构的合理化，实现了种植业和畜牧业的均衡发展。除此之外，该法还规定了农业现代化资金制度、农业信贷保险制度等来促进农业发展。然而，农业内部的结构调整并没有从根本上提高农民的收入，日本政府于是在调整内部结构的同时，以农协为核心，发起了外部经济结构的调整，大力发展农副产品的加工工业及发动大规模的"农村工业化运动"。各地农村地方政府积极建设农村工业园区，使农民就地成为工人，从而大大增加了农民的农业外收入，改善了家庭经济状况。农村工业化运动根本性地改变了农村经济结构，使日本农村整体性地走向了工业化。日本在这期间还颁布并修订了《农地法》和《农业振兴地域整备法》等，主要思路仍然是从结构调整和产业振兴角度出发促进农业发展、农民增收和农村发展。

（三）构建并发展循环型农业

通过农业产业调整和农业现代化，日本极大地推动了农业生产效率的提高，然而一味追求农村工业化也导致农村水质恶化、土壤污染、大气污染等日益严重。尤其是在农业生产中大量使用化学品给农产品安全和生态环境造成极大伤害，使日本政府不得不考虑制定保护农业生态环境、有利于农业可持续发展的法律政策。因此，日本于1999年出台了第二个农业基本法——《食物、农业、农村基本法》。该法明确提出了"循环型农业"的概念，主张发挥农业本身所具有的物质循环功能，充分利用传统农业本身所具有的土壤、水分、营养、光照等纯天然、无污染的自然资源，通过自然资源的循环利用，减少化肥、农药的使用，达到既提高农产品产量又保护环境的目的。该法摒弃旧法仅仅把农业作为普通产业的观点，转而把农业作为一种社会产业来看，主张农业应为全社会提供价值，也需要全社会来扶持。具体来说，新的日本农业基本法强调了农业的三方面功能：一是认为农业是一种基础产业，它为社会提供粮食安全；二是认为农业是一种文化产业，它为社会保持传统文化；三是认为农业是一种环境产业，具有生态环境维护的功能。

为了发展农业与振兴农村，日本还专门建立了一个组织机构——日本农林水产省。同时，日本政府还通过完善农业环境法律体系、规范农业生产技术规程、加大投入生态农业研究项目、健全环境保护农业认证制度、扶持环境保全型农业等措施，构建了较为完善的现代农业环境政策实施体系。

二　日本建设循环型农业的实施路径

为促进循环型农业的实施与推广，日本政府从法律制度体系、技术研发、政策扶持等方面协同各方共同构建了一个现代农业环境政策体系。其具体实施路径如下。

（一）完善农业环境法律制度体系

日本政府在构建循环型农业社会的过程中，对法律的作用特别重视，以发挥法对人们行为的引导、评价、教育与预测功能。1999年，日本出台了现代农业环境总法，即新的《食物、农业、农村基本法》，该部法律是指导日本农业实现可持续发展与振兴农村经济的"母法"。之后，为保证该法的顺利实施，日本政府又先后颁布了一系列相关配套的专项法规，主要包括《有机农业促进法》《家畜排泄物法》《持续农业法》《肥料管理法》等，内容涵盖了农业基本资料生产、农产品培育，以及农产品成品加工等诸多环节。同时，为加大对有机农产品与食品的监督力度，规范有机农业的生产行为，日本于2000年修订了《农林物资规格化和质量表示标准法》（简称《JAS法》），之后又颁布了《有机农林物资规格化和质量表示标准法》（简称《有机JAS法》）。同时，为大力促进有机农业的发展，分别于2006年12月和2007年4月颁布了《有机农业促进法》与《促进有机农业的基本方针》等配套法规。而且，日本还制定并健全了有机农业标识规定与检查认证制度，主要包括《生产加工有机农产品、有机加工食品、有机种子和有机畜产品检验方法》《有机农产品的日本农林规格》《认证有机农产品和有机加工食品进口商通告技术标准》等。由此构建了一套完整的现代农业环境法律体系。

（二）规范农业生产技术规程

日本政府通过制定指导性生产规程与技术规范来提升农产品的安全性、环保性和品质性。2005年3月，日本出台了《环境调和型农业生产活动规范》（简称《农业环境规范》），该规范将环境影响因素纳入到生产技术规程中进行考量，从而最大限度地减轻了农业对环境造成的污染。《农业环境规范》将农业生产分为家畜饲养与农作物生产两个模块。在家畜饲养方面，具体规定了节约能源、利用家畜粪便、减少以及预防臭味和虫害发生的操作规程等；在农作物生产方面，规定了杂草与病虫害防除、土壤管理、肥料使用、废弃物处理与利用、能源节约等操作规程。尽管《农业环境规范》不是一部法律，其执行效力有限，但由于政府将其作为农民申请政策性贷款以及政府补贴等支持措施的门槛，因此农民会自觉地来推进该技术规程的实施。

（三）完善农产品认证和追溯管理

培育与发展有机农产品是日本推广循环型农业的重要措施。日本专门在法律中规定，只有经过日本农林水产省（MAFF）注册的认证机构认证的有机食品才能进入日本市场；农产品认证分为国家认证和省级认证。另外，日本对所有农产品都实行追溯管理，具体由农协组织实施。各地农协要求下属的农户必须记录米面、果蔬、肉制品、乳制品等农产品的农田所在地、生产者、使用的农药和肥料、收获和出售日期等信息。然后，农协把这些信息整理成数据库并开设网页供消费者查询，由此相当于为每种农产品分配一个"身份证"号码。在农产品出售时，每种产品都必须醒目地标出"身份证"号码，消费者可在查询终端通过这个号码查询到有关这一产品的生产和流通信息，这样就使农产品的追溯管理模式变得易于操作。

（四）通过政策性金融等手段促进循环型农业发展

日本根据相应的标准把农户划分为环境保护型农户与非环境保护型农户；环境保护型农户可以享受到银行提供的无息贷款，贷款期限从半年到12年不等。另外，作为政策性金融制度资金重要构成的农业改良资金，在开拓新作物、新领域等方面也做出了突出贡献，切实推动了日本农业现代化和循环型农业的发展。

三　日本农村生态环境治理政策的借鉴

相对于日本，中国拥有丰富的国土资源。但是，中国人口众多，经济发展水平相对落后，适宜农作物生长的土地资源并不丰富，再加上基础设施薄弱、生产技术落后，目前中国农业发展面临着严重的瓶颈。经过多年的发展，中国农业生产虽然实现了粮食的增产和农民收入的提高，但以化肥、农膜与农药使用为主要手段的不可持续发展模式已经严重威胁到中国农产品的健康、农业生态环境的安全以及农业和农村的可持续发展。借鉴日本完善农村生态环境治理政策以及构建循环型农业的发展模式和经验，中国应立足于农业和农村发展的实际，从以下几个方面建构协调环境保护与农业生产效率、农民增收与农村发展的政策措施。

（一）确立循环型农业的理念

1992 年，日本在其制定的《新的食品、农业、农村政策方向》中首次提出循环型农业的概念，之后又采取了一系列措施和方案加快循环型农业的发展。1999 年颁布了新农业基本法，即《食物、农业、农村基本法》，进一步强调、细化了实施循环型农业的具体步骤和措施。随后，又通过《持续农业法》（该法要求农户在农业生产中采用土壤保护技术，少用化肥和农药以促进农业的可持续发展）、《家畜排泄物法》（该法通过强调家畜排泄物处理设施及处理技术要求的规定促进农村环境治理）、《肥料管理法》（对外销的堆肥、家畜粪肥等的收集和处理进行规范）三个农村环境专项法，进一步引导农业向循环型方向发展。同时，食品、农业和农村政策审议会把农业环境、资源保全问题与农地制度经营改革问题统筹考虑，并作为农村发展的主要议题。2005 年修改、颁布的新的《食物、农业、农村基本计划》和《农业环境规范》，出台了一系列全面实施循环型农业的政策，并将采取循环型农业与享受政府补贴、政策性贷款等各项支持措施有机联系起来。

循环型农业所关注的不仅仅是农业，而是把食品、农业、农村置于一起统筹考虑，重视农业的多功能性和农业、农村自然循环功能的维持与促进，而不是单一追求农业规模的扩大及经济增长。日本农业和农村发展正是秉承循环型农业发展的理念，才使日本实现了生态优良的农业现代化。该理念对于生态环境日益恶化的我国及河南省农村生态环境治理来说具有非常重要的借鉴意义。

（二）重视城乡的整体规划

日本具有悠久的城乡统筹规划历史，而且相关法律法规健全。目前，日本有关农村规划的主体性法律主要有《国土利用计划法》、《农业振兴地域整备法》和《集落地域整备法》，这些法律和地域性农业规划一起形成了日本相对完善的空间规划体系及其法律保障体系。同时，日本农村规划具有很强的统筹理念和统筹能力，从国土规划和区域规划到城市规划和町村规划，各种不同的规划层面相互联系、协调一致，并且下位法完全服从于上位法，且各规划之间环环相扣、相得益彰。具体来说，日本农村规划主要由三个层次构成，一是国家农业主管部门做出的规划，该规划主要是根据《国土开发法》《国土利用计划法》而对农村发展做出的整体统筹规划；二是都道府县制定的规划，该规划主要是地域性的农林业规划；三是市町村做出的规划，该规划主要是地区计划中有关农村的具体规划。

日本国土规划、区域规划、城市规划三位一体的统筹规划和统筹立法对我国目前区域规划被列为非法定规划、土地管理和城乡规划分而治之的现状有重要启示意义。

（三）有关法律政策相互配套协调

日本为了实现循环型农业的目标，不仅制定了《食物、农业、农村基本法》来确立农业、农村循环发展的基调，而且通过其他一系列专项法律确保循环型农业和农村发展目标的实现。我们从以上日本农村生态环境治理的历史沿革和具体路径中可看到其协调一致和相互配合的相关法律政策体系。作为一种闭路型的经济发展模式，循环经济已成为近年来各国逐步推行的一种新的经济发展模式，前景良好。在广大农村，循环经济可大有作为，如农村沼气的综合利用和循环利用。农村沼气的综合利用可以以农村现有的植物秸秆、畜禽粪便为原料，利用沼气池等设施经过长时间的发酵，产生一种可利用的可再生清洁能源，为农民的生产、生活提供清洁能源，既能提高农民生活质量，又能实现农村固体废弃物的循环利用和沼气的综合利用，减轻环境污染。但是目前我国缺乏关于循环型农业的立法，现行相关立法如《中华人民共和国环境保护法》《中华人民共和国清洁生产法》《中华人民共和国循环经济促进法》等均将立法重心放在对城市和工业固体废物的处理和循环利用上，关于农村固体废物污染处理和循环利用的内容鲜有涉及，即使有相关规定，也过于原则，缺乏可操作性。这导致农村的固体废物无法得到有效的处理，循环利用程度也非常低，不但造成了农村环境的污染，而且造成了大量可循环利用资源的浪费。另外，现行法律也没有制定诸如农村污水处理制度、农村环境补偿制度等重要的法律制度。对农田灌溉、农药和化肥使用等的规定也相当简单，而且缺乏判定的标准和具体的执行措施或制度保障。河南省有关农村生态环境治理的立法和政策不仅应与我国现行法律法规相对接、相协调，而且应该对接省市及其他相关部门，从而使有关农村生态环境治理的政策和文件能够顺利落地实施，只有这样才能真正有利于保护农村生态环境。

（四）发挥农协的作用以加强农村生态环境治理

农协在日本农业生态环境治理中占据着非常重要的地位。农协作为促进农民发展的合作组织，旨在提高农业生产力和农民的社会经济地位，促进农村经济的发展。农协通过指导销售、购买、信贷、保险、报检等一系列农村业务活动，帮助和组织农户发展循环型农业。其主要职能主要有以下方面。一是通过农业法人提供农业服务。农协通过出资设立第三部门——农业法人，由农业法人承包农活，受托经营管理荒地，制造和销售堆肥、有机肥料，进行农牧产品加工和销售，提供其他农业服务等。二是对循环型农业扶持政策进行落实。比如对有机农业生产进行指导，如控制氮肥的使用，促进有机农作物的低农药栽培、土壤诊断和质量提高及有机农产品生产的组织化等。另外组织实施政府对环保型农户的金融支持和政府补贴等。三是推行环境教育和绿色观光旅游。如对农民实施循环型农业技术进行培训，在农村进行环境保护教育，组织和维护观光农园、暑假儿童村等。目前我国农村治理无序化、散乱现象严重，农村生态环境治理急需农协这样的自治组织帮助政府组织实施。河南省农村生态环境治理也可借鉴日本的做法，在河南广大农村成立类似农协的农村自治组织来帮助促进循环型农村的构建和维护。

第四节 保障中原经济发展的农村生态环境治理对策

河南农村生态环境治理是一个复杂的系统工程，必须要从河南区域生态系统管理视角出发进行全面整体考虑，不仅要树立生态环境保护优先、整体规划与管理、构建循环农业的发展理念，而且要从治理理念、主体、方法、责任承担机制、治理体系、文化培育等方面全面进行综合制度设计。针对中原经济新常态的新形势，河南省农村生态环境治理应当重点做好以下制度安排。

一 构建区域生态系统整体管理理念

世界粮食首脑会议通过的《罗马宣言和行动计划》（1996）明确提出：农业具有多功能性，农业不仅具有国防民生功能，为社会提供粮食安全；而且具有文化传承功能，为文明的发展提供文化支撑；更具有环境承载功能，为社会发展提供自然基础。因此，河南省农村生态环境治理必须考虑农业的多功能性特点，从区域生态系统整体管理视角出发进行农村生态环境治理，摒弃城乡二元分割，单纯把农村作为种植、畜牧产区的观念，唯此才能真正把农业生态环境治理落到实处。河南区域生态系统管理是指基于河南省经济社会发展状况以及自然生态系统特性，有针对性地对河南省社会经济及自然环境进行风险评估、预防及治理。具体来讲，就是要从源头上对河南省整体生态系统进行统筹规划和管理，在对社会经济发展状况进行评估的基础上，对河南省城市、农村、山区等不同区域特色的生态环境治理进行功能分区，并根据不同区域特点进行统筹考虑，因地治理。统筹考虑不同区域自然环境、人文地理、经济发展的不同特征，并根据不同区域特点设计不同的产业结构和经济发展之路，从而找出不同区域经济发展的着眼点。

河南省区域生态系统整体管理要求摒弃传统单纯经济增长的发展模式，树立生态环境保护优先的理念。鉴于目前河南在农村生态环境保护方面已经欠账太多，农村生态功能不断退化的严峻局面，即使目前面临着经济下行的压力，河南省社会经济发展的战略目标仍然应该树立生态环境保护优先的理念。树立环保优先的理念并不是单纯考虑生态环境治理而不考虑社会经济的发展，在当前情势下，只有秉承生态环境保护优先的理念才能促进河南省社会的稳定、人民福祉的提高和经济的又好又快发展，才能有利于河南生态系统整体管理的需求。至于秉承生态环境保护优先的理念是否会妨碍经济发展和社会稳定，有学者专门利用数量经济学模型研究了现阶段地方政府职能的整体性与地方政府的经济发展绩效、社会公正绩效及环境保护绩效三者之间的关系。研究表明，经济发展、社会公正、环境保护三个领域绩效同时达到均衡的必要条件与必然结果是：政府在环境保护方面的职能的实现程度需依次高于其在社会公正、经济发展方面的职能的实现程度。只有在此均衡点上的政府总绩效，才是一种"最优"的绩效状态。该经济学模型说明在现实条件下，地方政府必须加强履行环境保护与社会公正职能，才可能使经济发展、社会公正与环境保护三者朝着均衡的方向发展。地方政府必须打破传统工业文明的发展理念，不再把经济发展与环境保护视作是一对天然的矛盾，放弃"先经济后环境""先污染后治理"① 的发展路径。在目前的生态文明理念下，随着人们生活水平的提高、环境意识的觉醒，地方政府不能再以牺牲环境为代价来促进经济发展，必须实现经济发展和环境保护的和谐共存，以经济发展方式的转变、产业结构的调整升级为主要抓手促进经济增长，也就是说，要以环保产业、环保基础设施建设产业等环境保护产业为龙头促进经济发展。

另外，河南省区域生态系统管理还应强调流域管理与区域管理相结合的区域治理理念。大家知道，农村生态环境污染的一个重要方面就是面源污染。农村面源污染的突出问题主要是畜禽水产养殖污染、农村居民生活垃圾和生活污水乱堆乱排、农业生产过程中过量施肥施药损害生态环境、农膜等农业废弃物损害土壤结构、病死畜禽和医疗垃圾无害化处理没有得到重视以及焚烧秸秆等导致的环境严重污染。农业面源污染是目前中国农村环境质量下降的主要表现，对生态系统功能、人类健康和经济发展等造成了严重的影响，导致了流域水环境和水资源的恶化。第一次全国污染源普查结果显示，我国农业化学需氧量排放量为 1324.09 万吨，占化学需氧量排放总量的43.7%；农业总氮和总磷排放量分别为 270.46 万吨和 28.47 万吨，分别占总氮、总磷排放总量的 57.2% 和 67.4%。农业面源污染已经取代点源污染成为大部分湖泊和江河流域水体污染的主要来源。② 鉴于我国流域管理现状和发展趋势，河南省对农村生态环境的面源污染治理可以结合流域管理统一进行。具体来说，河南省分属长江、淮河、黄河、海河四个流域，可以结合这四个流域管理委员会进行农业面源污染的统一治理。结合流域管理进行农业面源污染的治理一是可以避免区域自行管理与流域统一管理相冲突的尴尬；二是可以争取和借助流域治理的资金、技术和人才优势，从而缓解目前农村生态环境治理中经费与人员不足的劣势，并从多方面、多角度促进农村生态环境的治理。

此外，在生态系统管理中，必须落实循环型农业产业发展理念。鉴于种植业、养殖业是农业污染的主要来源，应该通过种植和养殖结合让土壤更好

---

① 郑方辉、李燕：《经济发展、社会公正与环境保护：基于政府整体绩效的视野——以2008—2010 年广东省为例》，《公共管理学报》2013 年第 1 期。

② 齐飞：《我国农业面源污染问题不容忽视》，http://www.cndca.org.cn/mjzy/lxzn/czyz/jyxc/969994/index.html，最后访问日期：2015 年 11 月 1 日。

地实现原始循环，并利用各种畜禽废物和农作物残留促进农业发展，并保持土壤肥力和生物多样性，只有实现了这种循环型农业、农村发展的模式才能保护农村水资源和生态环境，维持农村生态系统的功能和健康。因此，河南农村生态环境治理的关键是建立和恢复中断的农业和农村内部物质能量循环流动的链条，减少农村生产和生活中物质及能量的流失。构建循环型农业和农村应以循环经济和可持续发展理论为基础，按照"减量化、再利用、资源化利用"的农业和农村发展模式，在投入端、中间过程、输出端三个有机的过程中构建农村物质、能量梯次和闭路循环使用系统，并通过制度安排和政策设计、适当的产业链及产业结构的调整、技术创新等，把专业化的种植活动和养殖活动结合起来，通过种植和养殖之间物质和能量的循环利用，实现河南省农村生态系统区域性的种养平衡，从而达到保护农村环境的目标。

二 健全和完善农村生态环境治理相关制度体系

农村生态系统的内在运行规律要求农村生态环境治理必须遵循复合生态系统的物质、信息、能量流动程序来建立健全相关的制度体系，包括农村生态环境源头保护制度体系、农村生态环境经济制度体系、农村生态环境行政管制制度体系、农村生态环境社会治理制度体系、农村生态环境治理问责制度体系以及农村生态恢复与重建制度等。

（一）农村生态环境源头保护制度体系

建设农村生态环境源头保护制度必须在生态环境保护优先的理念之下建立严格的、全覆盖的农村生态环境统一规划制度、循环农业发展制度、农村生态多样性保护以及清洁能源开发利用制度等；健全完善清洁农业生产、绿色农业消费、生态种植养殖制度等。

需要指出的是，农村生态环境源头保护制度设计首先应本着环境正义的原则，要保证城乡之间、区域之间公平分享环境资源福利及获得公平的发展机会，建立完善区域生态系统管理规划制度，根据城乡一体原则，落实主体功能规划，根据不同区域特点因地制宜分类规划和管理。同时，对于农村资源能源的开发利用，要遵循适应性开发、保护性开发、有序开发和协调开发的原则，规范开发秩序，提高开发效率，从源头上防治污染和生态破坏；并按照可持续发展的要求，节约资源能源、保护农村生物多样性，建立完善循环农业发展制度、生态资产管理制度和新能源开发利用制度等。另外，对于农村工业污染治理，要从源头上注重清洁生产制度、农村生态环境连片整治制度、完善农药和化肥的生产及施用管理制度等。

（二）农村生态环境经济制度体系

资源环境的公共物品属性和外部性特征是农村生态环境破坏的主要经济原因。尽管政府管制是解决外部性问题的重要手段，但通过经济手段解决外部性问题可以有效地引导市场主体的行为，从而提高政府管制效率。目前，国家面临着经济下行的压力，通过调整农业产业和经济结构，在增强农业和农村经济效益的同时增进环境效益是农村经济制度建设的基本目标，同时也是农村生态环境治理的重要目标。因此，河南农村生态环境治理必须建立完善农村生态环境经济制度体系，该制度体系在宏观上包括农村经济结构规划调整制度、农村环境资源有偿使用制度、农业产业发展制度、农村生态系统服务评价制度等；在微观上包括绿色农业金融支持制度、绿色农产品价格保障制度、排污权交易制度、生态税收制度、环境责任保险制度、绿色信贷制度、农村生态补偿制度等。

（三）农村生态环境行政管制制度体系

农村生态环境的公共物品属性要求政府有责任和义务对农村生态环境进行行政管制。农村生态环境行政管制是指政府对人们开发利用农村环境资源的行为进行限制和约束，通过行政强制措施引导人们保护农村生态环境。农村生态环境行政管制制度具体包括农村环境许可证制度、总量控制制度、标准制度、农业面源污染的动态监测制度、三同时制度、限期治理制度、考核制度等。

传统农村生态环境管制通常采用单一命令控制模式，这种政府主导型的环境治理模式绩效不佳。河南省农村生态环境行政管制在采用政府行政命令的同时，还要注意运用行政合同、行政意见等非强制性方式，通过协商、指导、帮助等引导不同主体保护环境行为的正确生成。同时也要引入社会主体参与管理，并通过政策和税收引导，发挥价格杠杆的调节作用，通过加速环境投资融资机制建设，完善环保产业的市场化。

（四）农村生态环境社会治理制度体系

当前城乡二元结构体制导致城乡资源配置不合理，农村社会支撑力不足，这种情况严重制约了农村的可持续发展。河南农村生态环境治理要遵循区域生态系统整体管理的理念和方法，在完善城市社会保障制度的同时，建立健全农村社会保障制度。不仅注重农村人口的基本生活保障，而且要促进农民就业和文化提升，优化农村环境资源与人口比例；防止城市污染转移到农村，鼓励绿色消费，建立绿色消费补贴制度。在农村里普遍加强生态环境基础设施建设，进行绿色建筑和生态景观保护，建立生态设施配置制度；同时加强农村社会组织建设，通过农村社会组织这个中介组织引导广大农民走绿色发展之路。

（五）农村生态环境治理问责制度体系

除了市场失灵外，政府失灵也是农村生态环境恶化的主要因素。因此，提高农村生态系统中政府的管理和服务能力、推动公众民主参与是加强河南农村生态环境治理制度改革的主要目标。按照"权力即责任，有职有责，失职问责"的原则，必须首先建立健全河南农村生态环境治理问责制度。具体来说，第一，要明确相应管理机构及其权力，规范农村生态环境治理机构的责任与义务，并以法规的形式规定相关政府部门的生态环境责任及其绿色考核办法，同时公开生态环境治理信息，促进公众参与环境治理。第二，推动农村生态环境治理法治建设，促进法律体系的生态化，进一步加强环境诉讼制度和司法救助制度等。第三，根据造成环境污染和生态破坏的情形追究相关责任，完善生态环境问责体系和责任监督机制，尤其要细化不同层级责任人根据不同程序造成的生态环境破坏责任。

（六）农村生态恢复与重建制度

长期以来，人们对农村资源环境的过度开发利用和肆意攫取，已经强烈干扰了农村生态系统，导致农村自然生态环境的变化远远超过了农村生态系统的自净功能，从而引起农村生态系统的退化。"相对于那些偶然发生的、短期的原生环境问题而言，因人类活动造成的生态系统环境的影响更为持续广泛，而且往往具有长远的后果。这就要求人类对其活动造成的生态的破坏进行恢复，对环境的污染进行治理。"① 因此，河南农村生态恢复与重建是人们必须履行的义务，其目的是恢复遭到破坏的农村生态系统，其中既包括退化的农村自然生态系统，也包括不协调的农村社会和经济生态系统。河南农村生态恢复和重建制度的落实就是要采取一系列制度措施，通过政府和市场等多种手段，对农村自然、社会、经济进行逐渐调整、恢复和重建，以实现河南省农村自然社会经济的和谐发展。

---

① 吕忠梅主编《超越与保守：可持续发展视野下的环境法创新》，法律出版社，2003，第358页。

三 坚持农村生态环境治理的多元性和互动性

鉴于农村生态系统的整体性和复杂性，农村生态环境治理必须坚持治理主体和治理手段的多元化和互动性，唯此才能达到农村生态环境治理的良性效果。

（一）治理主体的多元和互动

环境治理作为一种公益性事业，传统上一直是政府起着主导地位。然而，环境问题实质上是一个涵盖经济、政治、文化和社会生活的综合性问题。从经济学的角度来讲，环境问题实质上污染企业行为的外部性造成的；从法学的角度来说，环境问题的症结是相关利益的失衡和权利配置的不当；从社会学的角度来说，环境问题的根源是人们缺乏对自然生命的重视和对生活的热爱。因此，现代环境治理必须改变过去孤立而单向的政府管理约束机制，充分调动政府、企业、公民个人、社会组织等多元治理主体参与环境治理，并注重不同主体之间的合作参与、互动协同、双赢乃至多赢。河南省农村生态环境治理既需要国家和政府的权力行为和政治行为，也需要企业等社会其他主体共同参与的经济行为，更需要多元主体之间协调合作的综合性社会行为。同时，各种不同治理主体必须根据现阶段社会经济发展的特点，运用多样化的手段、方式、方法促进农村环境治理。[①] 具体来说，治理主体包括以下几种。

第一，政府。长期以来，我国一直实行政府管制命令的生态环境治理模式。鉴于生态环境的公共物品属性，再加上农村生态环境的特殊地位，以后一段时间，政府仍将是农村生态环境治理的主力军。然而，在现阶段政府职能转变的趋势下，政府环境治理应改变传统"事必躬亲"的直接管制模式，从而向"服务型政府"模式转变。具体来说，政府可以通过搭建适合各不同主体平等分享、交流和讨论的平台，如各种研讨会、常设办事机构等，利用自身特点和优势引导其他主体主动参与到农村环境治理当中。当然，政府是整个环境治理体系中唯一拥有行政强制力的治理主体，其治理效果直接、高效，对于部分环境问题往往有着"说一不二"的作用。但在服务型政府

---

① 中南财经政法大学湖北财政与发展研究中心、中国地方财政研究中心：《中国地方财政发展研究报告——地方政府环境治理行为和路径优化研究》，经济科学出版社，2013，第197页。

环境治理模式中，政府应改变"万人之上"的地位，在环境治理合作各方中起引导、疏通、协调的作用，并主动接受其他主体和社会舆论的监督，创造条件让其他主体尽快融入环境合作治理之中。另外，政府应注意执法方式的改善，在执法中尊重市场规律，在创造公平市场竞争秩序的同时促使环境保护目标的实现；同时政府必须树立服务意识，要便利受管制者理解相关环境保护规则，创造良好的守法环境，营造守法氛围，倡导自觉守法；科学设定处罚规则，并使之达到有效威慑违法行为的目的；引导公众参与执法，接受公众监督。

第二，社会资本。发挥市场在配置资源方面的激励和高效作用，让"看不见的手"替代政府的职能作用，不仅可以提高环境治理效率，而且大大降低了政府的治理成本。尤其在目前经济下行，地方政府负债严重的情况下，引入社会资本进行环境治理是推动经济增长和环境保护的有效路径。河南省农村生态环境治理应尽可能地在相关领域比如垃圾处理、环境综合治理等重点领域开展PPP模式（即公私合营模式）特许经营试点，并规范项目的选择、经营者的确定及其责任义务，完善价格形成、投资回报、风险分担、公共权益保障等机制；全面研究建立排污权交易制度，及时制定《河南省污染物排放权交易实施工作方案》。

第三，农村环境管理社会组织。根据哈耶克的社会秩序规则二元观，环境治理规则除国家构建的外，还包括自发秩序，而自发秩序在应对分散细小的生态环境问题方面应该是可行的。长期以来，法律对农村经济和社会生活的影响非常有限，各地通常以自身的习惯信仰偏好为基础组成自愿共同体，通过自由沟通和平等协商的互动机制形塑自己的规则。如此，由于个人与集体的行动或是自由选择的，或是依据参与者之间的协议而做出的，或是基于个人或集体利益的考虑而做出的，或者是根据所构成的集体规则做出的，因此，对于人口分散，生态多样且复杂的农村来说，环境保护自发秩序更有利于农民自觉遵守并在实践中执行。当然，这种自发秩序的形成机制还需要环境保护意识和良好的法治氛围做保障。

然而，农民虽然是农村生态环境治理中的主力军，但他们在环境治理的过程中存在很多困难，包括环境意识、维权意识及公民独立精神、知识素养的欠缺等，因此农民需要一个能代表自身利益的环境管理组织，带领他们对农村生态环境进行治理，创造良好的生态、生活环境。但目前河南农村还缺乏这样的社会组织，在现实条件下，依靠村民委员会下设环境管理委员会来组织实施农村生态环境治理具有一定的优势。首先，村民委员会作为农村环境治理的基层自治组织，贴近群众现实生活。对该村庄生态环境所处的现状更为了解，可以根据实际情况提出针对性的解决方案。其次，通过村民委员会进行生态环境管理可以在治理过程中最大限度地融合社会资源。村内的每个个体都处于网络化的环保体系之中，环境保护意识一旦成为村民的公德，那么以村为单位的环保工作更能顺利有效地开展。充分发挥村民委员会在农村生态环境治理中的重要作用，需要下设环境管理委员会并吸纳本村村民加入，这样才能有利于村民充分了解环境治理问题，并有利于行使环境管理权利，提高环境保护意识，加强环境监管能力。村民委员会应清楚掌握和了解本地区环境状况，并从实际出发采取有效治理措施；应在村内定期向群众开展环保知识普及活动，使村民形成统一的行为准则，积极鼓励村民与破坏生态环境的行为做斗争，从而真正促进农村环境问题的有效解决。

（二）治理手段的多元和互动

目前，在我国环保机构的组织设置中，最基层的部门是县一级环保机构，乡镇一级没有相关环境保护机构，而且受各种条件限制，县级环境保护部门人员少、资金匮乏、监管手段薄弱，根本无法对乡镇环境问题进行有效的管理。另外，目前农村生态环境治理涉及多个部门，包括农业部门、住建部门、水利部门、渔业部门、环保部门、土地部门、林业部门等，各部门之间依循不同的部门法，维护着不同的部门利益，农村生态系统的整体利益却无人顾及。农村生态系统的复合特性以及多元治理主体的现实状况决定了农村生态环境治理需要多样性的治理手段，同时也需要建立综合性的组织架构来进行保障。鉴于此，农村生态环境治理的根本出路就是要确立农业生态系统的整体管理方法。"整体方法的奥妙在于：人类必须意识到，当他们用某种预定的方法去改造世界时，他们和这些方法本身必定会被改变了的世界所改变。明智的实践活动应该去驾驭这种改变，而不是抗拒它。"整体方法要求运用系统论和控制论的哲学和方法论为农村生态环境治理提供有益的方法论指导。① 其具体措施如下。

首先，针对目前农村生态环境多部门治理的情况，必须对现有各农村生态环境治理机构进行整合完善，建立一个综合性的农村环境治理机构，专门负责农村环境的检测、研究、治理和统筹规划工作。或者在乡镇政府设立专

---

① 金观涛：《系统的哲学》，新星出版社，2005，第 169 页。

门的农村环境管理机构，明确其职责职权，充实其编制，确保其人力，使其做到职责清晰，权责明确。

其次，建立农村生态环境的合作治理机制。"治理的主体既可以是公共机构，也可以是私人机构，还可以是公共机构和私人机构的合作。治理是政治国家与公民社会的合作、政府与非政府的合作、公共机构与私人机构的合作、强制与自愿的合作。"① 多元合作环境治理机制能够有效地使各个环保主体的利益诉求最大化，同时政府、企业、环保组织和农民等环保主体仍有较强的环境保护积极性和潜力。当然，农村生态环境多元合作治理必须要处理好各个主体之间的关系，政府要制定合理合情的法律法规政策，更新监督观念、扩大监督范围；企业要保证生产行为满足可持续发展要求、自觉接受环保组织的监督并给予农民一定的资金支持；环保组织要积极主动融入合作治理的结构当中，将先进的生产工艺和管理经验提供给企业；农民则要切实做好对企业污染行为的监督工作、学习新的生产生活知识。

与此同时，农村生态环境合作治理要保障各参与主体间平等的法律地位、建立完善的组织架构及高效的信息共享平台、构建紧密联系的网络；自觉接受来自制度内的监督，做好制度框架内各个主体之间的相互监督，并积极接受来自网络和民间的监督；同时发挥环保组织在环境污染治理中的作用，加强公众参与、引入市场机制。

最后，要成立合作治理协调组织。该组织可以是为了方便各主体沟通交流而设置的一种临时性组织，也可以是永久性存在的办事机构。具体组织构架可以仿照城市环境合作治理的模式（如淮河水利委员会模式），成立以农民和环保组织为主体的专项监督委员会，负责收集和整理、汇报污染信息；成立由企业和政府环保部门组成的专项资金委员会，提供资金和技术支持；成立环保组织和企业技术专家组成的专家委员会，为治理污染建言献策。这些专项治理委员会可以有效地保证各个环保主体对于信息的快速分享和治理的强强联合，是有效的组织、协调、议事机构。它可以通过定期举办各种研讨交流在各部门之间分享环境治理信息。信息交流不仅要求各主体之间有交流的意愿，而且要有能够保证信息快速披露和交流的机制与平台。该平台可以采用如下形式：①组织架构中的各专项委员会定期搜集与分享环保信息；②利用高效的互联网资源发布环保质量检测信息，定期举行小规模新闻发布

① 俞可平主编《治理与善治》，社会科学文献出版社，2000，第6页。

会，在线互动交流等；③邀请专家学者定期举办研讨会，分享最新的环保信息和环保知识等。

四　加强农村生态环境教育和文化建设

（一）将农民环境教育与增加农民收入有机结合起来

目前，河南省的农村经济还相对落后，生活需求仍以物质需求为主。在这种情况下，一味要求农民不顾物质生活的提高单纯追求环境保护是不切实际的。因此，农村生态环境教育应和农业生产和生活紧密结合起来，在农村生产和生活中倡导绿色生产，发展生态农业，引导农民进行科学化、绿色化的农业生产，在保护环境的同时增加农民收入。另外，还可在广大农民中实行环境保护的物质激励和奖励措施，将环境保护与农民的经济增长有机结合起来，这样才能使农村的环境教育收到成效。如内蒙古阿拉善地区就通过出资让农民代表外出考察学习，让当地农民认识到草场除了用于放牧以外用于发展生态农业一样能赚钱，这样先从根本上解决了农民的理念问题。同时阿拉善地区为当地农民设计了一套兼具提高收入和保护环境的方案，如草原牧鸡、种植肉苁蓉、建沼气池、使用节能灶、风力发电，有计划地与当地农民开展合作，建立互利共赢的模式。河南省农村生态环境治理也可借鉴内蒙古阿拉善地区的做法，切实将农民环境教育和农民收入增加结合起来，通过加强生态农业、有机农产品培育生产等方面的技术培训，引导农民转变传统农业种植和养殖理念，进行形成有利于生态环境保护的农业生产和生活方式。

（二）建立健全农村环境培训机构，提高农民参与环境治理的文化素养和技能

农民生态环境的教育培训从本质上来说是一个长期而艰巨的教育任务，需要不断的知识培育和理念渗透才能逐渐取得效果。基于此，应当在县乡等基层部门设立农村环境保护培训机构，根据当地生态环境的特点，有针对性地对农民开展环境保护教育和培训工作。具体来说，一是可以组织社会力量编写通俗易懂的环境保护培训教材，通过喜闻乐见的漫画、容易理解的故事等形式逐渐让农民认识到农业和农村环境污染的来源、渠道、危害性及解决路径；二是可以通过开办生态农业培训课堂，对农民进行生态知识普及和生态道德知识的专题教育；三是加大对农民的生态农业生产技术培训，使农民逐渐树立起正确的生态价值观和道德观，并使这种价值观和道德观在其生产生活实践中体现出来。

（三）加强农村环境文化教育培训

一是要加强农村基础教育设施建设，全面提高学生受教育比例，只有使农民受到良好的文化教育才能有利于提高农民的生态环境道德意识。二是加强对环境文化基础设施的配备，加大农村图书馆的资金投入，提供通俗易懂的环境类图书和视频资料，为农村环境文化意识的培养营造良好的氛围。三是多途径、多手段培育农村生态环境文化。除了政府的大力倡导外，还可以通过专门的教育培训机构或者依托河南省资源与环境重点学科，建立生态环境教育中心与科研基地，发挥其在生态建设中的基础研究、应用研究、人才培养与教育培训等方面的作用，这样不仅培训了环境管理人员，而且通过知识下乡等途径让农民得到了专业的教育培训。

（四）组织农民广泛参加环境治理

农村是农民赖以生存的家园，广大农民有热情、有权利，也有义务保护农村生态环境和参与农村生态环境治理，再加上农民熟悉自己周围的生态环境状况，了解当地生态环境的复杂特点和变化成因，因此农民更有优势进行当地的生态环境治理。当然，参与农村生态环境治理也有利于农民提高环境保护意识，树立起热爱家园的主人翁精神。同时，农村生态环境与农民的生产生活方式紧密相关。正如施里达斯·拉夫尔所说："消费问题是环境危机问题的核心，人类对生物圈的影响正在产生着对环境的压力，并威胁着地球支持生命的能力。从本质上说，这种影响是通过人们使用或浪费能源和原材料所产生的。"[1] 因此，坚持不懈地提高农民的环境意识，转变传统有损环境的生活和消费模式，是农村生态环境治理的重要基础。基于此，要通过各种途径广泛组织农民积极参与农村环境治理，让农民通过参与环境治理提高环境保护意识，并培养良好的、有利于环境保护的生活习惯和消费模式。

首先，要加强立法工作，健全有关公众参与农村环境保护的法律、法规，使公众参与农村生态环境保护活动有法可依。在立法中应加强对农村环境管理社会组织、公民等非政府主体的权益制定；强化农民的环境保护义务，使各主体为保护农村生态环境的整体利益，同时也为保护自己的权益而主动履行义务；充分保证农民的知情权，通过规范的渠道向公众定期公布各

---

[1] 〔美〕施里达斯·拉夫尔：《我们的家园：地球——为生存而结为伙伴关系》，夏堃堡等译，中国环境科学出版社，1993，第57页。

项环境政策和环境保护工作以及当地农村的生态环境实际状况等①；确立农民对农村生态环境治理的监督权、质询权，使农民既是农村生态环境治理的守法者，又是农村生态环境治理的监督者。

其次，要广泛引导农民参与农村环境决策和管理。相关农村环境管理机构在进行农村生态环境规划、农村产业发展、环境治理等重大决策时，应吸收代表不同利益的多种主体参与决策过程，兼顾农村生态整体利益以及农民等各相关利益主体间的利益。环境管理机构在进行相应的决策时，应采取民主与协商的形式，与相关利益主体进行合作式管理，并接受公众的监督和参与。同时，吸收农民参与生态农业及环境治理投资，以真正调动农民参与环境治理的积极性。具体路径可通过不同的企业经营模式，吸收公众参与投资，探索面向市场经济的农民参与的农村环境治理模式。

---

① 王哲：《基于农业支持视角的中国农业环境政策研究》，博士学位论文，中国农业科学院，2013。

第七章
河南法治建设实例（三）

——河南省农村土地制度建设

第一节　河南省农村土地制度建设的作用

在经济新常态背景下，农村和农业发展的外部环境、内在条件发生了深刻变化，这要求深化农村改革、发展现代农业、高效利用土地资源、促进农民增收、保障农民利益，最终为区域经济发展做出贡献。而农村土地制度建设对保障上述目标的实现起着重要作用。

一　农村土地制度建设有利于解决"三农"问题

河南省属于农业大省，适应中原经济新常态必须要解决好"三农"问题，而考察历史可以发现，中国存在的"农业、农村、农民"问题多多少少都与农村土地制度相联系。"三农"问题的核心是农民，基础却是土地。农村未来的发展和"三农"问题的最终解决在很大程度上取决于农村土地问题的解决。这是任何一个发展策略都不可回避的问题。中国封建社会时期长达2000多年，历史充分证明了这样一个结论，即农村土地占有是否均衡，农村土地关系是否稳定，决定着整个社会阶级和利益结构是否均衡和稳定，从而直接影响政权稳固与否，这就是农村土地问题的重要性所在。现实中农村土地问题更是牵动全局的大问题。河南省是一个以农民为最大社会群体的发展中的大省，河南农村稳定则整个社会稳定，而只有土地关系稳定农村才有可能实现稳定。这一基本省情要求必须加强土地制度建设，充分发挥土地效益，用法律手段保护农民对农村土地的合法财产权利。

二 农村土地制度建设有利于农村发展抓住经济新常态下的新机遇

中原经济新常态带来了政策机遇、开放机遇和产业机遇，适应中原经济新常态也要求抓住这些机遇。但这些机遇能否在农村现实实现，农村土地制度改革是关键。对于中国农业现代化和产业化的实现路径，能否像发达国家那样以丰厚的土地资源、密集的资本投入和高额的政府补贴为支撑，是难以给出具体答案的，因此农村土地制度创新是深化农村改革的一个重要方面，这项改革对增加农民收入、搞活农村经济意义重大。比如，让农民放心大胆地流转土地，提高土地资源的配置效率，才能增加来自土地的财产性收入。再比如，在坚持农户家庭承包的基础上，落实承包经营权的内容，发展家庭农场和各种各样的产业化经营组织，才能有利于提高农业生产专业化水平，增加务农的主业收入。

第二节 河南省农村土地制度现状及评析

一 河南省农村土地所有权制度现状及评析

分析农村土地所有权制度现状，需要从考察其形成过程入手。新中国成立后，通过农村土地改革没收封建地主的土地分给农民，实现了农村土地农民所有，以摧毁封建主义的生产关系、巩固工农联盟的政权基础。当时农民既是农村土地的所有者又是土地的利用者，享有对土地的占有、使用、收益、处分等广泛权利，土地可以自由流转，允许买卖、出租等土地交易行为。1953 年初级农业合作化运动开始，许多农村成立了农业生产合作社，它是农民的集体经济组织，是按照自愿和互利的原则组织起来的。农业生产合作社统一地利用社员的土地、耕畜、农具等主要生产资料，并且逐步地把这些生产资料公有化，以组织社员共同劳动，统一地分配共同劳动的成果。其组建目的是逐步地消灭农村中的剥削制度，克服小农经济的落后性，发展社会主义的农业经济。

从 1956 年初开始，农村高级农业合作化运动在全国进入了大发展阶段，这也是农村土地集体所有权制度的发端。1956 年 6 月 30 日，全国人民代表大会通过了《高级农业生产合作社示范章程》，该章程明确规定：高级农业生产合作社是在自愿和互利的基础上组织起来的社会主义集体经济组织，高级农业生产合作社把社员的主要生产资料转为合作社集体所有，入社农民必须把私有的土地和耕畜、大型农具等主要生产资料转为集体所有，土地由集体统一经营利用，合作社组织集体劳动，实行同工同酬，把集体利益和个人利益结合起来，社员必须服从和保护全社的集体利益，合作社关心和照顾社员的个人利益。我国农业社会主义改造的结果是，高级农业合作化改变了农村土地的归属关系，形成了具有中国特色的农村集体经济。

1958年，我国兴起人民公社化运动，原属于各农业生产合作社的土地和社员的自留地、坟地、宅基地等一切土地，连同农具等生产资料都无偿地收归公社所有。人民公社对土地进行统一规划、统一生产、统一管理，农村土地产权制度在人民公社化过程中并没有发生根本改变，农村土地仍然是集体所有，但农村土地所有权的主体——"集体"发生重大改变，从高级农业生产合作社转变为人民公社。1962年9月，党的八届十中全会通过了《农村人民公社工作条例修正草案》，确定人民公社实行以生产队为基础的三级所有制，这时的农村土地所有制为"三级所有、队为基础"。人民公社制度是国家实行社会主义公有制、优先发展重工业的战略选择，但土地集体所有、集体利用的局面压抑了农民生产的积极性，因此从20世纪70年代末，我国就开始探索家庭联产承包责任制等土地经营形式，以实现农村土地集体所有与农民利用相结合，将土地使用权交给个体农民，十一届三中全会的召开，为农村经济体制改革奠定了基础，但这并未改变农村土地集体所有的性质。

目前我国农村土地产权制度仍属于集体所有制。依据我国《中华人民共和国物权法》（以下简称《物权法》）第59条的规定，农民集体所有的不动产和动产，属于本集体成员集体所有。法律规定属于农村集体所有的土地和森林等自然资源、农业机械等生产设施以及其他经营性资产等都属于农民集体所有。因此我国农村土地属于农民集体所有。集体所有权，是指劳动群众集体经济组织依法对集体财产享有的占有、使用、收益、处分并排除他人干涉的权利。农村土地集体所有权的主体具有团体性和广泛性，集体所有权的主体是由个体成员所组成的共同体，包括村农民集体、农业集体经济组织的农民集体、乡（镇）农民集体。农民集体所有权具有集体财产集体所有、集体事务集体管理、集体利益集体分享的显著特点，享有权利的集体成员还具有平等性、地域性和身份性的特征。另外，集体所有权的主体是为数众多的劳动群众集体组织，具有广泛性。《物权法》对集体所有权的行使规定了两个规则。第一，集体的重大事项依法应当由集体的村民会议讨论决定，《物权法》第 59 条规定，下列事项应当依照法定程序经本集体成员决定：①土地承包方案以及将土地发包给本集体以外的单位或者个人承包；②个别土地承包经营权人之间承包地的调整；③土地补偿费等费用的使用、分配；④集体出资的企业的所有权变动等事项；⑤法律规定的其他事项。第二，集体经济组织成员对所有权的行使、享有等享有监督权，《物权法》第 62 条规定，集体经济组织或者村民委员会、村民小组应当依照法律、行政法规以及章程、村规民约向本集体成员公布集体财产的状况。

农村土地集体所有在我国已实行多年，然而农村土地集体所有这一制度在实践中却早已备受诟病。第一，集体性质模糊。集体本是一个政治经济学中的所有制概念，集体所有权是集体所有制在法律上的体现。[①] 民商事立法上使用的集体概念无法与民商事法律主体相对应，集体难以归类于现有立法上的法人、合伙、合作社等主体，导致集体内部的法律构造处于空白状态，农民和集体的关系无法理顺。第二，集体所有权性质模糊。集体所有权是一种单独所有权，还是共有，抑或是一种总有？至今也不明晰。[②] 导致集体所有权行使制度的构建没有法理依据。我国《物权法》第 60 条规定，属于农民集体所有的财产由相应的集体经济组织或者村民委员会、村民小组代表集体行使，然而农村这些集体经济组织许多已不复存在或名不副实。[③] 在村民委员会、村民小组自治并不乐观的情况下，由村民委员会、村民小组代表集体行使集体所有权，极易引起对农民个体权益的侵犯。有学者就指出，当前村民监督制度安排中存在真空，村务公开的透明度不高、形式化问题严重。[④] 实践中集体财产处分、征地补偿分配，往往因为暗箱操作、农民没有发言权而屡屡引发群体性事件。第三，个体农民在集体财产中的权利不明晰。集体所有的立法本意是保障集体成员每个人的权益，避免私有制下个别人财产权利匮乏的局面，然而农民虽然是农民集体的一员，但集体与农民的法律关系不清晰、不规范，农民在集体中究竟享有多少份额的权利、承担何

---

① 王利明：《物权法论》，中国政法大学出版社，2008，第 144 页。
② 王爱琳：《集体所有权主体问题研究》，《河南省政法管理干部学院学报》2007 年第 4 期。
③ 张安毅：《论农村集体土地所有权的行使——评我国〈物权法〉草案第 62 条之规定》，《法学杂志》2006 年第 5 期。
④ 杜威漩：《村民自治中的监督制度：冲突、真空及耦合》，《华南农业大学学报》（社会科学版）2012 年第 2 期。

种义务都是不明确的，现有法律没有规定农民在集体所有财产中的收益分配权如何计算、如何实现。在集体土地征收过程中，农民个人不能参与征收程序，也不能作为被征收人直接获得补偿，这也导致农民在集体中的权益缺少保障机制，增加了农民权益被侵犯的风险。最后，我国农民集体所有权还是一项权能不完整的权利，比如农村集体土地所有权的使用、处分权能就受到严格限制。原则上农村集体土地不能直接用于非农业建设、不能直接进入建设用地市场。

二　河南省农村土地使用权制度现状及评析

在农村土地集体所有的基础上和前提下，为了充分发挥农村土地的利用价值，近年来，通过农村经济体制改革，我国在不断完善和保障农民的土地使用权利。1998 年 10 月 14 日中共十五届三中全会通过的《中共中央关于农业和农村工作若干重大问题的决定》就强调，实行家庭承包经营，使农户获得充分的经营自主权，能够极大地调动农民的积极性，解放和发展农村生产力。目前我国通过《中华人民共和国农村土地承包法》（以下简称《农村土地承包法》）、《中华人民共和国土地管理法》（以下简称《土地管理法》）和《物权法》等一系列法律，规范和保障农村土地使用权制度，农村土地使用权主要包括土地承包经营权和宅基地使用权。

（一）土地承包经营权

以家庭承包经营为基础、统分结合的双层经营体制，是我国一项基本农村经济制度。我国《宪法》第 8 条规定："农村集体经济组织实行家庭承包经营为基础、统分结合的双层经营体制。"《农村土地承包法》第 3 条规定："国家实行农村土地承包经营制度"。《物权法》第 124 条规定："农村集体经济组织实行家庭承包经营为基础、统分结合的双层经营体制。农民集体所有和国家所有由农民集体使用的耕地、林地、草地以及其他用于农业的土地，依法实行土地承包经营制度。"土地承包经营权是农村土地承包经营制度在法律上的体现。土地承包经营权的性质曾经存在很大争议，主要有物权说[①]、债权说[②]等，但《物权法》最终确认了土地承包经营权的用益物权属性。因此，土地承包经营权，是指农业生产经营者以农业生产为目的，对农用地享

---

① 王利明：《物权法研究》，中国人民大学出版社，2002，第 456～459 页。
② 梁慧星主编《中国物权法研究》（下册），法律出版社，1998，第 705～708 页。

有的占有、使用、收益的用益物权。《物权法》第125条规定："土地承包经营权人依法对其承包经营的耕地、林地、草地等享有占有、使用和收益的权利，有权从事种植业、林业、畜牧业等农业生产。"土地承包经营权按照承包方式的不同，依法可分为以家庭承包方式取得的土地承包经营权和以其他方式取得的土地承包经营权。以家庭承包方式取得的土地承包经营权，是指本集体经济组织成员以户为单位承包取得的土地承包经营权，以下简称"家庭承包经营权"。以其他方式取得的土地承包经营权，是指对于不宜采用家庭承包方式的"四荒"土地，通过招标、拍卖、公开协商等方式承包取得的土地承包经营权。

目前土地承包经营权的制度内容主要表现在以下几个方面。第一，土地承包经营权主体是农业生产经营者。《物权法》对土地承包经营权主体没有特别限制，一般来说，土地承包经营权的主体是本集体经济组织成员，但根据《土地管理法》第15条以及《农村土地承包法》第5条、第34条、第46条的规定，土地承包经营权人不仅包括本农村集体经济组织成员，而且包括本农村集体经济组织成员以外的民事主体。本农村集体经济组织成员以外的民事主体成为土地承包经营权人的情况主要包括以下两种情形。①"四荒"承包经营权的民事主体。不宜采取家庭承包方式的"四荒"等农村土地通过招标、拍卖、公开协商等方式承包的，土地承包经营权的主体可以是本集体经济组织成员以外的民事主体。②受让取得土地承包经营权的民事主体。《物权法》《农村土地承包法》都允许土地承包经营权依法流转，且受让人不受本集体经济组织成员的限制。不过，农村集体经济组织成员以外的民事主体要取得土地承包经营权还要履行一定的程序，根据《土地管理法》第15条以及《农村土地承包法》第48条的规定，农民集体所有的土地由本集体经济组织以外的单位或者个人承包经营的，必须经村民会议2/3以上成员或者2/3以上村民代表的同意，并报乡（镇）人民政府批准。无论土地承包经营权人是本集体经济组织成员还是本集体经济组织成员以外的其他民事主体，都属于农业生产经营者。第二，土地承包经营权的客体是农民集体所有或国家所有由农民集体使用的农业土地。《物权法》第124条第2款规定："农民集体所有和国家所有由农民集体使用的耕地、林地、草地以及其他用于农业的土地，依法实行土地承包经营制度。"首先，土地承包经营权的客体是用于农业的土地。《土地管理法》第4条根据土地用途，将土地分为农用地、建设用地、未利用地。用于农业的土地不仅包括农用地，即耕地、林地、草地、养殖水面等，而且包括未利用地中的"四荒"土地，即荒山、荒沟、荒丘、荒滩。其次，并不是所有的农业土地都是土地承包经营权的客体，只有农民集体所有和国家所有由农民集体使用的农业土地才能成为土地承包经营权的客体。最后，该农业土地属于农村土地。城市国有土地上不能设立土地承包经营权。第三，土地承包经营权的期限。土地承包经营权作为一种他物权，是一种有期限的物权。虽然土地承包经营权的期限应由土地所有人和土地承包经营权人自由协商，但由于土地是农民生活和生存的基本保障，为了稳定土地承包关系，避免土地承包频繁调整而侵害农民的合法权益与生产积极性；同时，由于土地资源的稀缺性，为了防止短期经营或掠夺性开发对土地资源造成不可再生的损害，法律限定了土地承包经营权的期限。根据《物权法》第126条规定，耕地的承包期为30年；草地的承包期为30年至50年；林地的承包期为30年至70年；特殊林木的林地承包期，经国务院林业行政主管部门批准可以延长；上述承包期届满，由土地承包经营权人按照国家有关规定继续承包。第四，土地承包经营权的取得。根据《物权法》《农村土地承包法》的规定，土地承包经营权既可以通过法律行为取得，也可以通过法律行为以外的法律事实取得。基于法律行为取得土地承包经营权主要是基于土地承包经营权合同取得、基于土地承包经营权流转合同取得。基于法律行为以外的法律事实取得土地承包经营权主要是继承取得。第五，土地承包经营权的流转。在我国，因为农业土地对于农民生存的重要性以及土地资源的稀缺性，根据《农村土地承包法》第33条规定，土地承包经营权的流转必须遵循法定的原则，包括平等协商、自愿、有偿原则；土地承包经营权的流转不能改变土地的所有权性质和土地的农业用途；流动的期限不得超过土地承包经营权的剩余期限；受让方须有农业经营能力；同等条件下，本集体经济组织成员享有优先权等。同时土地承包经营权流转方式受到一定限制。土地承包经营权可以出租、互换、转让（家庭承包经营权的转让要取得发包人同意）、转包、入股、继承，但不可以抵押（"四荒"承包经营权除外）。现行法律对于土地承包经营权流转方式的限制或许是基于保障农民生存的考虑，但对土地承包经营权流转的限制，不仅制约了农村土地二级市场的发育，而且阻滞了农民的一个重要融资渠道，降低了土地承包经营权的财产价值。

（二）宅基地使用权

宅基地使用权，是指农村集体经济组织成员依法享有的利用农村集体所有土地建造和保有住宅及其附属设施并排除他人干涉的权利。《物权法》第152条规定："宅基地使用权人依法对集体所有的土地享有占有和使用的权利，有权依法利用该土地建造住宅及其附属设施。"宅基地使用权是在我国集体土地所有制下，为了解决农民的基本居住问题，维护农业、农村的稳定，而设计的重要用益物权制度，是传统民法上的地上权制度在我国的制度创新。

从《物权法》和其他相关法律规定看，宅基地使用权的制度内容主要包括以下几方面。第一，宅基地使用权主体是农村集体经济组织成员。宅基地使用权具有福利和社会保障性质，这一性质决定了宅基地使用权的主体身份具有限定性，只有农村集体经济组织成员才能拥有宅基地使用权。应当指出，宅基地使用权的主体为农村集体经济组织成员，只是就宅基地使用权的初始取得而言，它不排除"农转非"（本为农村村民后转为非农业户口居民）后依然保有农村住宅的城镇居民，以及因转让、继承或受遗赠等获得农村房屋所有权而附随取得宅基地使用权的非本集体经济组织成员；并不是每个集体经济组织成员都能申请宅基地，宅基地使用权的主体是以户为单位，我国现行法实行"一户一宅"原则。第二，宅基地使用权客体是农村宅基地。根据《宪法》和《土地管理法》的规定，宅基地属于农村集体所有的建设用地。虽然在实践中，我国还存在城市宅基地使用权，城市宅基地使用权是以城镇国有土地为客体，但这是历史遗留下来的城市私有房屋占用的土地使用权以及经批准在城镇建房的城镇居民所享有的土地使用权。在现行法律层面，宅基地使用权客体只能是集体所有土地。城镇居民建设住宅只能通过取得建设用地使用权进行。第三，宅基地使用权的取得。《物权法》第153条规定，宅基地使用权的取得适用土地管理法等法律和国家有关规定。根据《土地管理法》等法律和国家的规定，宅基地使用权的取得方式有两种，即审批取得和附随取得。审批取得的法律依据是《土地管理法》第62条，其规定："农村村民一户只能拥有一处宅基地，其宅基地的面积不得超过省、自治区、直辖市规定的标准。农村村民建住宅，应当符合乡（镇）土地利用总体规划，并尽量使用原有的宅基地和村内空闲地。农村村民住宅用地，经乡（镇）人民政府审核，由县级人民政府批准。"我国审批宅基地的原则是一户一宅原则和节约土地原则。一户一宅原则是指一户农户只能申请一处宅基地。这一原则是由我国土地状况以及宅基地使用权的无偿分配决定的。而须明确的是一户一宅原则只是宅基地使用权审批取得的原则，宅基地使用权附随取得并不受该原则的限制。节约土地原则是由我国土地资源稀缺而人口众多的基本国情决定的。节约土地原则在宅基地使用权审批上体现为两个方面：一是宅基地的面积不得超过省、自治区、直辖市规定的标准；二是农村村民建住宅应尽量使用原有的宅基地和村内空闲地。另外，审批取得宅基地使用权具有无偿性，在历史上，允许农民无偿取得宅基地使用权是对农村为城市发展做出贡献（比如曾长期实行的工农业产品"剪刀差"）的补偿，是对农村缺乏社会保障的一种制度替代。现阶段我国农村仍缺乏完善的社会保障体系，宅基地使用权的无偿取得承载着农村村民的居住生活保障，承载着农村社会秩序的稳定。这种具有社会福利性质的宅基地使用权的无偿取得，也决定了在宅基地使用权附随转让或出租后再申请宅基地使用权的，不予批准。有学者认为应当允许集体经济组织自由决定是否收取宅基地使用权使用费。这样有利于促进土地的有效利用和抑制乱占土地建房。有偿使用，可以通过定期征收土地使用费的方式来进行。[①] 此方法虽然可在一定程度上促进土地的有效利用和抑制乱占土地建房的现象，但在目前这种方法不宜推行，否则会给并不富裕的农民带来难以承受的负担。笔者认为，应坚持宅基地使用权初次申请无偿取得的原则。附随取得是指通过移转取得农村住宅所有权而附随取得宅基地使用权。宅基地上的房屋所有权属于个人合法财产，房屋所有权人有权自由处分，而且在我国实行"地随房走"的房地一体处分原则，所以当宅基地上的房屋所有权发生转移，房屋占有范围内的宅基地使用权也随之转移。另外，房屋所有权人死亡后，其继承人通过继承取得房屋所有权的，附随取得房屋占有范围内的宅基地使用权。第四，宅基地使用权的流转。由于宅基地使用权的特殊性，其能否流转，在什么范围内流转，是在《物权法》制定过程中争议比较激烈的问题。有学者主张自由流转，认为应当"肯定农村建设用地使用权流转的合法性，赋予其法律效力，明确转让、抵押、出租、入股等都是流转方式"。[②] 如果严格限制宅基地的流转，"不利于实现宅基地使用权的交换价值，也会使农村的不动产难以进入市场进行交易，不但不利于对农民利益的保护，反而会妨碍农村经济的发展，阻碍城市化进程"。[③] 有些学者主张禁止流转，认为

---

① 王卫国、王广华主编《中国土地权利的法制建设》，中国政法大学出版社，2002，第143页。

② 陈小君等：《农村土地法律制度研究》，中国政法大学出版社，2004，第256页。

③ 尹飞：《应当赋予宅基地使用权充分的可流通性》，http：//www. old. civillaw. com. cn/article/default. asp？id＝22300，最后访问日期：2015年9月19日。

"农村宅基地分配制度是有效维系亿万农民基本生存权利的重要制度，开禁或变相开禁农村宅基地交易的主张不过是强势群体的利益诉求，不具有正当性和公平性，将导致农村不安和社会动荡"。"禁止财产流通的原因在客体本身，与法律关系的主体和内容无涉。农村宅基地的所有权属于集体经济组织，使用权属于农户，说农村宅基地是农民的财产，是从使用权的意义上出发的。就农村宅基地使用权设立的宗旨和方式而言，本就是为了农民盖房，并非是让农民拿去卖，也就是说，农村宅基地使用权本无流通的含义，其性质犹如居住权"。[1] 还有学者持折中观点，认为"宅基地使用权尽管是一种财产权利，但是具有一定的身份性质，并不适合自由转让，其转让只能在一定范围内进行，即只能在集体经济组织成员之间进行自由转让。至于宅基地抵押，同样应当适用这一规制"。[2] 目前《物权法》对宅基地使用权的流转采取了比较谨慎的规定，其第153条规定："宅基地使用权的取得、行使和转让，适用土地管理法等法律和国家有关规定"。但我国《土地管理法》《中华人民共和国担保法》（以下简称《担保法》）等现行法律禁止宅基地使用权的单独流转，2004年10月21日国务院发布的《国务院关于深化改革严格土地管理的决定》（国发〔2004〕28号）也禁止城镇居民在农村购置宅基地，现行法律只允许宅基地使用权附随房屋所有权流转。

（三）农村土地使用权制度评析

目前我国农村土地使用权的制度设计基本符合农村社会实际，符合农民的土地权益，调动了农民的生产积极性，在很大程度上促进了农业的发展，保障了农民的基本生活需求，但也存在着不可忽视的问题，主要是土地使用权的物权性质设计不足，限制农村宅基地使用权、土地承包经营权流转不符合社会现实需求。农村土地使用权作为一种物权、用益物权，权利人应具有处分权能。目前有关土地使用权的的制度设计存在一些有待改进之处。首先，现代物权法的价值取向已从重视物的"归属"转变到重视物的"利用"，只有承认、允许农村宅基地使用权的自由流转才可以发挥农村宅基地的利用价值，发挥其作为土地稀缺资源的价值。一国的立法不仅要关注公平，而且要关注效益，只有农村宅基地在市场中的自由流转才能充分有效地利用有限的宅基地土地资源，最大限度地增加社会财富，

---

① 孟勤国：《物权法开禁宅基地交易之辩》，《法学评论》2005年第4期。
② 王利明：《物权法研究》，中国人民大学出版社，2002，第476页。

波斯纳就指出，"法律制度中的许多原则和制度最好被理解和解释为促进资源有效率配置的努力。"① 随着现代社会经济的发展，人类对资源的需求不断增加，因为土地资源尤其是宅基地资源的有限和稀缺，对宅基地合理利用越发显得重要，但严格限制宅基地使用权流转的现行制度，导致了大量的宅基地闲置，不符合物权法的发展趋势。有学者指出，现行农村宅基地使用权制度缺陷的本质是它本身以归属为核心，因此，对它进行现代化改造的切入点首先是在制度核心上从归属发展到利用，赋予农村宅基地使用权具有可转让性将有利于实现宅基地的最佳合理利用这一目标。② 另外，随着市场经济的发展，物权出现了价值化趋势，即权利人不再注重对物的实际占有，为发挥和充分利用财产的价值，物权人将物交由他人占有使用，自己收取使用对价或租金，或者将物的交换价值交由他人支配，通过设定担保以取得融资，物权从注重对物的现实支配的权利演变成注重收取对价或者获取融资的价值权，而农村宅基地使用权的流转就符合物权的价值化发展趋势。其次，宅基地使用权的取得目前还是由政府部门审核批准，这在性质上类似于行政许可，但宅基地使用权由政府机构审批，其实是政府对民事权利设立这一私领域的干预，而这种干预并没有法理基础。宅基地使用权的设立，对土地所有权人的利益影响最大，而土地所有权人完全可以自主决定，国家为了防止在宅基地设立过程中出现私建、乱占现象，只需要规定宅基地使用权的设立标准、用地标准，由土地管理部门予以监督就可以，完全没有必要逐一地审批。最后，土地承包经营权在我国《物权法》中按照用益物权对其进行了规定，规定了土地承包经营权人对土地的占有、使用、收益、处分等权利，但这并非尽善尽美，除了土地承包经营权流转受限影响了权利人的处分而存在不合理之外，权利人的补偿请求权也不完善。在土地承包经营权人将土地交回集体时，能否请求补偿其对土地的长期投入，法律规定得很笼统。在土地被征收时，依据我国《物权法》第 42 条、第132 条的规定，土地被征收后，农民可获得土地补偿费、安置补偿费、地上附着物和青苗补偿费，不过这些补偿费主要是对农民现实利益损失的补偿，农民失去土地后，就失去了生存发展基础，对此如何补偿，法律没有明确，这不利于农村的发展和社会的稳定。

---

① 〔美〕波斯纳：《法律的经济分析》，蒋兆康译，中国大百科全书出版社，1997，第 27 页。
② 参见梁慧星、陈华彬编著《物权法》，法律出版社，1997，第 5 页。

第三节　农村土地法律制度的完善

一　农村土地法律制度的建设原则

（一）土地制度市场化

目前我国的土地权利体系是在计划经济体制向市场经济体制转轨的过程中形成的，由于我国采取的是"摸着石头过河"的渐进式改革，所以在目前的土地权利制度体系中依然存在很多计划经济的因素，已有土地权利制度依然不能适应现代市场经济的要求，比如不同土地权利之间的不平等，存在土地划拨、建设用地指标等以计划经济手段来配置土地资源制度的情况等。

首先，虽然从我国宪法上来看，我国建立了两种土地所有权制度，即土地的集体所有与土地的国家所有，但由于现行宪法和《土地管理法》同时又规定，除非国家为了公共利益的需要，可以依照法律规定对土地实行征收或者征用并给予补偿以外，任何组织或者个人不得侵占、买卖或者以其他形式非法转让土地。因此任何单位和个人进行建设，需要使用土地的，必须依法申请使用国有土地，即国家所有的土地和国家征收的原属于农民集体所有的土地。这就导致只有国家才可以通过公权力的行使改变土地的所有权性质和用途，公民、法人或者作为集体土地所有者的农民集体并不具有买卖或者以其他形式转让土地所有权的权利，但兴办乡镇企业和村民建设住宅经依法批准使用本集体经济组织农民集体所有的土地的，或者乡（镇）村公共设施和公益事业建设经依法批准使用农民集体所有的土地的除外。①

以宪法和法律承认的土地所有权人"农民集体"为例，它既不能将自己所有的土地使用权出让、转让或者出租用于非农业建设，也不能自主地决定将土地所有权或使用权转让给周围的集体或者其他主体，农民集体作为土地所有权人也不能主动把集体土地转让给国家，而只能被动地等待国家前来征收。这种对集体土地发展权的不合理剥夺实际上不仅将土地的国有化与土地的城市化错误地捆绑在一起，而且造成了集体土地产权的残缺，两种土地

---

① 《土地管理法》（第十届全国人民代表大会常务委员会第十一次会议 2004 年 8 月 28 日修订），第 43 条。

产权也因此变得极不平等。①

马克思曾说，商品是天生的平等派，其实质即是说市场经济或者说商品经济的建立必须以不同财产所有者之间平等交换为基础。如果在市场交易的过程中，某种财产或者财产所有者的地位高于另外一种财产或财产的所有者，那么公平自由的市场秩序就无法真正建立，而如果一种财产的所有者还可以随意剥夺另外一种财产所有者的权利，那就如同将市场经济的大楼建立在流沙上一般，随时都可能倾覆。所以在未来的土地权利体系中，应当着力解决好土地权利之间的平等问题。

其次，土地划拨制度是国有土地上计划经济体制的"主要残留物"。如同人们所熟知的那样，在 20 世纪 80 年代中期之前，中国城市所有的国有单位——无论是行政单位、事业单位或者是国有企业——的办公和住房用地都是划拨得来的。然而，自深圳等特区成立之后，中国逐步引进了英国的"土地批租制"。土地批租制的核心是尊重土地的资源属性和财产属性，取消行政方式所进行的土地无偿划拨，将土地重新"资本化"，然后由市场机制统一进行配置。这种土地制度的变迁为中国经济的发展注入了新的活力，甚至可以说，开启了中国城市经济快速发展的大门。不过，需要注意的是，中国国有土地供给并没有完全市场化，而是形成了"以市场为原则，以行政化的无偿划拨为例外"的"土地供给双轨制"，即商业用地由国有土地所有权人（国家）在市场上进行有偿供给，党政军机关、人民团体、非营利性的事业单位等机构的办公用地则依然通过行政划拨的方式无偿供给。

土地划拨制度的本质是土地权利的配置不是以市场的公平和自由竞争，也不是以平等的对价为基础，而是一部分主体可以通过政府计划配置的方式无偿获得免费的土地资源。尽管人们会认为目前的土地划拨主要是针对国家机关和教育医疗等公益事业用地的，但实践证明，无论是什么样的主体，无论是政府机关或者公立高校，在土地划拨制度下，这些主体既没有压力，也没有动力去节省和节约利用土地资源。多占少用、早占晚用、优地劣用、占而不用甚至乱占滥用的现象几乎就是土地划拨制度的天生顽疾。

---

① 程雪阳：《公法视角下的当代中国土地产权制度——基于宪法第 10 条的分析》，载邓正来主编《重新认识中国：中国社会科学辑刊》第 33 期，2010 年冬季卷，复旦大学出版社，2011，第 58～75 页。

土地划拨制度的存在导致了国有土地的收益大量流失。国家作为国有土地的所有权人，本应当从土地出让中获得相应的收益，但土地划拨制度的存在，导致了相当一部分土地收益流入了用地单位手中，进而成为用地单位以地生财的渠道。比如某大学 2007 年就以每亩 130 万元的价格将划拨得来的土地卖给房地产开发商，而该大学 4 年前取得这块土地的价格仅为每亩 6 万元。另外，由于土地划拨制度的存在，土地使用人往往尽量多地申请划拨土地，将划拨土地占为己有，或者进行囤地。于是，产生了两个方面的效果：其一，市场上可以供应的国有土地量相应减少，客观上刺激了土地价格的上涨；其二，那些有权获得划拨土地的使用权人却可以公开或者私下将这些土地伺机转让或者出租营利，由此造成了土地市场上的制度不公平。①

最后，在我国的土地制度下，某一土地能否进入建设用地市场，即土地所有权人能否行使其土地发展权利，既不是由土地权利人自身决定的，也不是由市场决定的，而是由政府控制的建设用地指标决定的。由于人的理性有限性、信息的不完全以及上级政府要考虑下级区域之间的公平性，这种土地权利的配置方式实际上既不科学，也不合理。当然不能主张土地权利人的行为是完全自由的，实际上土地权利的行使可以而且应当受到代表公共利益的政府的限制，但是这种限制应当是建立在市场经济基础之上的土地用途规划控制，而不是通过计划指标来实施的控制。总之，解决上述问题，必须实行土地制度的市场化。

（二）充分发挥土地资源价值

土地属于不可再生的自然资源，我们不仅可以在物理上对土地进行分割利用，而且可以在同一块土地上设立不同的权利来充分发掘和实现其应有的价值。在传统的农耕社会中，土地的用途和利用的方式有限，主要是用于农耕和居住，所以土地权利体系相对比较简单。即便如此，人们还是探索出了许多充分利用土地的权利方式，比如中国明清以后流行的"永佃制"就将土地上的权利分为"田骨权"（又称"田底权"）与"田皮权"（又称"田面权"，即永佃权），进而形成了"一地两主"的土地权利结构。在这种土地权利体系之下，土地的所有权与土地的使用权被区分为两个独立的权利，

---

① 参见沈开举、程雪阳《我们为什么主张废除土地划拨制度》，《改革内参》2011 年第 12 期，转引自北大法律网，http://article.chinalawinfo.com/ArticleHtml/Article_ 62549. shtml，最后访问日期：2012 年 12 月 20 日。

可以分别转让、出租或者赠予，从而形成了土地所有权人（地主）与土地承租人（佃农）共享该块土地"主权"的状态。

考察各国的土地立法发展趋势，可以发现土地使用权人对于土地的支配地位在提升，如果土地所有权人可以随意决定土地使用状况，滥用其优势地位，势必会损害其他土地权利人的利益，对整体社会经济发展产生不利影响。因此世界各国都采取了对土地所有权人的权利进行一定的限制，削弱土地所有权人的强势地位，提升土地使用权人的权益和地位的方法。清末以降，随着对西方国家（特别是大陆法系）法律的引入和继受，我国逐步建立起了以物权为核心的土地权利制度，这一土地权利制度在民国时期得到进一步发展和完善。新中国成立后，在法律上废弃了民国时代的"六法全书"，在经济体制建设上一度照搬苏联的经验，建立起高度集中的公有制加计划经济的社会主义基本经济制度。在这种体制之下，土地的市价价值被否定，宪法和法律也禁止任何形式的土地交易，直到 1982 年，《宪法》第 10 条第 4 款还有关于"任何组织或者个人不得侵占、买卖、出租或者以其它形式非法转让土地"的规定，1986 年《民法通则》第 80 条第 3 款也规定"土地不得买卖、出租、抵押或者以其它形式非法转让"。所以，在这一时期，土地权利体系并没有得到充分的发展，甚至造成了土地仅有所有权而无他物权的状态。改革开放以后，随着经济体制改革的不断深入，农村家庭联产承包责任制和城市国有土地使用权出让制度的推行，土地的经济和财产价值被重新认识，各种各样的土地权利，比如土地承包经营权、宅基地使用权、国有建设用地使用权等，不仅得到了宪法和法律的确认或者承认，而且可以进行流转或者以其他方式交易，并逐渐形成了包括土地所有权和其他土地权利共存的多元的土地权利制度，而这实际上是 20 世纪 80 年代之后中国经济快速发展的制度因素之一。

如果说要我们能够从过去 60 年中国土地权利体系的曲折变化中找到某些经验和教训，那以下两个方面是重要的。其一，土地上的权利越是单一，土地利用的程度就越低，土地所释放出来的财富价值也越少；反之，土地上的权利越多元，土地利用的程度就越高，土地所释放出来的财富价值就越多。我们甚至可以说，一个国家土地资源是否被充分利用，往往与该国土地权利体系的构造是单一还是多元有关。其二，如果说劳动是财富之父，那么土地就是财富之母。只有建构起完善科学的土地权利体系，作为资源和财产的土地的价值才能真正得以实现。

（三）　土地权利平等

依据民法学一般原理，所有权具有绝对性、排他性、完全支配性和永久性的特征，那么所有的土地所有权人对自己所有的土地都应该具有最高的权利，并不存在一个土地所有权高于另一个土地所有权的问题，也不存在一个主体对另一主体享有所有权的财产享有最后处分权的可能性。既然现行宪法第 6 条宣布全民所有制和劳动群众集体所有制都是社会主义公有制的重要组成部分，其第 10 条也确立了"国家所有"和"集体所有"两种土地所有权模式，按照所有权平等的原理，它们各自的所有权人应当平等地对自己的土地享有所有权。

这一论证并非仅仅是法律逻辑上的推演，其同样得到了中国现行基本法律和政策的支持。比如 2007 年施行的《物权法》的第 4 条就规定，"国家、集体、私人的物权和其他权利人的物权受法律保护，任何单位和个人不得侵犯"。这一规定背后的法理理论就是主体公平竞争、权利平等保护的市场经济基本法则。在社会主义市场经济条件下，各种所有制经济形成的市场主体都在统一的市场上运作并发生相互关系，各种市场主体都处于平等地位，享有相同权利，遵守相同规则，承担相同责任。如果对各种市场主体不给予平等保护，就不可能使社会主义市场经济得以发展，也不可能完善得了社会主义基本经济制度。

从法理上讲，土地的国家所有权与集体所有权同为物权，应在法律上平等。不过，现行宪法和《土地管理法》同时又规定，除非国家为了公共利益的需要，可以依照法律规定对土地实行征收或者征用并给予补偿以外，任何组织或者个人不得侵占、买卖或者以其他形式非法转让土地。任何单位和个人进行建设，需要使用土地的，必须依法申请使用国有土地，即国家所有的土地和国家征收的原属于农民集体所有的土地。其结果是，只有国家才可以通过公权力的行使改变土地所有权的性质和用途。这意味着，虽然集体土地在名义上与国有土地是平等的，但集体土地所有权人既不能将自己所有的土地使用权用于非农业建设，也不能将自己的土地所有权或使用权转让给其他主体，也不能主动把集体所有的土地转让给国家，而只能被动地等待国家前来征收。如果集体经济组织违背了这些禁止性条款的话，不仅要被没收非法所得，而且还可能被处以罚款。集体经济组织的主管人员也可能因此要承担行政责任甚至刑事责任。这种通过法律对农村集体土地所有权人权利进行的限制，使农村集体土地变成了德姆塞茨（Demsetz）所说的"所有权残缺"（the Truncation of Ownership）① 的土地。

农村集体土地除了"所有权残缺"以外，还存在"使用权残缺"的问题。因为现行的《土地管理法》确立了"以土地所有权的性质来决定土地使用权的范围"这一原则。这一方面规定农民集体所有的土地，可以由本集体经济组织以外的单位或者个人承包经营，从事种植业、林业、畜牧业、渔业生产；另一方面却规定了农民集体所有的土地的使用权不得出让、转让或者出租用于非农业建设。这意味着，国有土地可以合法地用于社会活动各产业领域，而农村集体所有的土地则被等同于农业用地，被牢牢地限制在农业生产领域。近现代世界经济发展史以及中国改革开放 30 多年的历史都雄辩地证明，现代社会之所以不同于传统社会，一个极为重要的标志就是，尽管农业是国民经济的基础，但只有第二、第三产业才能促进经济的普遍繁荣和高速发展，也只有第二、第三产业的发展才能从根本上带来土地的增值。② 今天的中国正经历着高速的工业化和城市化，土地也在此过程中快速的升值，然而由于中国农村农民集体对集体土地仅仅享有一种残缺的土地使用权，而这种土地所有权实质上仅为土地的耕作权。从 1982 年国务院发布《国家建设征用土地条例》，到 1998 年《土地管理法》及其实施条例的实施，再到近年来出台的相关土地政策，尽管具体规定多有变化，这一制度逻辑却丝毫未动。这些年国家对于"小产权房"的否定就是例证。

现行土地制度给农民收入造成的不利局面是巨大的。据党国英研究员的计算，仅从 1952 年到 2002 年，农民在近 60 年内向社会无偿贡献的土地收益为 51535 亿元。以 2002 年无偿贡献的土地收益为 7858 亿元计算，农民相当于无偿放弃了价值 26 万亿的土地财产权（按照目前的银行利率 3% 计算）。而从我国实行土地征用补偿政策以来，各级政府累计支付的土地征用费却不超过 1000 亿元。③

在所有权与使用权"双重残缺"的情况下，农民只能靠出卖劳动力获取较低收益，而无法与其他职业者站在同一起跑线上，所以越来越落伍于时代和社会的发展，最终成为落后、贫困以及愚昧的象征，中国土地的多数问

---

① Harold Demsetz, *Ownership*, *Control and the Firm*, （Basil Blackwell Inc, 1988）, pp. 18 – 19.
② 笑蜀记录整理《给农民土地永佃权可不行可？——于建嵘、陈志武对话中国农村土地制度》，《南方周末》网站，http：//www. inFzm. com/content/trs/raw/36453，最后访问日期：2015 年 8 月 29 日。
③ 党国英：《土地制度对农民的剥夺》，《中国改革》2005 年第 7 期。

题和"三农"问题就是从这里产生的，1985 年以后中国城乡收入差距拉大，甚至积重难返也与此密切相关。

为什么农民集体的土地不可以由农民带入建设用地市场，而必须由国家征收或者征用以后才可以由国家将其纳入土地市场呢？是不是因为农民集体不具备处分土地的能力，答案很显然是否定的——拉开 20 世纪 70 年代末中国改革开放序幕的不就是农民集体在维持土地所有权不变的同时，将土地使用权和经营权长期承包给农民家庭，从而实现公有土地个体使用的吗？是不是因为中国农民集体过于短视和自私，一旦其拥有了买卖土地所有权的自由和权利，就会肆意挥霍而不顾自己的生计吗？很明显，这一解释也是无力的。赋予农民和农民集体土地流转和转让权，即是赋予农民决定是否进行土地流转或者转让的自由，对于这一权利，农民可以行使，也可以不行使，是否行使以及如何行使完全是农民权利范围之内的事情，用不着其他主体过分担心。在经济学上，每一个人都是理性的人，都会追求自己利益的最大化，前提是给予其自由。一个很明显的常识是，除非我们将几亿农民全部假设为愚昧无知且鼠目寸光的人，否则任何试图剥夺农民此项权利的理论都是站不住脚的，因为没有人可以宣称其关心农民竟然胜过农民关心自己。

中国从计划经济向市场经济转轨具有艰难性和复杂性，即改革开放 30 多年来，中国一直走的是逐步探索式的发展道路，这一发展模式意味着一项新的制度能否建立，以及如何建立，需要不断的试错和试验，即新制度的建立并不是一蹴而就的事情。事实上，1985 年的中央一号文件就曾经号召"进一步扩大城乡经济交往"，并"允许农村地区性合作经济组织以土地入股方式参与建设，分享收益，或者建成店房及服务设施自主经营或出租"[①]。从 20 世纪 80 年代末期开始，东南沿海一带的江苏、浙江、广东等地区就已经存在一定规模的集体建设用地流转的试点，甚至国土资源部也曾在 2008 年公开表示，"已经起草了农村集体建设用地流转的管理办法，正在征求有关方面的意见，可望在年底出台。"[②] 然而，这些流转实践和实验似乎总是因为得不到法律的支持而不了了之。1987 年国家土地管理局进行的"江苏省南通市的乡镇集体土地建设用地收费试验"没有实行多久就被迫停止。[③]

---

① 《中共中央国务院关于进一步活跃农村经济的十项政策》，中发〔1985〕1 号。
② 《农村集体建设用地流转管理办法可望年底出台》，《经济参考报》2008 年 12 月 4 日。
③ 王先进：《城镇土地使用制度改革回顾》，《今日国土》2008 年第 6 期。

直到今天，政府依然垄断着集体土地进入土地一级市场的所有的合法途径，而所谓"土地交易市场"不过是"国有土地交易市场"的另外一种宽泛的解释而已。

目前，由于集体土地所有权和使用权的残缺，城乡二元结构日益加剧，农民陷于贫困，农村经济发展难以提速，社会矛盾由此也大量增加。在未来的制度改革和土地权利体系建设问题上，维护两种土地产权的平等，促进集体土地权能的完善，应当是一个重要前提。

(四) 产权明晰

虽然从法律条文上讲，我国的土地产权制度是极为明确且简单的，即分为土地的国家所有和集体所有两种制度，而且它们都被认为是社会主义土地公有制的重要组成部分。但从制度的实际运作来看，中国的土地产权制度远比宪法和法律规定要复杂，这不仅是因为土地公有制的内涵和性质模糊不清——有研究者甚至提出了"谁是中国土地的拥有者"的疑问，[1] 而且集体所有制度中的内部关系也难以协调，大量的社会矛盾由此滋生，并逐渐成为影响中国社会公平与稳定的重要问题。

集体土地产权制度存在于农村土地之上，其产权模糊主要是由于复杂且曲折的政治运动造成的。中华人民共和国成立后，中国共产党用三年的时间（1950—1952年）实行了土地改革运动，使"约有三万万以上的无地农民，分得了约七万万亩土地"[2]，并给农民们颁发了土地证书或土地执照，但这种情况并没有维持多久。20世纪50年代以后，在实现社会主义、共产主义理想的感召下，中国农村在见证了互助组、初级社、高级社等之后，最终形成了人民公社制度。在人民公社的体制下，虽然土地从理论上来说依然是农民集体（公社、生产大队或者生产队）所有，但社员失去了退社的自由，而且是即便被允许退社，也不能带走自己或者自己祖辈最初带给集体的土地和其他生产资料。并且当时的人们对公社体制下的土地集体所有在法律上是一种什么样的所有权关系，集体成员对集体土地享有什么样的权利，这种权利如何在法律上确认，又如何行使等问题漠不关心。然而20世纪60年代以后的历史证明，当时的中国人对于未来的设想过于乐观。整个国家在当时也

---

① Peter Ho, *Institutions in Transition: Land Ownership, Property Rights and Social Conflict in China* (Oxford University Press, 2005), p. 4.

② 《建国以来重要文献选编》，中央文献出版社，1993，第277页。

发生了严重的粮食危机。土地集体产权制度的优势并没有如想象的那样表现出来。

20 世纪 70 年代末期，当人民公社体制许诺给人们的美好生活演变为日复一日毫无生机的持续贫困时，残酷的社会现实终于敦促人民公社体制下的人们起身行动。先是安徽省小岗村的 18 个农民冒着风险，以"18 个手印"绕开了当时辉煌一时的人民公社，开启了中国农村改革的大门。随后，就如何看待这一"诱发性制度变迁"以及其背后所蕴含的意识形态变化，发生了激烈的争论。争论的结果是，不仅要承认自利、追求财富是人的天性，而且要将发展经济作为第一要务。公民创造财富的渴望因此得到了释放，社会也因此得到极大发展和繁荣。遗憾的是，虽然人民公社体制瓦解了，但公社体制下的"模糊的集体土地公有制"作为遗产保留了下来，虽然中国在 20 世纪 80 年代之后走进了"改革开放的新时代"，但这种模糊的集体土地所有制并没有发生根本性的变革。所以，直到今天，也没有任何人能够准确回答"谁是中国集体土地的所有者"——因为当代中国的"农村集体"实际上是一种"抽象的集体"，集体是一种什么性质的法律组织，本身就是模糊的。农民在集体所有权中享有何种权利，也是模糊的。其结果就是集体所有权运行不畅，农民权益保护不力。因此，在未来的土地权利体系建设过程中，要以产权明晰为导向，对我国的土地产权关系予以明确界定。

（五）以农村实际情况为制度设计基础

中国有独特的国情，不仅拥有悠久的历史文化，而且是当今世界上人口第一大国。虽然我国陆地面积广大，居世界第三位，但山地多，平地少，约60％的陆地为山地和高原，可耕种、适宜居住的土地并不太多，加上中国还有自己特殊的法政传统和意识形态，所以土地权利体系的建立和完善必须要考虑中国的这些特殊国情。具体来说，以下几个方面的国情特别重要。

首先，我国正在经历社会转型和变迁，农村土地的功能也在发生变化。比如历史上土地承包经营权和宅基地使用权就被认为承担了农民的生存生活保障功能，但近年来随着我国户籍制度改革的推进、农村大量剩余劳动力的出现，以及市场经济发展对人力资源自由流动的促进，我国连续多年出现以"农民工进城落户"为典型的大规模人口转移，而农村社会保障也在加快建设健全。在这种情况下，进城农民是否还需要实际行使土地承包经营权和宅基地使用权，以及继续留在农村生活生产的农民是否还需要以土地承包经营权和宅基地使用权来保障自己的生活水平，都需要在未来的农村土地制度设计中被加以考虑。

其次，从制度体制的国情来看，由于我国宪法建立了国有土地和农村集体土地两种土地公有制，如何在这种特殊的土地产权结构之下建立和完善我国的土地权利体系，也是一个非常重要的问题。不过需要强调的是，我们不能过于僵化地看待这种土地制度，而要进一步解放思想。比如，如何使集体土地和国有土地在法律地位上平等，就是一个重要的现实问题。

最后，从现实生产和生活的国情来说，在土地权利体系的配置过程中，我们还要集约节约利用土地，高度重视农村耕地保护和生态环境保护。我国人口多，可耕地面积少，且又处于快速工业化、城市化的过程中，因此农村耕地保护和生态环境保护的压力非常大。土地权利的配置往往决定着土地的用途和利用方式，这就要求我们在土地权利体系的建立健全过程中一定要高度重视集约节约利用土地，重视农村耕地保护和生态环境保护原则。当然，我们也应当看到，耕地保护和生态环境保护实际上会限制甚至剥夺公民的土地财产权，对于土地权利人因此受到的损害，我们也应当予以合理补偿。实际上，这就要求我们找到公共利益与公民土地权利之间的平衡点。

二 农村土地所有权制度的完善

（一）健全农村土地所有权制度设计

在农民集体土地所有权性质模糊的前提下，根本无法有效保护农民利益。但如何改造农民集体土地所有权，学界的观点主要有以下几点。第一，以大陆法系民法典的共有制度改造集体所有权，将集体所有解释为集体成员共有。[1] 然而如果将集体所有权等同于一般的共有，因共有人之间不存在共同共有的基础关系，不能认定为共同共有；如果认定为按份共有，各个共有人其实也不清楚自己在共有财产中的份额，而且集体财产不能被分割也与按份共有的性质相异；此外，共有财产在性质上应属于私人所有，而我国集体所有制的私有化改造面临极大的政治经济社会风险，私有化方案不可取基本已形成共识。第二，以日耳曼法的"总有"理论和相应规则改造集体所有权，[2] 认为集体所有在性质上类似于总有或属于新型总有，在总有中，团体和成员都享有所有权，从而实现对所有权质的分割，这与我国集体所有在许

---

① 肖方扬：《集体土地所有权的缺陷及完善对策》，《中外法学》1999 年第 4 期。
② 孟勤国：《物权法如何保护集体财产》，《法学》2006 年第 1 期。

多方面具有相似之处，总有说也得到了大部分学者的赞成。然而，"总有说保护农民权益的关键是农民成员权的制度设计，而成员权是集体成员所享有的专属性权利。成员权只可以随成员资格的移转而移转，一般不能继承和转让……原则上以户籍作为认定成员资格的标准，因为在我国，户籍管理是确定公民身份的基本依据，集体成员的身份是以农业户口为基础的，如果取得了城市户口，则不可能享有成员资格"①。这种制度设计以户籍来确定农民享有农村产权权益的资格，与我国户籍改革的趋势大相径庭，无法满足户籍改革背景下农业人口向城镇转移时继续保留其原有财产利益的要求。第三，改造集体组织自身。在农民集体土地所有权制度中，作为集体成员的个体农民权益无法得到保护，以及集体土地所有权制度设计有悖初衷、不合法律逻辑等问题的最根本的原因都在于，集体是一个无法用现行法律制度规范其组织和运行的主体概念。由于集体不是法律视野中的主体，将其用在立法制度设计中必然背离立法者的原本设想。因此，改造集体所有权的出路似乎就是重构集体这一组织。有学者就提出，将农民集体改造为法人，集体作为法人享有所有权。② 这一方案固然在法理上顺理成章，但目前集体治理结构极不完善，集体作为法人的组织机构在目前很难完善建立起来，将集体改造为法人后，切断了农民与集体财产的直接法律关系，反而不利于保护农民利益，因此，这一方案虽然合理，但在短期内难以操作。

笔者认为，农民集体土地所有权制度的完善还需要从土地所有权的立法目的和现实需求出发寻求出路。"集体所有权在我国又称劳动群众集体组织所有权，是劳动群众集体所有制在法律上的表现。"③ 而建立劳动群众集体所有制的本意是建立起生产资料的公有制，避免因单个人或单个主体对生产资料享有所有权而滋生剥削和不平等。因此集体所有权具有特殊性，不同于一般意义上的所有权，它从本质上排除某一个主体单独的对财产享有排他性的权利，以保障集体范围内的所有主体（集体范围内的权利人可以随着生老病死不断发生变动）都可以对集体财产提出权利要求。此外，集体所有权虽然不承认集体成员是所有权主体，但集体本身在劳动群众集体所有制中并无自己的利益，集体所有权本身还是为了每一个成员的利益而存在。我国

---

① 王利明、周友军：《论我国农村土地权利制度的完善》，《中国法学》2012 年第 1 期。
② 王卫国：《中国土地权利研究》，中国政法大学出版社，1997，第 114 页。
③ 魏振瀛主编《民法》，北京大学出版社，2010，第 248 页。

土地所有权改造的目标是保障农民个体的权益，而这与集体所有制维护每个劳动者利益的初衷和本质是一致的，因此笔者认为，集体土地所有权改造的方向应是进一步虚化集体在集体土地所有财产权利主体中的地位，充实个体农民在集体土地中的权益。其实农村经济的发展历史也说明，过度强调集体土地所有不仅导致平均主义，导致农民丧失生产积极性，而且容易引发"村干部"等"管理者"的权力膨胀和腐败。因此，农村集体土地所有权改造的方案可以是以下几点。第一，将农村集体土地所有权中更多的权能直接赋予农民，只将集体土地所有权变动中的征收补偿事项、所有权变更等极少数权限保留给集体行使即可。农村集体行使土地所有权要尊重个体农民的意愿。我国《物权法》第59条规定了若干集体财产所有权的行使事项须依照法定程序经本集体成员决定，但未规定成员决定的程序和办法。笔者认为，所谓集体成员决定正是集体行使权利的表现，应规定集体中的农民以村民会议形式投票决定集体所有权的行使问题，投票权按照一人一票计算。第二，除了保留给集体行使的权能外，农村集体土地所有权的其余权能都要"下放"给农民，使土地农村集体所有成为一种名义上的所有。为此，要进一步扩充农民土地承包经营权、宅基地使用权的权能，将其设计成独立的农民可以自主支配、自主行使的权利，这些权利不仅可以对抗一般第三人，而且可以对抗集体。

（二）建立农村土地所有权与国有土地所有权产权平等的制度

集体土地与国有土地的平等在1982年已经为我国现行宪法所确认，既然我们承认现行宪法依然是国家的根本法，那么就应当落实宪法的规定，尽快删除《土地管理法》等相关法律中关于集体土地必须经过征收才可以进入土地一级市场的违宪规定，按照"同地、同价、同权"的原则，将作为"农民集体资产"的农村集体土地和国有土地同时纳入统一的土地市场，从而改变农村集体土地"所有权残缺"的现状，以真正维护农民和农民集体的财产权和其他宪法性权利。我们应当看到，土地的所有权和所有制与土地的经营方式以及使用权的范围是完全不同的问题，也受不同因素的影响，以土地的所有权性质来确定土地用途和经营方式不仅将这两个问题混淆在了一起，而且实际上给农民集体土地的使用权戴上了沉重的枷锁。如果我们试图从根本上解决"三农"问题，就需要真正解决这一问题。

具体来说，解决这一问题的制度改革主要包括以下三个方面：其一，农村集体土地中被规划为农用地的部分可以在不改变用途的前提下与其他组织或个人在农用地流转市场进行自由交易；其二，农村集体土地中被规划为建设用地的部分，应该允许直接进入建设用地交易市场，无须先被征收为国有土地，当然这一制度安排可以渐进地进行；其三，取消国有土地上的划拨制度，建立统一的土地有偿出让制度。通过这三个方面的制度改革，我们就可以建立区域乃至全国统一的农村农用地流转市场和城乡建设用地交易市场，进而实现所有土地的"同地、同权、同价"。

三　农村土地使用权制度的完善

（一）完善土地承包经营权制度

土地承包经营权制度的完善方向是充实土地承包经营权人的权利。首先，要扩大土地承包经营权的流转方式。我国家庭承包经营权可以采取转让、转包、出租、互换等方式流转，"四荒"承包经营权可以采取转让、出租、入股、抵押或其他方式流转，但不允许家庭承包经营权抵押。禁止家庭承包经营权抵押的理由主要有两点：一是我国地少人多，必须实行最严格的耕地保护制度，而允许家庭承包经营权抵押，抵押权实现时可能会导致耕地流失或者土地用途变更；二是我国目前尚未建立完善的农村社会保障体系，而土地承包经营权承担着保障农民生产、生活的重要使命，如果允许家庭承包经营权抵押，则实现抵押权时，农民将失去赖以生存的土地。笔者认为，允许家庭承包经营权抵押与保护耕地、保障农民的基本生存条件并不矛盾，其理由在于：①抵押是土地承包经营权流转的一种方式，抵押权的实现也应当遵循土地承包经营权流转的基本原则，比如，不得改变土地的所有权性质和农业用途等，所以不必担心实现土地承包经营权抵押权必然导致耕地流失或土地用途变更；②既然允许家庭承包经营权转让，就应允许家庭承包经营权抵押，因为抵押权的实现最终导致家庭承包经营权主体变更；③允许家庭承包经营权抵押，拓宽了家庭承包经营权的财产价值实现方式，给农民提供了一个重要的融资渠道。当然，为了更好地保护家庭承包经营权抵押人的利益，可以通过立法赋予其在丧失土地承包经营权后对土地的承租权[①]。同时要指出的是，农民的生存保障并不能通过禁止家庭承包经营权抵押来实现，而是需要通过完善农村社会保障体系来实现的。

---

① 刘凯湘、张劲松：《抵押担保若干问题研究》，民商法律网，http：//www. civillaw. com. cn/article/deFault. asp？id＝7736，最后访问日期：2015年8月18日。

相反，农民利用好通过抵押土地承包经营权筹措的资金，才能更好地发展生产、改善生活。

其次，要完善土地承包经营权人的补偿请求权。土地承包经营权人的补偿请求权主要包括投资补偿请求权和承包地被征收的补偿请求权。投资补偿请求权，是指在土地承包经营权人交回承包地或发包方依法收回承包地时，承包人就为增加土地生产力而进行的相关投资请求发包方补偿的权利。例如，承包人在承包地上为利用土地的方便建造了水井，为此，在土地承包经营权消灭时，土地所有权人应当给予承包人一定的补偿。在双方对补偿数额产生争议时，应允许当事人请求司法机关予以裁判。在承包地被征收时，为了保障农民的合法权益，立法有必要细化规定为农民提供的社会保障费用的标准、支付方式等。

（二）重构农村宅基地使用权的取得制度

在我国，长期以来宅基地的初始分配是由行政主导的，宅基地的分配由乡（镇）人民政府审核、县级人民政府批准，然而这种分配方式作为计划经济时代的残余，应该对其予以改革。在宅基地不再作为困难群众居住的社会保障，不再作为集体经济组织成员的内部福利品之后，宅基地也不应该仍然只能局限于集体经济组织成员通过申请无偿取得。宅基地作为市场中的资源，应由土地所有权人决定、以市场方式设立使用权。鉴于宅基地使用权设立是对土地的重大处分，因此应先由所有集体成员以会议形式通过决议，再由相应的集体经济组织或者村民委员会、村民小组代表集体与宅基地使用权人签订宅基地使用权设立协议。

在符合土地用途规划的前提下，农民集体可以有偿地为集体经济组织成员或者集体经济组织成员之外的其他任何主体设立宅基地使用权，收益归农民集体所有。不过农民应该是这种集体收益的最终受益者，只要设计好宅基地使用权有偿设立过程中的集体收益分配制度，就能够维护农民的权益。建立宅基地使用权有偿设立制度，还要同时建立拍卖等公开竞价程序，以保障宅基地使用权设立价格的公正。农村集体经济组织有权组织拍卖委员会或者聘请拍卖公司组织宅基地使用权的拍卖活动。拍卖所得收益归农民集体所有，要建立财务公开制度，保障这些收益用于集体的公共支出、村民的福利改善、农民集体经济组织基础设施建设，同时要完善农民集体经济组织收益分配制度，这样宅基地使用权的有偿出让同样会促进农民集体利益、农民利益的实现。

（三）完善宅基地使用权流转制度

1. 完善宅基地使用权流转制度的必要性和可行性

建立农村宅基地使用权流转制度是大势所趋。第一，人口流动需要农村宅基地使用权流转。从我国历史发展来看，我国曾建立了严格的户籍管理制度，自20世纪60年代开始，我国的户籍管理就限制人口自由流动，尤其是限制农村人口向城市的自由流动。1964年国务院批转公安部关于户口迁移的文件中就强调，由农村迁往城镇的户口要严加限制，而由城市迁往农村的户口也要严加限制，即两个"严加限制"。近年来我国城镇化进程的加快导致城市对劳动力的需求不断增长，而农业生产技术的进步也致使农村出现大量剩余劳动力，农村剩余劳动力顺应市场经济对人力资源的需求，随着市场的供求关系进行自由流动，出现了以"农民工"为典型的大规模人口转移。各个城镇立足实际，为促进本地区经济发展、吸引人才，也开始改革原本带有计划经济色彩的城乡福利政策差别极大的户籍制度。而经过近年来的户籍改革试点探索，2014年7月30日，国务院发布了《关于进一步推进户籍制度改革的意见》（以下简称《意见》），这一举措是为了适应市场主体在市场经济中对住址的自由选择，其目的在于促进人力资源的有效配置，合理引导农业人口有序向城镇转移。随着我国户籍改革的大力推进，我国出现了全国范围内的人口大规模流动；随着户籍制度改革的深入，我国居民的迁徙自由程度日益提高。许多农民进城定居并购置房产，导致许多地方出现大量的"空心村"，由于农村宅基地使用权的不合理限制，大多数农村农民进城后，存在着农村宅基地资源浪费的现象。在人口流动不可避免的情况下，再将农村里的农民束缚于土地之上，显然是不合理的，建立农村宅基地使用权的流转制度，允许农村宅基地使用权的自由流转，允许农村本集体经济组织成员之外的市场主体取得宅基地，是避免土地资源浪费，实现土地资源有效配置的最便利途径，而且可以去掉人口流动中不合理的制度性障碍。

第二，提高土地利用效率需要农村宅基地使用权流转。近年来，随着我国经济的发展，各项建设突飞猛进，对土地资源的需求也迅速增加，导致各地建设用地供需紧张，在加强耕地保护的前提下，提高土地资源利用效率、节约用地，才能在保障经济发展的同时加强土地资源的保护。农村宅基地使用权的流转，可以使农村大量闲置的宅基地得到充分利用，使土地资源流转到高效益的需求者手中。特别是在我国许多地方农宅闲置、土地资源浪费情况严重的情况下，规范宅基地使用权流转，建立科学合理的宅基地使用权流转制度，是提高土地利用效率的必由之路。

第三，允许农村宅基地使用权流转不会损害农民利益、不会有损耕地保护。我国严格禁止农村宅基地使用权流转，是因为农村宅基地使用权具有福利性和社会保障功能，因此农村宅基地使用权以行政方式配置，不允许其作为用于市场交换和流通的一种资源。然而目前我国农村现代意义上的社会保障体系正在逐步建立，党的十七届三中全会通过的《中共中央关于推进农村改革发展若干重大问题的决定》提出，"贯彻广覆盖、保基本、多层次、可持续原则，加快健全农村社会保障体系"。而户籍制度改革的一个重要措施就是全面推进社会保障体系建设，国务院 2014 年发布的《意见》提出，统筹推进户籍制度改革和基本公共服务均等化，不断扩大基本公共服务覆盖面。《意见》还专门就农民落户城镇后的住房保障问题指出要采取多种方式保障农业转移人口的基本住房需求。因此，不管是对于进城农民还是对于仍旧居住在农村的农民而言，在社会保障逐步完善的情况下，宅基地的生活保障功能已没有存在的空间，禁止宅基地使用权流转以保证农民住房需求的制度设计已失去存在空间。我国严格限制农村宅基地使用权流转的另一个初衷是加强耕地保护，担心宅基地使用权的流转导致城市居民大量到农村购买房屋，农民因转让宅基地可以获取利益而不当过多占用宅基地，最后致使耕地不当减少。但其实，农村宅基地使用权的流转与耕地保护没有必然联系。到农村购买住宅的城市居民大多数并不是投机者，拥有大量资金的城市居民即使要投资房产也不会在农村投资，在农村购置房产的人大多数是城市低收入者、在农村承包经营土地的人或者离退休返乡人员，这些人员在农村取得了房产、宅基地使用权，就不会再在城市购置房屋，这部分人在不占有城市土地的同时，也可以使农村闲置的宅基地得到充分利用而不被浪费。而在城市务工的农民在城市定居后，如果可以将其闲置在农村的宅基地使用权转让，他在占用了城镇住宅用地的同时也就减少了对农村宅基地的占用，从而有利于控制农村建筑占用土地总量的增加。所以，从城市和农村总体的土地占用来看，允许农村宅基地使用权的流转，不仅不会导致耕地占用的增加，而且会更有效地利用现有土地，减少对耕地的占用。相反，如果在城市定居的农民不能转让其在农村的宅基地使用权，就会形成农村和城市建筑用地的重复占用，给耕地保护带来更大压力。当前我国的耕地保护面临的严峻压力，主要是经济发展导致建设用地猛增以及城市建设的违规用地，而农村宅基地给耕地保护带来的压力主要是宅基地审批管理存在漏洞造成的，目前宅基地未批先建、乱批乱占或者批准少而实际占用的多的现象十分严重，这导致了耕地被不当占用。加强农村耕地保护除了禁止不法占用耕地外，还要通过农村宅基地使用权的流转，提高现有住宅用地的使用效率，这有利于控制建造住宅占用土地的总量。

2. 农村宅基地使用权流转的制度立法内容

农村宅基地使用权流转改革要渐进地进行，相应的立法也要分步骤进行。在流转范围上，在立法初期，可以要求农村宅基地使用权流转在本集体经济组织成员内部进行，但最终要允许农村宅基地使用权的自由流转，宅基地使用权受让人不应受到限制，其既可以是本集体经济组织成员，也可以是本集体经济组织成员以外的人，当然也可以是城镇居民。这样，才能实现农村宅基地使用权流转的社会效益，促进我国农村经济的发展，实现城乡土地市场的结合。在流转模式上，在立法初期，宅基地使用权的流转可以实行地随房走的模式，建筑物所有权和土地所有权是相分离的，两者同时流转，同时进入交易，可以使不动产权利关系相对明晰和简单化。在农民宅基地使用权流转改革的初期，可以实行宅基地使用权随同房屋一同转让、出租、抵押的流转模式，但随着宅基地使用权流转诸多条件的成熟，农村宅基地使用权单独的自由流转，必将是立法的最终取向。关于宅基地的有偿使用与转让收益，尽管有许多学者建议，实行宅基地有偿使用，但在目前还是应实行宅基地初次申请无偿取得的制度。只有集体经济组织成员才能申请宅基地使用权。但这种权利一般只能行使一次，使用权人对宅基地进行处分后，再申请宅基地的，则不予批准。各地要制定宅基地审批的面积标准，在使用权人转让宅基地使用权时，限定面积以内的宅基地使用权转让的收益归使用权人所有，而超出部分的收益应归集体所有。在流转条件上，流转的宅基地的使用必须符合土地利用总体规划和城市、村镇建设规划的要求，对农村宅基地的用途做必要的限制，不得擅自改变宅基地的原用途，而且宅基地使用权流转不改变"一户一宅"原则，农村村民出卖、出租住房后，再申请宅基地的，不予批准。

3. 农村宅基地使用权流转制度的立法完善形式

当前，我国有关宅基地的立法主要散见于《宪法》《中华人民共和国民法通则》《物权法》《土地管理法》《农业法》《担保法》《中华人民共和国继承法》等法律规范中，但在《土地管理法》中，涉及调整农村宅基地法律关系的法律规范极少，《物权法》中规定宅基地使用权的法律规范也仅有

4 条，这远不能适应农村宅基地使用权流转的实践需要。目前农村宅基地的相关利用关系主要由政策调整。我国政策对农村宅基地的流转做出了许多限制，比如国务院办公厅先后发布过多个通知禁止城镇居民购买小产权房，但根据《合同法》第 52 条的规定，判断合同是否有效的依据只能是法律、行政法规的强制性规定，政策对合同效力没有拘束力。这就造成了宅基地使用权流转的许多问题无法被明晰。有学者曾建议制定《农村宅基地使用权流转管理条例》，① 但作为规范基本民事权利的规范性文件，其效力层次过低，而且宅基地使用权的流转与宅基地使用权的取得、管理密切相关，不能仅仅规范宅基地使用权流转问题，也应同时规定配套制度，因此为了规范农村宅基地使用权的流转，我国应出台《农村宅基地法》以规范农村宅基地使用权的取得、行使、流转、消灭、管理等，使农村宅基地使用权流转有法可依。

4. 农村宅基地使用权流转的配套措施建设

完善农村宅基地使用权流转需同时建立相关配套措施。第一，完善农村不动产登记制度。我国《物权法》规定了不动产物权登记制度。"不动产登记，是指将土地及其定着物的所有权和他项权利的取得、变更与丧失，依法定程序记载于有关专职机关掌管的专门的簿册上。"② 不动产登记制度对于维护交易安全、确定权利归属、防止发生纠纷具有重要意义。宅基地及建造在其之上的房屋属于不动产，登记对于规范宅基地使用权的流转，比如买卖、赠予、抵押也具有重要意义。根据《物权法》规定，我国的不动产登记实行统一登记制度。我国城市的不动产登记制度已相对完善，农村的不动产登记制度却存在许多问题。"1989 年 12 月，原国家土地管理局制定并公布了《土地登记规则》，各地农村宅基地初始登记工作相继开展。但是全国各省的进展情况极不平衡，有些省份登记发证的覆盖率不到 40% 。"③ 加上农村的房屋所有权、宅基地使用权管理混乱，农村房屋和土地登记中存在着一物二主、界址重叠、漏登错登等问题，建立完善的农村不动产统一登记制度迫在眉睫。为规范完善农村宅基地使用权的流转市场，就要建立统一的农

---

① 刘金清、张丛军：《农村宅基地使用权流转法律制度初探》，《陕西农业科学》2005 年第 5 期。

② 陈华彬：《物权法原理》，国家行政学院出版社，1998，第 161 页。

③ 参见中国社会科学院农村发展研究所、国家统计局农村社会经济调查司《2005～2006 年：中国农村经济形势分析与预测》，社会科学文献出版社，2006，第 240 页。

村土地、房屋等不动产登记制度，统一登记的范围、登记的机构和登记的办法、登记的条件程序，加强农村宅基地使用权的变更登记工作。农村不动产统一登记，还有利于加强对超标准占用宅基地、一户多宅等问题的解决。建立农村不动产统一登记制度，可以明晰产权关系，规范宅基地市场秩序，促进宅基地使用权合法有序地流转，防止纠纷的发生，维护社会稳定。第二，完善农村宅基地使用权流转市场。农村宅基地使用权的流转是社会主义市场经济发展的客观要求，但长期以来由于农村宅基地使用权流转法律规范的缺位，我国法律法规、政策对宅基地流转进行限制，实践中宅基地的流转都是隐蔽进行的。今后一段时期内，即使法律放开对宅基地使用权流转的限制，由于我国农村房地产市场、土地市场都处于起步阶段，市场发育水平低，市场体系不健全，仍会存在着供求信息传播渠道狭窄、价格形成机制不健全等问题。健全的房地产市场、土地市场能为农村宅基地使用权流转提供良好的外部环境。因此，为使宅基地使用权流转真正起到协调宅基地供需、合理利用土地的作用，就必须完善农村宅基地使用权流转的市场。要引导其形成合理的土地价格决定体系，使市场在农村宅基地的有效配置中发挥基础性作用。另外，市场机制调节和国家宏观调控要相结合，健全调控机制和手段，使农村宅基地使用权市场得以规范、健康、有序发展，最终实现农村宅基地使用权流转的规范化。

参考文献

一　著作

[１]　习近平：《在中央党校建校 80 周年庆祝大会暨 2013 年春季学期开学典礼上的讲话》，人民出版社，2013。

[２]　人民日报社评论部编著《"四个全面"学习读本》，人民出版社，2015。

[３]　李平、陈耀、郝寿义主编《中国区域经济学前沿（2010/2011）："十二五"区域规划与政策研究》，经济管理出版社，2011。

[４]　刘树庆主编《农村环境保护》，金盾出版社，2010。

[５]　赵旭阳等主编《农村环境保护与生态建设》，中国农业出版社，2009。

[６]　左玉辉等：《农村环境调控》，科学出版社，2008。

[７]　吴舜泽等：《国家环境保护"十二五"规划基本思路研究报告》，中国环境科学出版社，2011。

[８]　秦虎、王菲编《国外的环境保护》，中国社会出版社，2008。

[９]　朱坦主编《中国环境保护与可持续发展》，科学出版社，2007。

[１０]　吴东雷、陈声明等编著《农业生态环境保护》，化学工业出版社，2005。

[１１]　赵旭阳等主编《农村环境保护与生态建设》，中国农业出版社，2009。

[１２]　张文驹主编《中国矿产资源与可持续发展》，科学出版社，2007。

[１３]　李挚萍、陈春生等著《农村环境管制与农民环境权保护》，北京大学出版社，2009。

[１４]　董险峰、丛丽、张嘉伟等编著《环境与生态安全》，中国环境科学出版社，2010。

210

［15］ 沈渭寿等：《区域生态承载力与生态安全研究》，中国环境科学出版社，2010。

［16］ 任建雄：《区域矿产资源开发利用的路径创新与协调机理》，浙江大学出版社，2010。

［17］ 范愉：《非诉讼纠纷解决机制研究》，中国人民大学出版社，2000。

［18］ 张树义主编《纠纷的行政解决机制研究：以行政裁决为中心》，中国政法大学出版社，2006。

［19］ 曲格平主编《环境保护知识读本》，红旗出版社，1999。

［20］ 卢云等撰稿《法学基础理论》，中国政法大学出版社，1994。

［21］ 孙国华主编《法律学教程》，中国人民大学出版社，1994。

［22］ 张文显主编《法理学》（第3版），高等教育出版社，2007。

［23］ 吕忠梅：《环境法新视野》，中国政法大学出版社，2000。

［24］ 张小平：《全球环境治理的法律框架》，法律出版社，2008。

［25］ 陈泉生等：《循环经济法研究》，中国环境科学出版社，2009。

［26］ 俞可平主编《治理与善治》，社会科学文献出版社，2000。

［27］ 杨东平主编《中国环境的危机与转机（2008）》，社会科学文献出版社，2008。

［28］ 黄霞、常纪文主编《环境法学》，机械工业出版社，2003。

［29］ 中国环境与发展国际合作委员会编《给中国政府的环境与发展政策建议》，中国环境科学出版社，2005。

［30］ 应松年主编《行政法学新论》，中国方正出版社，1999。

［31］ 曾鸣、谢淑娟：《中国农村环境问题研究——制度透析与路径选择》，经济管理出版社，2007。

［32］ 姚慧琴、任宗哲主编《中国西部经济发展报告（2009）》，社会科学文献出版社，2009。

［33］ 何怀宏主编《生态伦理：精神资源与哲学基础》，河北大学出版社，2002。

［34］ 傅华：《生态伦理学探究》，华夏出版社，2002。

［35］ 王泽鉴：《民法学说与判例研究》（第2册），中国政法大学出版社，1998。

［36］ 梁慧星：《中国民法经济法诸问题》，法律出版社，1991。

［37］ 孙桂娟等编著《低碳经济概论》，山东人民出版社，2010。

[38] 王蓉：《资源循环与共享的立法研究：以社会法视角和经济学方法》，法律出版社，2006。

[39] 李耀芳：《国际环境法缘起》，中山大学出版社，2002。

[40] 汪劲：《环境法学》，北京大学出版社，2006。

[41] 付子堂：《法律功能论》，中国政法大学出版社，1999。

[42] 钭晓东：《论环境法功能之进化》，科学出版社，2008。

[43] 常纪文、杨朝霞：《环境法的新发展》，中国社会科学出版社，2008。

[44] 鄢斌：《社会变迁中的环境法》，华中科技大学出版社，2008。

[45] 刘小枫：《现代性社会理论绪论——现代性与现代中国》，上海三联书店，1998。

[46] 杨冠琼：《政府治理体系创新》，经济管理出版社，2000。

[47] 国家环境保护总局科技标准司、中国环境科学学会编《市场经济与环境保护》，中国环境科学出版社，1999。

[48] 应松年主编《外国行政程序法汇编》，中国法制出版社，2004。

[49] 李建明主编《刑事诉讼法》，高等教育出版社，2014。

[50] 卞建林、刘玫：《外国刑事诉讼法》，人民法院出版社、中国社会科学出版社，2002。

[51] 龚刃韧：《现代日本司法透视》，世界知识出版社，1993。

[52] 程乐意主编《机构编制管理教程》，河南人民出版社，2013。

[53] 陈泉生等：《循环经济法研究》，中国环境科学出版社，2009。

[54] 李泊言编著《绿色政治：环境问题对传统观念的挑战》，中国国际广播出版社，2000。

[55] 吕忠梅主编《超越与保守：可持续发展视野下的环境法创新》，法律出版社，2003。

[56] 中南财经政法大学湖北财政与发展研究中心、中国地方财政研究中心：《2013 中国地方财政发展研究报告：地方政府环境治理行为和路径优化研究》，经济科学出版社，2013。

[57] 金观涛：《系统的哲学》，新星出版社，2005。

[58] 刘邵权：《农村聚落生态研究：理论与实践》，中国环境科学出版社，2006。

[59] 焦必方编《日本的农业、农民和农村——战后日本农业的发展与问题》，上海财经大学出版社，1997。

［60］陈冰波：《主体功能区生态补偿》，社会科学文献出版社，2009。

［61］朱达：《能源：环境的经济分析与政策研究》，中国环境科学出版社，2000。

［62］孟庆瑜、刘武朝：《自然资源法基本问题研究》，中国法制出版社，2006。

［63］俞可平主编《治理与善治》，社会科学文献出版社，2000。

［64］王利明：《物权法论》，中国政法大学出版社，2008。

［65］王卫国、王广华主编《中国土地权利的法制建设》，中国政法大学出版社，2002。

［66］陈小君等：《农村土地法律制度研究》，中国政法大学出版社，2004。

［67］梁慧星、陈华彬编著《物权法》，法律出版社，1997。

［68］唐代兴：《公正伦理与制度道德》，人民出版社，2003。

［69］卓泽渊：《法的价值论》，法律出版社，1999。

［70］高鸿钧等：《法治：理念与制度》，中国政法大学出版社，2002。

［71］杨少梅：《农村经济区域差异与协调发展研究：基于河北省农村经济现状调查》，知识产权出版社，2010。

［72］黄小晶：《区域产业政策与中国农村区域协调发展》，中国经济出版社，2006。

［73］傅思明：《行政审批制度改革与法制化》，中共中央党校出版社，2003。

［74］姜明安主编《行政执法研究》，北京大学出版社，2004。

［75］〔日〕祖田修：《农学原论》，张玉林等译，中国人民大学出版社，2003。

［76］〔日〕日本法哲学学会：《1995 年法哲学年报》，日本有雯阁，1996。

［77］〔美〕波特内主编《环境保护的公共政策》，李艳芳等译，三联书店，1993。

［78］〔英〕安东尼·吉登斯：《气候变化的政治》，曹荣湘译，社会科学文献出版社，2009。

［79］〔德〕乌尔里希·贝克：《世界风险社会》，吴英姿、孙淑敏译，南京大学出版社，2004。

［80］〔瑞典〕托马斯·思德纳：《环境与自然资源管理的政策工具》，张蔚文、黄祖辉译，上海三联书店、上海人民出版社，2005。

［81］〔印〕阿马蒂亚·森：《以自由看待发展》，任颐、于真译，中国人民

大学出版社，2002。

[82]〔加〕布鲁斯·米切尔：《资源与环境管理》，蔡运龙等译，商务印书馆，2004。

[83]〔美〕约翰·H.帕金斯：《地缘政治与绿色革命：小麦、基金与冷战》，王兆飞、郭晓兵等译，华夏出版社，2001。

[84]〔美〕波斯纳：《法理学问题》，苏力译，中国政法大学出版社，2002。

[85]〔美〕埃里克·方纳：《美国自由的故事》，王希译，商务印书馆，2002。

[86]〔美〕詹姆斯·L.多蒂，德威特·R.李编著《市场经济：大师们的思考》，林季红等译，江苏人民出版社，2000。

[87]〔美〕埃尔曼：《比较法律文化》，贺卫方、高鸿钧译，三联书店，1990。

[88]〔德〕拉伦茨：《法学方法论》，陈爱娥译，商务印书馆，2005。

[89]〔美〕波斯纳：《法律的经济分析》，蒋兆康、林毅夫译，中国大百科全书出版社，1997。

[90]〔美〕施里达斯·拉夫尔：《我们的家园：地球》，夏堃堡等译，中国环境科学出版社，1993。

[91]〔古希腊〕亚里士多德：《政治学》，吴寿彭译，商务印书馆，1965。

[92]〔法〕霍尔巴赫：《自然政治论》，陈太先、眭茂译，商务印书馆，1994。

[93]〔美〕道格拉斯·C.诺思：《经济史中的结构和变迁》，陈郁等译，上海三联书店、上海人民出版社，1994。

[94]〔美〕丹尼尔·A.科尔曼：《生态政治——建设一个绿色社会》，梅俊杰译，上海译文出版社，2006。

[95]〔美〕保罗·R.伯特尼、罗伯特·N.史蒂文斯主编《环境保护的公共政策》（第2版），穆贤清、方志伟译，上海三联书店、上海人民出版社，2004。

[96]〔美〕埃莉诺·奥斯特罗姆：《公共事物的治理之道——集体行动制度的演进》，余逊达、陈旭东译，上海三联书店，2000。

[97]〔美〕约翰·罗尔斯：《正义论》，何怀宏译，中国社会科学出版社，1988。

[98]〔英〕罗杰·科特威尔：《法律社会学导论》，潘大松等译，华夏出版社，1989。

［99］〔美〕哈罗德·伯尔曼：《法律与革命》，贺卫方等译，中国大百科全书出版社，1993。

［100］〔美〕戴维·L. 韦默：《制度设计》，费方域等译，上海财经大学出版社，2004。

［101］〔德〕魏德士：《法理学》，丁晓春译，法律出版社，2005。

［102］〔日〕富井利安等：《环境法的新展开》，法律文化社，1995。

［103］〔美〕R. W. 芬德利、D. A. 法贝尔：《美国环境法简论》，程正康等译，中国环境科学出版社，1986。

［104］J. R. Salter, *Corporate Environmental Responsibility*：*Law and Practice*（Edinburgh：Butterworths, 1992）.

［105］Harold Demsetz, *Ownership*, *Control and the Firm*（Basil Blackwell Inc., 1988）.

二　论文

［1］周珂：《我国生态环境法制建设分析》，《中国人民大学学报》2000 年第6 期。

［2］方世南、张伟平：《生态环境问题的制度根源及其出路》，《自然辩证法研究》2004 年第5 期。

［3］王灿发：《论我国环境管理体制立法存在的问题及其完善途径》，《政法论坛》2003 年第3 期。

［4］严金明：《美国西部开发与土地利用保护的教训暨启示》，《北京大学学报》（哲学社会科学版）2001 年第2 期。

［5］张术环：《从生态消费看日本的环保型农业政策》，《世界农业》2010 年第4 期。

［6］甘自敏：《协调发展农村两个文明建设的构想》，《江西社会科学》2007 年5 期。

［7］周茂春：《不完全信息化条件下西部农村协调发展方略探析》，《绵阳师范学院学报》2009 年第3 期。

［8］温思美、孙良媛：《农村经济持续稳定发展若干政策问题的思考》，《中国农村经济》1991 年第8 期。

［9］阚丽萍：《增加农民收入必须加速制度创新》，《广西商业高等专科学校学报》2003 年第3 期。

[10] 张军驰、樊志民：《西部生态环境治理的路径选择——以生态文明为视角》，《河南社会科学》2010年第6期。

[11] 李旭萍：《走出对人类中心主义认识的误区——对当代生态环境问题的反思》，《山西高等学校社会科学学报》2001年第12期。

[12] 曹明德：《从人类中心主义到生态中心主义伦理观的转变——兼论道德共同体范围的扩展》，《中国人民大学学报》2002年第3期。

[13] 李远华、严家适：《新农村建设需要坚实的农村水利基础》，《中国农村水利水电》2006年第6期。

[14] 陈颖、范传辉、孙瑞、文武：《农村饮用水安全问题现状及对策分析》，《现代农业科技》2010年第2期。

[15] 李怀岩、黄浩苑：《云南曲靖铬渣污染事件：铬渣之害何时消》，《半月谈》2011年第9期。

[16] 黄莎：《我国农村土壤污染防治的法律问题研究》，《河南省政法干部管理学院学报》2010年第3期。

[17] 姜文来、王华东、李巍：《国有自然资产流失探析》，《中国人口·资源与环境》1995年第4期。

[18] 蔡守秋、张百灵：《防治石漠化法制建设问题与对策研究》，《时代法学》2010年第1期。

[19] 秦道珠、徐明岗：《稻田可控释放肥料的生态环境效应与合理施用技术》，《磷肥与复肥》2002年第2期。

[20] 陆新元、熊跃辉等：《对当前农村环境保护问题的研究》，《环境科学研究》2006年第2期。

[21] 李挚萍：《社会转型中农民环境权益的保护——以广东农村为例》，《中山大学学报》（社会科学版）2007年第4期。

[22] 徐丽媛：《新农村建设与农民环境权的保护》，《农业考古》2006年第3期。

[23] 于建嵘：《当前农村环境污染冲突的主要特征及对策》，《世界环境》2008年第1期。

[24] 张翠莲、玛喜：《土壤退化研究的进展与趋向》，《北方环境》2010年第3期。

[25] 常健、饶常林：《试论我国实现法治的途径》，《江海学刊》2001年第1期。

［26］潘德勇：《美国水资源保护法的新发展及其启示》，《时代法学》2009
年第 3 期。

［27］凌先有：《丹麦的生态文明建设》，《水利发展研究》2008 年第 8 期。

［28］吴海峰：《区域主体功能定位与农村生态环境保护——以河南社会主
义新农村建设为例》，《经济研究参考》2007 年第 63 期。

［29］万斌、倪东：《法制概念的逻辑梳理》，《浙江学刊》2000 年第 2 期。

［30］肖泽晟：《自然资源特别利用许可的规范与控制——来自美国莫诺湖
案的几点启示》，《浙江学刊》2006 年第 4 期。

［31］王锋：《关于农村居民环境意识的研究综述》，《清远职业技术学院学
报》2010 年第 1 期。

［32］同春芬、张凌娟：《我国农村环境恶化的制度成因探析》，《佳木斯大
学社会科学学报》2009 年第 6 期。

［33］蒲俊丞：《通过民事合同的农村环保监管——约束条件下农村环保监
管的实现方式》，《现代法学》2010 年第 3 期。

［34］王春荣、杨艺：《农村环境的"和谐管理"与"社会资本"研究范
式》，《中国人口·资源与环境》2010 年第 5 期。

［35］邵云、李斌、赵光明：《农村环境质量评价方法研究》，《中国农村小
康科技》2010 年第 10 期。

［36］陆新元等：《对当前农村环境保护问题的研究》，《环境科学研究》
2006 年第 2 期。

［37］刘权政：《农民经济利益视角下农业补贴政策的思考》，《华中农业大
学学报》（社会科学版）2009 年第 3 期。

［38］黄河：《论我国农业补贴法律制度的构建》，《法律科学》2007 年第
1 期。

［39］邢可霞、王青力：《德国农业生态补偿及其对中国农业环境保护的启
示》，《农业环境与发展》2007 年第 1 期。

［40］龙明：《从价格支持到环保补贴——欧盟农业生态补贴政策启示》，
《农村实用技术》2010 年第 5 期。

［41］曹凤中、姬庆：《中国环境保护法体系的现状及发展》，《环境经济》
2009 年第 11 期。

［42］方福前：《可持续发展理论在西方经济学中的演进》，《当代经济研
究》2000 年第 10 期。

[43] 袁春湘：《浅谈我国环境司法中的几个问题》，《山东审判》2010 年第 5 期。

[44] 何立胜：《城乡二元结构模式转换与制度安排的公正性》，《河南师范大学学报》（哲学社会科学版）2010 年第 4 期。

[45] 崔若峰：《城乡一体化背景下中国农村教育走向》，《中国教育学刊》2011 年第 8 期。

[46] 何跃新：《以科学发展观统筹浙江城乡文化发展》，《中共浙江省委党校学报》2005 年第 2 期。

[47] 马力宏：《论政府管理中的条块关系》，《政治学研究》1998 年第 4 期。

[48] 乌兰：《环境行政管理中政府职能的变革》，《山东社会科学》2006 年第 8 期。

[49] 钟芳、徐苏刚：《试论我国行政过错责任追究制度》，《行政论坛》2005 年第 5 期。

[50] 宁金成：《法律理念基本意义的一点思考》，《河南省政法管理干部学院学报》2006 年第 2 期。

[51] 何志鹏：《法的和谐价值：可持续发展时期的新要求》，《安徽大学法律评论》2002 年第 1 期。

[52] 许振成等：《全国环境功能区划的基本思路初探》，《改革与战略》2011 年第 9 期。

[53] 鲁传一、周胜、陈星：《水能资源开发生态补偿的测算方法与标准探讨》，《生态经济》2011 年第 3 期。

[54] 王晓俊：《基于生态保护的道路规划策略》，《生态环境学报》2011 年第 3 期。

[55] 张全东：《规划环境影响评价难点分析》，《环境与可持续发展》2011 年第 1 期。

[56] 曹学章等：《建立我国生态环境标准体系的初步构想》，《农村生态环境》2005 年第 4 期。

[57] 刘重力、杨宏：《APEC 贸易投资便利化最新进展及中国的策略选择》，《亚太经济》2014 年第 2 期。

[58] 阮李全、任杰：《节约型社会视野下自然资源行政许可制度研究》，《资源科学》2008 年第 4 期。

［59］王盛军：《我国自然资源行政许可之缺陷及其原因分析——一种法经济学视角》，《贵州财经学院学报》2006 年第 4 期。

［60］杨顺顺、栾胜基：《农村环境多主体仿真系统建构——农户模型在农村环境管理中的应用》，《北京大学学报》（自然科学版）（网络版）（预印本）2009 年第 3 期。

［61］赵静、段志辉：《地方政府环境监管的失衡与平衡》，《行政与法》2011 年第 1 期。

［62］周卫：《论我国环境监测制度的功能嬗变与立法完善》，《理论月刊》2010 年第 9 期。

［63］刘俐：《环境监测管理体制改革的思考》，《北方环境》2011 年第 9 期。

［64］刘卫先：《我国现行环境监测体制述评》，《中国环境监测》2009 年第 3 期。

［65］李洁：《我国农业污染特征及农村环境监测体系探讨》，《现代商贸工业》2011 年第 9 期。

［66］舒旻：《环境监测制度构建的重点与难点》，《环境保护》2011 年第 8 期。

［67］韦丽云：《政府绩效管理：当前的实践与未来发展路径》，《中共桂林市委党校学报》2008 年第 3 期。

［68］徐双敏：《政府绩效管理中的"第三方评估"模式及其完善》，《中国行政管理》2011 年第 1 期。

［69］向俊杰：《中央政府四项一票否决绩效考核制度的政治学分析》，《学术交流》2010 年第 9 期。

［70］郑代良、杨吉兴：《反思与定位：建构中国特色的政府绩效管理》，《湖北经济学院学报》2010 年第 3 期。

［71］孙洁琦：《有关"一票否决制"的法律思考》，《科学咨询》2011 年第 10 期。

［72］关耀民：《赤峰市对"封育禁牧"工作实行一票否决制》，《内蒙古林业》2006 年第 9 期。

［73］李松：《环保还需要"一票否决"》，《环境保护》2011 年第 4 期。

［74］尚虎平、李逸舒：《我国地方政府绩效评估中的"救火行政"——"一票否决"指标的本质及其改进》，《行政论坛》2011 年第 5 期。

[75] 马雪松：《资源枯竭型城市规划的理论意义与基本特征》，《沈阳大学学报》2011 年第 10 期。

[76] 陶蕾、张梓太：《我国环境民事诉讼的困境与出路》，《河海大学学报》（哲学社会科学版）2009 年第 4 期。

[77] 奉晓政：《资源利用冲突解决机制研究》，《资源科学》2008 年第 4 期。

[78] 李金昌：《关于自然资源的几个问题》，《自然资源学报》1992 年第 3 期。

[79] 王利明：《法治：良法与善治》，《中国人民大学学报》2015 年第 2 期。

[80] 张文显：《和谐精神的导入与中国法治的转型——从以法而治到良法善治》，《吉林大学社会科学学报》2010 年第 3 期。

[81] 《用法治为全面深化改革护航——四论深入学习贯彻十八届四中全会精神》，《人民日报》2014 年 10 月 28 日，第 1 版。

[82] 叶初升、李慧：《增长质量是经济新常态的新向度》，《新疆师范大学学报》（哲学社会科学版）2015 年第 4 期。

[83] 李佐军：《引领经济新常态应解决十二大难题》，《理论导刊》2015 年第 1 期。

[84] 包庆德：《消费模式转型：生态文明建设的重要路径》，《中国社会科学院研究生院学报》2011 年第 2 期。

[85] 王爱声：《立法论证的基本方法》，《北京政法职业学院学报》2010 年第 2 期。

[86] 汪全胜：《立法论证探讨》，《政治与法律》2001 年第 3 期。

[87] 王斐弘：《地方立法特色论》，《人大研究》2005 年第 5 期。

[88] 崔卓兰等：《地方立法膨胀趋向的实证分析》，《吉林大学社会科学学报》2005 年第 5 期。

[89] 汪彤：《权力寻租的正式制度与非正式制度分析》，《山西财经大学学报》2005 年第 6 期。

[90] 覃佐媛：《法治语境下的行政立法寻租问题探究》，《衡阳师范学院学报》2007 年第 4 期。

[91] 蔡定剑：《法律冲突及其解决的途径》，《中国法学》1999 年第 3 期。

[92] 周伟：《论执行性地方立法良法标准》，《河南财经政法大学学报》

2015 年第 2 期。

[93] 周伟：《论创新性地方立法的良法标准》，《江汉大学学报》2013 年第 4 期。

[94] 周伟：《论自主性地方立法的良法标准》，《学术论坛》2013 年第 12 期。

[95] 季卫东：《法律程序的意义——对中国法机建设的另一种思考》，《中国社会科学》1993 年第 1 期。

[96] 韩雪：《新移民报告》，《中国民商》2014 年第 6 期。

[97] 杨海坤：《政府法治论是我国行政法学的理论基础》，《北京社会科学》1989 年第 1 期。

[98] 冯洁：《治污，重典时代来临？污染环境罪司法解释出台内幕》，《南方周末》2013 年 7 月 4 日。

[99] 沈荣华：《统筹城乡发展背景下的省直管县改革》，《中国行政管理》2012 年第 2 期。

[100] 陈国权、黄振威：《省管县改革中的党政领导干部管理问题》，《探索与争鸣》2011 年第 1 期。

[101] 郝新蓉：《经济发展新常态下优化利用外资的路径探析——以宁波为例》，《企业经济》2015 年第 6 期。

[102] 张娟：《关于世界自由贸易区的若干问题研究》，《国际市场》2013 年第 4 期。

[103] 陈晖：《贸易便利化下国际海关立法的新特点及贡献》，《东方法学》2010 年第 4 期。

[104] 吴敏：《欧盟贸易便利化制度及其启示》，《人民论坛》2010 年第 5 期。

[105] 于志宏、李长海：《自贸区扩容升级：不能忘记的"责任清单"》，《WTO 经济导刊》2015 年第 4 期。

[106] 刘重力、杨宏：《APEC 贸易投资便利化最新进展及中国的策略选择》，《亚太经济》2014 年第 2 期。

[107] 杨钧：《河南农村生态环境存在的问题及原因分析》，《华北水利水电学院学报》（社会科学版）2013 年第 4 期。

[108] 财政部财政科学研究所课题组：《中央支持中原经济区建设的财税政策建议》，《经济研究参考》2011 年第 43 期。

［109］ 崔若峰：《城乡一体化背景下中国农村教育走向》，《中国教育学刊》2011 年第 8 期。

［110］ 何跃新：《以科学发展观统筹浙江城乡文化发展》，《中共浙江省委党校学报》2005 年第 2 期。

［111］ 郑方辉、李燕：《经济发展、社会公正与环境保护：基于政府整体绩效的视野——以 2008—2010 年广东省为例》，《公共管理学报》2013 年第 1 期。

［112］ 王爱琳：《集体所有权主体问题研究》，《河南省政法管理干部学院学报》2007 年第 4 期。

［113］ 张安毅：《论农村集体土地所有权的行使》，《法学杂志》2006 年第 5 期。

［114］ 杜威漩：《村民自治中的监督制度：冲突、真空及耦合》，《华南农业大学学报》（社会科学版）2012 年第 2 期。

［115］ 孟勤国：《物权法开禁宅基地交易之辩》，《法学评论》2005 年第 4 期。

［116］ 程雪阳：《公法视角下的当代中国土地产权制度——基于宪法第 10 条的分析》，载邓正来主编《重新认识中国：中国社会科学辑刊》第 33 期，2010 年冬季卷，复旦大学出版社，2011。

［117］ 笑蜀记录整理《给农民土地永佃权可不可行？——于建嵘、陈志武对话中国农村土地制度》，《南方周末》网站，http：/www.inFzm.com/content/trs/raw/36453，最后访问日期：2015 年 8 月 29 日。

［118］ 党国英：《土地制度对农民的剥夺》，《中国改革》2005 年第 7 期。

［119］ 肖方扬：《集体土地所有权的缺陷及完善对策》，《中外法学》1999 年第 4 期。

［120］ 孟勤国：《物权法如何保护集体财产》，《法学》2006 年第 1 期。

［121］ 王利明、周友军：《论我国农村土地权利制度的完善》，《中国法学》2012 年第 1 期。

［122］ 刘金清、张丛军：《农村宅基地使用权流转法律制度初探》，《陕西农业科学》2005 年第 5 期。

［123］ 〔美〕张庭伟：《规划理论作为一种制度创新——论规划理论的多向性和理论发展轨迹的非线性》，《城市规划》2006 年第 8 期。

［124］ Harry W. Jones，"The Creative Power and Function of Law in Historical

Perspective ," Vanderbilt Law Review 17 (1963).

[125] Andrew Grainger, "Trade Facilitation: A Conceptual Review," *Journal of World Trade* 45 (2011).

[126] Nirmal Sengupta & Moana Bhagabati, A Study of Trade Facilitation Measures: From WTO Perspective, Revised Interim Report, Madras Institute of Development Studies, 2003.

[127] Carolin Eve Bolhofer, Trade Facilitation-WTO Law and Its Revision to Facilitate Global Trade in Goods, *World Custom Journal* 2 (2008).

后 记

目前我国经济已步入不同于传统的经济状态——经济新常态，这种新常态表现在中国经济正从高速增长转向中高速增长，经济发展动力正从传统增长点转向新的增长点。在这个大背景与环境下，河南经济也必将步入、融入新常态，河南地处中原，要积极主动认识新常态、把握新趋势、适应新要求、抓住新机遇，结合河南本地发展实际，贯彻落实中央各项部署，推动经济社会持续健康平稳发展。而依法治国是中国共产党领导人民治理国家的基本方略，2014 年 10 月 28 日《中共中央关于全面推进依法治国若干重大问题的决定》发布，《决定》指出，全面建成小康社会、实现中华民族伟大复兴的中国梦，全面深化改革、完善和发展中国特色社会主义制度，提高党的执政能力和执政水平，必须全面推进依法治国。作为国家建设的一部分，经济新常态建设、河南经济新常态建设也需要依照法律进行，依靠法律保障，在依法治国框架下进行。在此背景下，我们精心策划并组织写作了《河南经济新常态的法治保障》这本新作。

本书是集体智慧的结晶。王锋主席提出总体写作提纲，陈晓景教授负责全书的组织协调工作。全书共分为七章。马珺教授撰写第一章；周伟副教授撰写第二章；席能副教授撰写第三章；姜保忠副教授撰写第四章；王国锋副教授撰写第五章；陈晓景教授撰写第六章；张安毅副教授撰写第七章。全书由王锋主席审稿，由陈晓景教授、张安毅副教授统稿。由于时间仓促、水平有限，不足之处在所难免，敬请专家学者批评指正。

本书由河南财经政法大学政府经济发展与社会管理创新研究中心资助出版。

王　锋

2015 年 11 月

图书在版编目（CIP）数据

河南经济新常态的法治保障 / 王锋等著. -- 北京：
社会科学文献出版社, 2016.7
ISBN 978 - 7 - 5097 - 9081 - 6

Ⅰ.①河…　Ⅱ.①王…　Ⅲ.①经济法 - 研究 - 河南省
Ⅳ.①D927.610.229.04

中国版本图书馆 CIP 数据核字（2016）第 080664 号

河南经济新常态的法治保障

著　　者 / 王　锋 等

出 版 人 / 谢寿光
项目统筹 / 周　丽　陈凤玲
责任编辑 / 陈凤玲　楚洋洋

出　　版 / 社会科学文献出版社·经济与管理出版分社（010）59367226
　　　　　　地址：北京市北三环中路甲 29 号院华龙大厦　邮编：100029
　　　　　　网址：www. ssap. com. cn
发　　行 / 市场营销中心（010）59367081　59367018
印　　装 / 三河市东方印刷有限公司

规　　格 / 开　本：787mm × 1092mm　1/16
　　　　　　印　张：14.5　字　数：250 千字
版　　次 / 2016 年 7 月第 1 版　2016 年 7 月第 1 次印刷
书　　号 / ISBN 978 - 7 - 5097 - 9081 - 6
定　　价 / 69.00 元